MÉXICO, TIERRA INAUDITA

ANÍBAL SANTIAGO

MÉXICO, TIERRA INAUDITA

Relatos de un país inimaginable

Gran Via de les Corts Catalanes, 657, entresuelo
08010 Barcelona
www.linceediciones.com

ISBN: 978-84-17302-00-9
Depósito legal: B-24.687-2017
Segunda edición: octubre de 2018

Maquetación: gama, sl
Imagen de cubierta: © Malpaso Ediciones, S. L. U.

Impreso en México por Litográfica Ingramex, S. A. de C. V.
Centeno, 162-1, Col. Granjas Esmeralda,
09810, Ciudad de México.

Para Alaia, por iluminarme cada día

Para Alcira y Héctor, mis cómplices con las palabras

ÍNDICE

I

ADÁN, EVA Y EL CUADRO DE LA TENTACIÓN

Las cobijas que lo habían abrigado en esos días de fiebre ya lo tenían fastidiado. Al mediodía de aquel soleado 6 de julio de 2000, Francisco Granados estaba agotado de tantas horas de cama. Sus casi setenta años eran una calamidad. Tardó en reparar que alguien tocaba a su puerta, no por un sueño profundo, sino porque casi nunca alguien visitaba a este anciano sacristán del pueblo hidalguense de San Juan Tepemasalco. No podían ser buenas noticias.

—Pancho, ¡la puerta de la capilla está abierta! Alguien entró —le avisó Carmen, su hermana.

Francisco se vistió y bajó una cuadra para dar aviso a las máximas autoridades de esa población de 250 habitantes: el delegado municipal Crescencio Benítez y el juez Fidel Pérez. Cruzaron el atrio hasta quedar frente a la fachada blanca de la capilla franciscana. Era cierto; el viejo portón de madera estaba entreabierto en uno de los 364 días del año en que debía estar cerrado: salvo por una boda, quince años o un bautizo, solo abría los 24 de junio, en la fiesta de San Juan Bautista.

Al entrar vieron que del barandal del coro, en lo alto del templo, colgaba un lazo de más de dos metros. Alguien lo había usado para bajar a la nave principal. En el altar mayor saltaban a la vista dos huecos rectangulares, ocupados hasta hacía unas horas por dos pinturas con la imagen de Juan el Bautista, el venerado santo de largo pelo rizado. Además, faltaba un pequeño Cristo de madera.

Justo antes de salir, los tres pobladores descubrieron un bastidor tirado en el suelo. Alguien le había cortado la pintura que contenía con un objeto filoso. El sacristán lo tomó. Volteó y advirtió que en un muro lateral, a tres metros de altura, había una estaca al descubierto.

De esa pieza metálica siempre había colgado un viejo óleo verdoso. Los ladrones lo bajaron. Luego, por lo visto, con una navaja separaron la tela del bastidor, al que dejaron vacío pese a tener adherido el perímetro del lienzo. En él, Francisco, Crescencio y Fidel vieron, cercenada, la cabeza de Dios Padre. Pero no podían recordar gran cosa sobre esa pintura. Solo que Adán y Eva aparecían borrosos en un jardín lleno de animales extraños.

El vendedor de arte Rodrigo Rivero Lake nos da la bienvenida a la fotógrafa y a mí en su *penthouse* de Campos Elíseos, en Polanco.

—¿Un tecito?

Un mayordomo de uniforme trae té verde en tazas de porcelana china. Revolvemos el azúcar con cucharitas de oro. Rivero Lake se pierde unos segundos en el fondo de su departamento. Surgen antigüedades en el suelo y en las paredes, sobre las mesas, en cada recámara de este piso donde el anticuario más célebre de México vive con su servidumbre. Hay piezas coloniales, estofados, altares, esculturas de la India. Objetos diminutos, fastuosos. Todo lo imaginable. Oímos un maullido: imagino una gatita de angora blanca. De pronto, vuelve Rivero Lake. Es él quien maúlla. Lleva en la boca un pequeño silbato que simula el sonido de un gato. Nos regala un silbatito a cada uno.

Camisa rosa con sus iniciales, pantalón olivo, saco beige, pañuelo amarillo y zapatos de gamuza. Rivero sabe de colores. Sus ojos son verde azulados. Es un perfumado galán de cincuenta y siete años. Eleva el rostro para la foto.

—¡Espera!

Se levanta y trae un cráneo dorado que apoya en su rodilla.

—Es mi Laca-laca, se las presento. Es ecuatoriana, sacada de un san Jerónimo.

Ahora sí, la fotógrafa se prepara a disparar.

El anticuario posa, mirando a Polanco desde la altura. Detrás hay un altar indoportugués del siglo XVIII. A su lado, un san Antonio, el santo casamentero.

—Hay que pedirle matrimonio, un amor sincero, soy el más guapo de los solteros —declama Rodrigo, impostando la voz (él es divorciado). Hace otra pausa, pide alejar un candelabro—. No es original; luego uno se desacredita.

La fotógrafa se arrodilla para tomar una imagen en contrapicada.

—Usted es fotogénico —le dice ella.

—Totalmente —responde él—. Me usan para espantar niños.

Inicia la entrevista. Rivero Lake habla a un ritmo supersónico, mezclando anécdotas, hechos históricos. Se queja de estar viviendo una persecución.

—A una iglesia de la sierra llega un anticuario y se lleva las columnas, tres cuadros y deja mochada la iglesia. Yo, al contrario: voy y trato de comprarla entera. ¿Para qué? Para preservarla. Luego dicen: Rivero Lake es un saqueador. ¿Por qué? ¿Porque la preservé?

—¿Es difícil saber si sus piezas tienen un origen lícito?

—Es una desgracia: no sabes de dónde vienen. El más sabio cae engañado. He tenido muchos problemas. Compras en una casa o una tienda y la pieza es robada. Si alguien en un pueblo quiere comprar un coche, se roba la pintura de su iglesia.

La Ley Federal sobre Monumentos y Zonas Arqueológicos, Artísticos e Históricos impone hasta doce años de cárcel a quien robe o saque del país una pieza del Patrimonio Nacional sin permiso del gobierno. La paradoja es que el Instituto Nacional de Antropología e Historia (INAH) carece de una base de datos pública para saber qué obras del Patrimonio han sido robadas de las iglesias.

—La ley hay que cambiarla —añade Rivero—. Si voy a regresar una pieza robada soy copartícipe del robo, cuando me deberían hacer un reconocimiento por entregarla.

ADIÓS A SAN ELÍAS

El delegado del pueblo y el cura Francisco López —jefe religioso de la zona— acudieron al Ministerio Público de Tulancingo a levantar la denuncia. Por ser de orden federal, el caso se turnó a la Procuraduría General de la República (PGR): el cuadro de *Adán y Eva* y los demás objetos —como las mil doscientas cincuenta piezas de arte sacro que el INAH estima robadas— eran parte del Patrimonio Nacional por pertenecer a una iglesia.

El pueblo no fincó esperanzas en que un día aparecieran: por años, su capilla ha sido saqueada hasta quedar en cueros y jamás se resolvió nada. San Juan poseía el cáliz de oro más valioso del sur de Hidalgo. Medio siglo atrás, uno de los curas en turno, antes de despedirse avisó que se lo llevaría para reparar su deteriorada base. Prometió devolverlo mucho más hermoso, para dejarlo como un digno "refugio de la Sangre Preciosísima de Cristo". Ni él ni el cáliz regresaron.

Y de ahí pa'l real: desaparecieron una custodia de la Eucaristía, las figuras de san Pedro, san Pablo, san Cristóbal y san Miguel, y hasta los instrumentos musicales de la banda local que eran guardados en un hueco del altar.

Un día, el pueblo de San Juan, tan callado en su dolor, halló razones para gritar su coraje. San Elías desapareció.

—Como por aquí hay secas, otros pueblos nos pedían llevárselo en procesión —dice Leonor Suárez, pobladora de casi setenta años—. Llovía en cuanto san Elías salía al campo. Íbamos a Acelotla, al Cerro de las Ánimas y ni cómo refugiarse del agua. Al santito le poníamos sombrero para protegerlo. Desde que se lo robaron, ya nunca llovió igual.

Esta vez, los judiciales acudieron a San Juan para levantar las huellas digitales que los ladrones dejaron en el bastidor de *Adán y Eva*. El lazo en el barandal del coro no les dejó dudas sobre el *modus operandi*.

Los ladrones utilizaron una barda colindante con la capilla para ascender a la cúpula. Desde ahí, subieron a un hueco del campanario. Ya dentro de la capilla de San Juan Bautista, bajaron al coro por una escalera de caracol. Amarraron al barandal del coro un lazo para bajar hasta la nave del templo. El resto fue simple: las imágenes de san Juan estaban al alcance de la mano, en el retablo mayor. Y descolgar el lienzo de *Adán y Eva* solo les supuso trepar a un altar lateral. Ya abajo lo cortaron de su bastidor.

Por testimonios de los pobladores, la PGR supo que el día elegido para el robo facilitó las cosas a los ladrones. La noche del 5 de julio todo San Juan se había mudado a Zempoala, un kilómetro al oriente. Ahí, la Virgen del Refugio era festejada con poco recato. Inspirados por el grupo Cherokee, no pocos muchachos se entregaron a la fresca mezcla de música y piel morena. La abarrotada pulquería de don Palemón se abasteció espléndidamente de tequila y pulque. Y en la plaza: mariachis, coches locos, castillos, pastes. Si cualquier noche en San Juan era apacible, aquel miércoles los ladrones entraron a la capilla de un pueblo inanimado, habitado por enfermos y viejos, como el sacristán.

Pero la PGR no avanzó en nada más. La averiguación del robo en San Juan durmió en sus archivos. Ni qué decir de la indagación sobre el cuadro de *Adán y Eva*. El argumento oficial fue que se desconocían las medidas y el aspecto del cuadro, y que sin fotos u otros elementos era imposible iniciar las pesquisas.

En el San Diego Museum of Art de Estados Unidos, la joven curadora Claudia Leos recababa información sobre una rara pintura colonial mexicana de 1728 para incluirla en un catálogo. Hacía año y medio que el museo había adquirido el cuadro. Pese a ser anónimo, su notoriedad le mereció ser parte del recinto al que pertenecían *Minotauro acariciando a una mujer dormida*, de Picasso; *Espectro de la tarde*, de Dalí, o *Manao Tupapau*, de Gauguin.

La colorida composición que Claudia estudiaba en junio de 2002 era peculiar. Arriba se sucedían en un huerto siete escenas del Génesis: desde que Jehová formó al hombre soplándole vida por la nariz, hasta que Eva entregó a Adán el fruto prohibido. En primer plano, el arcángel Miguel los corría del Paraíso a los dos con su espada flamígera. Los seguía una extraña serpiente del pecado original con orejas de perro.

El centro de la pintura era alucinante. La curadora observó que en un lago nadaban colibríes acuáticos, gatos con cola de delfín y peces con cabeza de borrego. A la orilla cabalgaba un unicornio, junto a un león enano y un elefante de un solo ojo. Las escenas, dispuestas en diez planos diferentes, creaban una suerte de *El jardín de las delicias*, de El Bosco, muy a la mexicana. Ingenuo, creativo y luminoso, el cuadro encadenaba las imágenes de modo didáctico, como si se hubiera usado para evangelizar indígenas.

En su búsqueda de información, llegó a las manos de Claudia un libro de Agustín Chávez sobre arte hidalguense. En la página 324 aparecía una foto del lienzo. Su ficha decía que pertenecía a un lugar llamado San Juan Tepemasalco. Al revisar el historial del cuadro que el vendedor entregó al museo, detectó algo extraño: ese dato había sido omitido.

Días más tarde, la titular del Consejo Estatal para la Cultura y las Artes de Hidalgo (Cecultah), Lourdes Parga, recibió en su oficina de Pachuca una carta del Museo de Arte de San Diego. La remitía la curadora Claudia Leos: "Busco información sobre la obra *Adán y Eva arrojados del paraíso* (siglo XVIII, San Juan Tepemasalco), que aparece en un libro de 1986, *La pintura colonial en Hidalgo en tres siglos de pintura colonial mexicana*. Esta obra ahora está en la colección del Museo de Arte de San Diego".

Parga le mostró la carta a José Vergara, director de Patrimonio Nacional del Cecultah. Al ver el título del libro, el historiador recordó que en su casa había un ejemplar. "Lo saqué de mi biblioteca, vi la foto del cuadro y me quedé estupefacto: ¿cómo era posible que un cuadro que hace veinte años estaba en una capilla de México ahora estuviera en un museo de Estados Unidos?" Lo siguiente fue revisar el Catálogo del Patrimonio Nacional de Hidalgo, donde Vergara y su equipo hallaron una diapositiva de la obra. Luego acudieron al pueblo para saber qué había ocurrido con la pintura.

Así, en unos días, el Cecultah reunió las pruebas de que el cuadro pertenecía a una iglesia del estado y que, por tanto, era Patrimonio Nacional: venderla era un delito grave.

—Envíen un oficio a la PGR con la copia de la foto del libro y la diapositiva —les pidió Parga—. Y recuérdenles que hace dos años se denunció el robo.

En ese oficio, Parga informó a la PGR de Hidalgo que una carta le acababa de revelar el destino de *Adán y Eva*: el museo de San Diego. A su escrito anexó las fotos. Además, entregó un análisis químico de once muestras de la capa pictórica que había quedado en el bastidor. De ese modo, el museo podía cotejar dichos resultados con la obra que ellos tenían. Comparando materiales, sabrían si el bastidor y su tela eran dos piezas del mismo rompecabezas.

La PGR, por su parte, se acercó al Departamento de Justicia de Estados Unidos e intercambió datos con la Organización Internacional de Policía Criminal (Interpol).

Justo cuando el gobierno estadounidense comenzaba a investigar, el director del museo de San Diego, Don Bacigalupi, primer responsable en comprar el lienzo, fue transferido al The Toledo

Museum of Art, de Ohio, en la otra punta del país. Escapaba así de una posible tormenta.

El caso se mantuvo en sigilo hasta el 25 de noviembre de 2004. Ese día, la reportera Anna Cearley, de *The San Diego Union-Tribune*, reveló que el museo poseía una pieza que, al parecer, había sido robada en un pueblo mexicano. Once días más tarde, el Consejo de Administración del museo votó devolver la obra y exigir la restitución de lo pagado al vendedor, quien accedió a entregar la suma.

El nuevo director del museo, Derick Cartwright, había logrado mantener en secreto el nombre del vendedor del lienzo. En varias ocasiones, el museo se limitó a informar que era "un vendedor de la Ciudad de México".

El silencio se rompió en una entrevista de la reportera Cearley a un curador del museo, Marion Oettinger: el vendedor del óleo robado, declaró, era Rodrigo Rivero Lake, el gran anticuario mexicano, surtidor de empresarios y políticos.

—Salí a ver qué había disponible en subastas y galerías —declaró Oettinger—. Hice tres sugerencias y una de ellas era esta (*Adán y Eva arrojados del paraíso*), que pertenecía a Rivero Lake.

Según Oettinger, el anticuario le envió fotos que probaban la "calidad" de la obra.

—Le pregunté (a Rivero) si la pintura tenía papeles y procedencia adecuada, y me dijo que sí —declaró a *The San Diego Union-Tribune*.

La obra, en efecto, tiene papeles. Rivero solicitó al INAH un documento sobre la pintura. Esa institución, a través de la subdirectora de Inventarios del Patrimonio Cultural, Rosana Calderón Martín del Campo, no tuvo inconveniente en entregarle un oficio firmado que indica: "Coleccionista Rodrigo Rivero Lake, por medio del presente oficio le informo que las pinturas *San Sebastián de Aparicio*, *Adán y Eva* y *Custodia* no pertenecen al acervo cultural del INAH, por lo que no hay ningún inconveniente en que pueda comerciar con ellas. Sin otro particular y en esperando (*sic*) que esta información le sea de gran utilidad, me despido con un cordial saludo". Pero un dato no cuadra. La venta ocurrió a finales del 2000. El documento del INAH está fechado el 18 de julio de 2002. Fuentes que no quisieron ser identificadas aseguran que —con objeto de dar legitimidad a la venta— el anticuario habría pedido ese documento al percibir que se cernía sobre él la amenaza de las justicias mexicana y estadounidense.

De este modo, el INAH se unió al probable delito de venta de una obra artística robada y perteneciente al Patrimonio Nacional.

La funcionaria Calderón dio su versión.

—¿Por qué emitió ese documento?

—Es algo muy delicado. No puedo hablar porque la investigación está en proceso. Ya declaré.

—¿Rivero Lake le pidió a usted elaborar el documento?

—Se lo pidió a otra persona que no puedo decir.

—¿Rivero Lake es su amigo?

—Todo lo contrario. Con este señor tengo muchísimos problemas de llamadas, de amenazas de todo lo que se le ocurra.

—¿Porqué salió ese lienzo de México?

—El documento solo informa que la pieza no está a resguardo directo del INAH. Yo he sido un estorbo para que (Rivero) continúe cometiendo ilícitos. Antes le detuve cosas ilícitas y está muy enojado conmigo. Usó dolosamente el documento porque no es una autorización de compra-venta ni de salida del país.

Sin embargo, como se indica párrafos arriba, el documento firmado por la también restauradora sí avala la comercialización.

Entrevisto a Rivero frente a una mesa de piedra dura florentina del siglo XIX con marquetería de lapislázuli y fósiles. Junto a mi grabadora hay una caja poblana de 1730 con esgrafiado de hueso, carey y clavos de plata.

—¿En el caso de *Adán y Eva* fue víctima de un vendedor de arte robado, a quien usted le compró la obra?

—Yo no la vendí, apenas estuvo metidita mi mano. Es una cosa delicada. Si puedes brincarla, mejor.

—Gente del museo de San Diego dice que fue usted.

—Dicen que fui uno de los agentes.

—¿Le fue complicado venderla al museo?

—No.

—¿No?

—No, si tienes la pieza y el museo el interés: en todos los museos hay agujeros que cubrir para seguir el guion museográfico.

—¿No se imaginó que era robada?

—¿Cómo imaginarme, cómo saberlo?

—¿Cual fue su papel en la venta de *Adán y Eva*?

—Se recuperó la pieza, qué bueno que está en su lugar original.

En un fax que me envió semanas después de la entrevista, Rivero indicó: "El año pasado un juez de distrito resolvió que no existen elementos de prueba que acrediten mi probable responsabilidad en el robo de la pieza *Adán y Eva*, criterio que fue corroborado por un tribunal unitario de circuito (...) Puedo afirmar categóricamente que no he robado esta pieza". Sus abogados secundaron el dicho del coleccionista y mostraron extractos de la resolución perteneciente a la causa penal 1962006 del juez primero de distrito.

Sin embargo, el 30 de mayo la PGR me proporcionó el oficio DGPDSC/UEAI/2347/2007, en el que aclara que la averiguación previa aún está "en trámite".

INSPIRACIÓN DIVINA

Antes de viajar a Estados Unidos, *Adán y Eva arrojados del paraíso* era una desgracia. En doscientos setenta y dos años nadie le restauró un milímetro. Un tamiz café-verdoso imposibilitaba identificar más de dos o tres de los casi cien animales (aves, mamíferos y reptiles) que rodeaban al primer hombre y la primera mujer. La espinilla de Eva tenía una rotura. La cabeza de la serpiente, una fractura triangular. Y el tiempo dejó en la miseria al caballo principal: corroído el lienzo, en lugar de su cabeza y patas se veía la base almagre sobre la cual el pintor creó la escena.

Para colmo, la brutal incisión con la que el ladrón cortó la pintura dejó en el bastidor la mitad del rostro de Dios, parte del manto de san Miguel, un pie de Adán y los cuerpos de tres pollos que miraban atentos a los dos primeros seres humanos de la Tierra.

En tales condiciones, ningún museo hubiera comprado la obra. No obstante, enviarlo a un restaurador profesional implicaba un severo gasto y una laboriosa indagación histórica. La solución era cederla a un buen pintor.

La primera acción de ese artista —cuya identidad es un misterio—, fue limpiar el barniz original. Pero el solvente usado fue tan poderoso que eliminó la pátina que da a la obra su espíritu antiguo. En lo cromático su labor fue notable: logró sutilezas en los ocres del cielo, en los verdes de los árboles y los cafés de las montañas. Sin embargo, usó pintura acrílica, cuando el original se elaboró con óleos.

Y siguieron los pecados: para dar simetría al cuadro agregó figuras que el original no presentaba. Para ello, añadió una banda de algodón donde pintó lo que Dios le dio a entender. Al huerto del Edén le inventó dos querubines. A la derecha, ideó montañas, flores, frutales y un conejito. Y tapó parte de la leyenda de la obra, "Aquí es el destierro", pues al quedar nueve letras en el bastidor original, el pintor no tenía idea qué decía esa frase inconclusa.

Como el lino original era más grueso, igualó con resistol el grosor de la banda de algodón. Al cristalizar, ese pegamento fracturaría la obra pues la tela no responde de forma natural a los cambios climáticos.

Aunque la suma de imprudencias fue pasmosa, al concluir el pintor entregó a su cliente un cuadro exuberante, pleno de acción y símbolos. Una ridícula colección de fallas dio a luz una pintura muy atractiva.

El lienzo fue expuesto en el museo con un pomposo marco tallado de 2.15 por 1.55 metros, réplica de estilo colonial, de casi cuarenta kilos.

El tallador consentido de la Residencia Oficial de Los Pinos (hogar de los presidentes de la república), Jaime Hernández, me recibió una mañana en su taller de San Andrés Tetepilco, al oriente de la Ciudad de México, donde ha creado marcos para obras de Francisco Toledo, Diego Rivera, Vicente Rojo o Luis Nishizawa. Le mostré la foto del marco de *Adán y Eva*.

—Este marco es mío, yo se lo hice (a Rivero Lake).

—¿Cómo lo realizó?

—En mes y medio de trabajo, es un marco trabajosito. Usé cedro rojo que compré en Iztapalapa. Lo preparo así: coloco la plantilla y arriba calo la madera con una gubia. Pongo blanco de España, pulo y le doy bol rojo de Bélgica. Le aplico oro de hoja de Inglaterra. Lo barnizo y patino para que se vea antiguo. Y le incrusté unos pequeños espejos.

—¿Rivero le trajo la pintura para que usted viera las dimensiones?

—No, él me da las medidas... son obras delicadas.

—¿Y cuánto costó el marco?

—Unos 3 000 dólares.

Así, a menos de ciento ochenta días del robo, la pintura estaba lista para ser vendida. A fines de 2000, el museo de San Diego pagó 45 000 dólares por ella.

—Debió llegar con todo y marco a Estados Unidos, embalada en una caja de madera de alta resistencia. Seguramente viajó en el área de carga de un avión —dice Lucía de la Parra, restauradora del INAH.

La pintura fue exhibida en San Diego varios meses. Cuando Cartwright, director del museo, fue notificado de la investigación judicial, retiró la pintura y acudió al Consulado de México en San Diego para pedirle al cónsul Luis Cabrera que de inmediato le aceptara la obra: no quería prolongar el desprestigio. Pero el Consulado le pidió respetar el proceso judicial estadounidense.

El 23 de agosto del 2006, el museo recibió la orden de sacar la pintura de su bodega. Ese día acudió al Consulado una multitud de medios, entre ellos *The San Diego Union-Tribune*, Associated Press, NBC, Fox News y ABC. Por fin, el gobierno de Estados Unidos entregaría *Adán y Eva arrojados del paraíso* al gobierno de México. En la ceremonia solo se mostró una reproducción fotográfica de la pintura, pues para ese momento volaba como "valija diplomática" en un avión de DHL.

La Secretaría de Relaciones Exteriores entregó la obra al INAH en una ceremonia a la que fueron invitados trece pobladores de San Juan. El 28 de noviembre de 2006, en su traslado de Tlatelolco al ex convento de Churubusco, la pieza viajó en una caja de seguridad en un camión escoltado por la Policía. Una vez restaurado ahí, se cederá al gobierno de Hidalgo.

La restauradora Lucía de la Parra se ha hecho cargo de los trabajos sobre el cuadro, que ya casi concluyen. En siete meses, ha laborado con su ayudante ocho horas diarias para eliminar el bello y atroz repintado que la obra sufrió antes de viajar a San Diego. En septiembre, al concluir la reparación, habrá sumado con su ayudante dos mil trescientas horas de trabajo. Lo último será unir la tela con su "eslabón perdido": el bastidor dejado por los ladrones en la iglesia hace siete años. Dios Padre volverá a tener los dos fragmentos de su cabeza.

La habitación de Rivero es delicadísima, alfombrada. La cabecera turquesa de su cama es peruana, decorada con un hombre que dispara a un ave. El anticuario toma un libro, *El paraíso de los pájaros parlantes*, y lo abre para mostrarle una imagen a la fotógrafa: es el cuadro *La muerte*, de 1739, con un demonio transportando una copa. Rivero cuenta algunas proezas: ha hecho de todo, hasta disfrazarse de cura, para poder trasladar sus antigüedades.

Frente a la cama hay un cuadro del flamenco Martin de Vos, del siglo XVI, y otro de un ángel arcabucero, típico del Cusco, el departamento peruano donde Rivero fue acusado hace años de robar el mural *Coro Celestial*, para lo cual debió desmontar la pared de una capilla, como él mismo reconoce en la entrevista.

Al posar, Rivero canta: "Para ti soy libro abierto, / escribe en mí, te necesito". Es un romántico puro, ortodoxo. Hay muchos CD's asiáticos desperdigados: Ustad Zia Fariduddin, Nusrat Fateh Ali Khan...

Hablamos nuevamente. Según fuentes con acceso a la averiguación previa, Rivero declaró a la PGR que adquirió *Adán y Eva arrojados del paraíso* a unas ancianas de provincia que decían que el óleo pertenecía a su familia. A mí me indica otra cosa.

—¿Quién le vendió a usted la pintura de San Juan Tepemasalco?

—Se compra por patronatos. No me gusta hablar de eso. Hablemos mejor de *La Mona Lisa*. Un día entró un señor con una bici vestido de empleado del Louvre por la puerta principal del museo. La descolgó y se la llevó en bici. Luego...

—¿Qué patronatos?

—Estoy en muchos patronatos.

—¿No le convendría abrir la información?

—No oculto. Son delicadezas jurídicas. Todo lo que se ha tenido que pagar se ha hecho. La pieza está de regreso sin ningún problema.

—¿Ya devolvió el dinero al museo?

—No ha habido problema. Ha sido algo muy alivianado.

—¿Cómo viajó la obra a San Diego?

—Si ese es el tema de conversación, créeme que no sé. No es un tema interesante, ni agradable. Mejor termino de contarte lo de *La Mona Lisa*.

Conocí hace poco San Juan Tepemasalco. Al sacristán Pancho me lo topé mientras descansaba sobre unas piedras en lo que llegaba el camión del gas. Cuando al ex delegado Crescencio le pregunté qué había pasado de interesante en el pueblo, que no fuera lo del cuadro, me dijo: una vez "alguien" mató el animal de un vecino; una gallina, si mal no recuerda.

Ya en la capilla, vi la pared vacía donde estaba la pintura y agarré la soga amarilla por donde bajaron los ladrones. Subí a la cúpula y observé desde arriba al pueblo. San Juan son cinco manzanas polvorientas donde la gente cría puercos, gallinas y guajolotes. Comen sus cultivos: maíz, frijoles y haba. Aunque algunos dicen que son doscientos cincuenta habitantes, otros lanzan cifras temerarias: son trescientos. El problema es que el censo los incluye en Zempoala, la localidad aledaña, con la que hay una rivalidad futbolera: el River de San Juan Tepemasalco contra los Cariocas de Zempoala. Ahí sí se arma.

Una tarde platiqué con Guadalupe Pérez, hasta hace poco delegada del pueblo. Ella suele reunir a la gente para actualizar las noticias sobre *Adán y Eva*, que regresará a la comunidad en septiembre; antes, quizá, de que la PGR dicte sentencia. Para evitar otra desgracia, a la capilla le instalarán un sistema de alarmas.

—Esto del cuadro nos dio realce. Ya todo el país sabe de San Juan Tepemasalco —dice Lupita, entusiasmada. Recibirán la pintura con una gran verbena.

—¿En San Juan hay algo de lo que se enorgullezcan?

—Pues de la iglesia, hay tres tienditas... Ah, de nuestro órgano. Es del siglo XVI y está ahí, en el coro, con su fuelle. Mire, véalo desde aquí. Es chiquito y cada flauta tiene una pintura.

—¿Y funciona?

—No. Pero ya vino alguien que decía que era el cura de la Catedral de México. Pidió llevárselo para arreglarlo. "Lo arreglamos con nuestro presupuesto y luego se lo traemos", nos ofreció ese señor.

Hasta ahora, el órgano sigue en el pueblo.

2

LAGUNA SECA: EL PUEBLO QUE NO BAILÓ LOS XV DE RUBÍ

Manos firmes en el manubrio y sombrero vaquero. Sebastián se inclina sobre el campo estéril del descampado Laguna Seca, donde con su motoneta zigzaguea como un detective ansioso que observa tras su lupa. Pero aquí no hay pistas a seguir. O si las hay, las pistas que persigue el desempleado de cuarenta y seis años y tres hijos carecen de misterio: busca algún refresco sin abrir que este mediodía de sol lubrique su garganta, restos de alimento, una botella con sobras alcohólicas que mejoren este martes de diciembre en que su pueblo, también llamado Laguna Seca, se despierta tras recibir el evento más imponente en la historia de la región.

Pero de eso no queda casi nada: en este solar del estado de San Luis Potosí, donde hasta hace unas horas bailaron miles por los XV años de Rubí, meteórica estrella de las redes sociales de 2016, aún está el escenario monumental —que en este momento varios empleados desmontan tras recibir a K-Paz de la Sierra y otros grupos—. Y abajo del tablado para los artistas se extiende un colosal llano dorado por las heladas invernales.

Sobre la hierba seca irrumpe una capa de basura amplia, como dos campos de futbol. Vasos de Pepsi, envolturas de Sabritas, latas y desperdicios de todos colores, tamaños, empaques y marcas. Basura multiplicada como una plaga que lastima los ojos por su abundancia y variedad. Un manto plástico salpicado con botellas de vidrio que Sebastián revisa y que legaron algunos cientos de habitantes del pueblo vecino, La Joya —de donde son Rubí y su familia— y una multitud procedente del resto de México e incluso del sur estadounidense.

Tequila Cabrito, vacío. Brandy Torres 10, vacío. Whisky Black & White, vacío. Tequila Viuda de Romero, vacío. Y lo mismo botellas de Jack Daniel's, tequila Cazadores, Captain Morgan, William Lawsons. Los vestigios cilíndricos de la fiesta a la que acudieron políticos como el gobernador estatal, Juan Manuel Carreras, fueron succionados hasta la última gota. Ya solo les queda aire.

Resignado, Sebastián ve que un desconocido lo llama, se acerca con su moto y pregunta qué razón hay para estar ahí.

—Un reportaje sobre el amanecer del pueblo del baile de Rubí. ¿Tú? —reviro.

—Andaba a ver que me hallaba, pero pues no dejaron nada —responde—. Pero esto también va a la suerte, oiga.

—¿Buscabas algo como unas chelas?

—Una botella o con suerte una cartera.

—¿No hallaste nada?

—Nada más esta chingada saquilla —muestra un viejo morralito de tela que cuelga del manubrio— y este vasote para agua. ¡Tiene letras americanas! —se contenta levantando hacia su cara un viejo vaso gris de *Star Wars* con las palabras *laser*, *alliance*, *starfighter*.

—¿Tienes hijos?

—Tres.

—¿De qué viven?

—Con frijolitos de la olla que coma uno y tortillita y su vaso de agua, le aguanta todo el chingado día.

—¿Carne?

—Todo eso es monte —señala unas colinas—. Chingo de ratas que hay.

—¿Ratas?

—Ratas de monte. Los del pueblo las matamos, se pelan, se lavan bien lavaditas, van a la cazuelota con aceite y viera cómo están de sabrosas —une en un manojo sus dedos y los besa—. Qué carne ni qué la chingada.

—¿Cómo se vive aquí?

—A gritos y sombrerazos. Unos se emplean en la fábrica de mezcal y otros cultivan maíz y frijol. Ahora verá: si llueve, todos tenemos; si no, nos lleva la jodida. Este año no llovió: todos nuestros campos secos como esta presa —contempla el terreno del baile en el que hablamos.

—¿Esto es una presa?

—Era. De chiquillo llovía hasta tres veces al día y esto se llenaba de agua, se enlagunaba de perdida así —lleva su mano al pecho—. Había patos, garzas... bonito. Ahí están unos desagües para las milpas: abrían las llaves, se regaba el campo y se cosechaba mucho. Ya son catorce años o más, siempre a secas. Esto ya murió: fue la voluntad de Dios —dice.

Sebastián mira la desolación: los anuncios de SIX $84, LATA $17 en los locales vacíos de cerveza Dos Equis, los baños móviles que sirvieron a miles y la vieja camioneta de una familia veracruzana que acampó aquí y que se niega a abandonar la tierra de la histórica fiesta.

Los jarochos no quieren despedirse de un evento que se volvió masivo porque en Facebook el padre de Rubí dijo "Quedan todos cordialmente invitados" y 1.3 millones de personas avisaron que asistirían: "todos" le dijeron que sí. Y entonces vino el encontronazo en las mismas redes: un sector del país sintió el fenómeno mediático como la desgracia de una sociedad maniatada por medios frívolos y otro, solo como una fiesta a la que había que ir porque la juerga sería espectacular.

Sebastián González se arregla el sombrero y agarra su moto: está a punto de irse. Pero antes pisa la línea de tierra donde ayer, durante las carreras equinas que ofreció Crescencio, papá de la quinceañera, Félix Peña, dueño de un caballo competidor, fue embestido de modo espeluznante por un animal que corría.

—Era mi amigo, aquí lo mataron, aquí cayó el difunto Félix —precisa señalando el sitio exacto con sus botas en un área repleta de estiércol.

—¿Usted cree que fue bueno tener en su pueblo los XV de Rubí, o por el muerto le queda a Laguna Seca un sabor amargo?

—Ya le tocaba, oiga. Cuando le toca a uno, trae uno su destino —dice, pero al instante se le esfuma el duelo—. Nunca habíamos visto un baile como anoche —sonríe satisfecho con sus dos dientes de oro y parte. Sebastián sigue buscando entre los restos del baile algún tesoro perdido.

CALDITO DE RATA

La última patrulla de la Policía Federal abandona el descampado del baile, Sebastián termina de hurgar entre la basura, y aunque la fiesta acabó hace ya ocho horas, los nueve de la familia Luna de Veracruz persisten en el llano al que arribaron hace cinco días tras veintiséis horribles horas de un viaje con múltiples confusiones de rutas y fallas mecánicas hasta lograr su misión: pisar antes que nadie Laguna Seca y acampar.

—Primeros en llegar, últimos en irnos —se ufana el padre y conductor, Alejandro Ramírez, que con cara de agotamiento está por tomarse una última foto familiar junto al cargamento de regreso a casa: envases de Pepsi, Orange Crush y Corona; galletas Emperador, sillas y mesas, una linterna y la bendición de un crucifijo dorado bajo el retrovisor.

—Los niños querían conocer a Rubí: cumplimos su sueño —afirma la mamá.

—¿Por qué la admiran?

Marisela se queda pensando, no halla la respuesta y pide ayuda a su hija mayor.

—Naaai, el periodista pregunta por qué admiras a Rubííí.

La adolescente Naide desciende del camión y con desgano baja la cabeza para responderle formal a la grabadora.

—Se hizo viral el video en YouTube, luego en Face, la tele y así.

—¿Por eso querías conocerla?

Asiente.

Con latas de atún, pan Bimbo, tortillas de harina, jamón, tres garrafones de veinte litros y no mucho más emprendieron la travesía que concluye hoy, aunque ellos no quisieran.

—Tantos periodistas amontonados —se queja la mamá.

Los periodistas, verdugos de su felicidad, los que no la dejaron acercarse a Rubí.

—Queríamos platicar como se debe, tomarnos la *selfie*.

Esa foto no se pudo, pero sí la foto final.

—Verla bailar su vals fue lo más emocionante de la fiesta —dice el papá mientras posa y se agarra la manzana de adán, señal de que se le hizo ayer un nudo en la garganta.

—Ver a Rubí fue como ver a mis hijas, Dios quiera que pueda ver sus XV años.

—¿Quisiera una fiesta de este tamaño? —le pregunto.

—¿Con qué?

—Cosa de que invite en el Face a "todo el mundo".

—Y vamos a agarrar de padrino al gobernador Yunes. Al otro no (Javier Duarte) porque ese se llevó todo —se carcajea.

El terreno del baile es un desierto a las tres de la tarde. Y lo que fungió como entrada del fiestón, un montecito yermo, da paso a un sendero con mezquites y otras plantas que crean el milagro: la vida sin agua. No más de 20 metros adelante aparece, al borde de la carretera, el pueblo de roca desnuda que el 26 de diciembre experimentó atónito una invasión: a Laguna Seca la forman setenta familias con unos trescientos cincuenta habitantes.

Aquí no hay internet. Es decir, poco o nada sabían de que Facebook, Twitter y otras redes sociales avisaban de las magnitudes del festejo viral. Si acaso las noticias de la televisión contaban que los XV años de la joven del menos pobre pueblo vecino, La Joya, no serían cualquier cosa.

Jamás esta antigua aldea había visto tanta gente junta. Mañana, tarde y noche las filas de autos y caminantes irrumpieron como peregrinos descontrolados desde el norte y el sur. Luego, el sonido rítmico de las bandas musicales entró por calles de terracería y chimeneas, superó las centenarias puertas de gruesa madera que protegen cada hogar.

Sobre la carretera, Tomasa Leija se resguarda bajo la sombrita de un pirul junto a sus tres hijos y su esposo, en espera del colectivo que por 150 pesos los llevará a Charcas, la cabecera municipal.

De regreso, otros 150. La mitad del ingreso semanal en un traslado en una camioneta.

—Mire la basura —dice Tomasa con un alegre vestido de lentejuelas—. Para limpiar esto se va a necesitar la reunión de toda la comunidad. No creo que los de La Joya vengan a hacerse cargo.

Pero la basura no pasa de un disgusto. Ese no es el problema en este lugar. Han pasado no menos de quinientos años desde que estuvieron aquí los primeros pobladores, evangelizados por los monjes Carmelitas, y a Laguna Seca aún no llegan ni un consultorio médico, ni pavimento ni drenaje: pura tierra, polvo, piedras y, desde luego, letrinas. Acaba 2016 y las letrinas siguen, como en el Virreinato, la Independencia, la Revolución y todo lo que siguió. Y en este caso no se trata de que el gobierno olvidara a los pobres, como suele ocurrir. Sí saben de los pobres de Laguna Seca, pero a ellos el gobierno federal, el estatal y el municipal los cuece aparte. Según la mujer, a Laguna Seca no llegó ni una bolsa de frijol de la Cruzada Contra el Hambre.

—No nos consideran comunidad marginal y por eso nos quitan casi todos los apoyos. Como aquí tenemos la fábrica de mezcal, dicen que no necesitamos nada porque hay fuente de trabajo —expone Tomasa.

Y sí, en este pueblo es difícil encontrar a un solo hombre que no haya laborado en algún momento de su vida en la fábrica de mezcal Laguna Seca, famoso en México, Estados Unidos y Europa; sin embargo, la mezcalera contrata a no más de cuarenta habitantes. El sueldo: de 380 a 600 pesos a la semana. Menos que el mínimo oficial. Y entonces, cuando Tomasa oye mi pregunta "¿cómo le hacen?", retorna a la solución de la era de las cavernas: la caza. Escasean el frijol, el maíz, y los niños quieren carne.

—Con mi esposo agarramos una resorterita y un garrotito. En el monte buscamos pencas del maguey ruñidas y al verlas dice uno: aquí ruñó con sus dientes la rata. A escarbar. Y cuando salen, a pedradas o garrotazos —Tomasa nota alguna reacción mía—. Que no se le haga raro, aquí es normal decirnos: aquí tienes tu caldito de rata. Calientito, con su cebolla —se ríe, y contagia a su marido, que la oye atento rodeado de sus tres hijos.

A una cuadra de donde nos despedimos, Beatriz Gómez no llega a los veinticinco años y tiene ya tres hijos, de diez, dos y un año. Oye arrugando el ceño, desconfiada, que buscamos saber cómo vive en un día normal el pueblo que recibió la festividad multitudinaria y contesta, muy seria:

—Teníamos miedo. Decían que en esa fiesta iban a pasar cosas y mire usted —dice refiriendo a Félix Peña, el criador de caballos que murió entre la multitud.

Pero en esta comunidad la muerte es en vida, que se va extinguiendo día a día cuando el vacío retuerce el vientre.

—Siempre nos dicen lo mismo: ustedes no están en estado de marginación ni necesitan nada porque tienen su fábrica. Oímos esas palabras y nos vamos volviendo más pobres —dice Beatriz y sonríe. Sí, sonríe como si ante el dolor eso le conviniera al alma.

—¿Y de qué modo comen ustedes cinco?

—Mi marido se va a la sierra, busca hormigueros y se trae los huevos —dice y cierra la puerta.

—¿No me deja hacerle otra pregunta?

—No, señor, ya no.

A algunas construcciones de piedra —caserones centenarios donde hasta hace noventa años vivían los peones de la hacienda Laguna Seca, quemada en la Guerra Cristera— las ha invadido lo más vulgar de la política. Sobre algunas de esas fachadas aún se puede ver propaganda electoral: VOTA DOCTORA BLANCA ROSA NAVARRO, VOTA PRI, VOTA PRD. A los pies de todo eso, el arroyo que alguna vez llevó agua ya es un canal seco vuelto depósito de basura. Sobre una roca frente a su casa, José Adolfo, cargador de piñas de maguey destinadas a la mezcalera y padre de tres, descansa tras la jornada y se apura a decir qué lo une al papá de la festejada Rubí.

—Con Crescencio jugamos futbol juntos quince años en el mismo equipo: Deportivo Laguna Seca, teníamos la camiseta del América. Él era medio, yo delantero. Nunca esperé que se hiciera tan famoso por todo esto.

—¿Y cómo es eso de cargar las piñas del maguey?

—Duro: cargamos piñas de hasta ciento cincuenta kilos.

—¿Y usted soporta eso?—le pregunto al flaquito de treinta y cinco años que no debe superar el 1.60 de altura.

—¡Claro! Los campesinos de los ejidos de Solís y Pocitos tumban las piñas, y nosotros cargamos diario ese maguey hasta la mezcalera para que la cuezan en los hornos. Una friega, acarrear: se nos van tronando la cintura, los pies, la rabadilla, la columna. Pregunte: todos los hombres de este pueblo sufrimos de las articulaciones. Al día, cinco peones debemos acarrear cien piñas: veinte cada uno —dice, y aclara, por si me atacan las dudas—: Era buen jugador Crescencio, ¡eh!

—¿Podemos hablar con don Crescencio?

—No es que queramos portarnos mal, pero están agotados, dormidos —dice un hombre de sombrero en una mesa con refrescos, cervezas, galletas.

En la primera tarde tras la fiesta, los padrinos de Rubí, vecinos, familiares y amigos montan una copiosa guardia en el caserón de tejas de la familia Ibarra en el pueblo de La Joya, para que fans y medios de comunicación no les sigan arrancando la paz como desde hace varias semanas.

Pero no hay modo. El hechizo de la fama, su atracción afrodisiaca, ha dado a la casa, incluso después de la fiesta, un magnetismo que jala bolitas de jóvenes con pancartas y ansiedad venidos de muy lejos.

En el patio, una gran y amorfa artesanía amarilla dice: "Felicidades, Rubí, saludos de los internos del Cereso de San José del Cabo". El objeto, algo parecido a una torre, desde esa cárcel debió cruzar el mar del Golfo de California, como también recorrió cientos de kilómetros un cartel extendido sobre la vereda, en la entrada del hogar de la célebre familia. En letras coloridas se lee: AUTODEFENSAS, OBLIGACIÓN CIUDADANA ARTÍCULO XXXI CDMX-TIJUANA. GUARDIA NACIONAL ESTADOS UNIDOS MEXICANOS. LIBEREMOS AL DOCTOR MIRELES. GOLPE DE ESTADO POPULAR YA, 2017. LAS AUTODEFENSAS VAMOS A LOS XV AÑOS DE RUBÍ.

Los improvisados guardianes de la casa se conmueven ante lo que les dice una guapa joven morena que encabeza un grupo de cinco amigos y que les ruega con acento pocho:

—Venimos a ver a Rubí desde Chicago, por favor.

Un minuto más tarde, Crescencio, sombrero vaquero, camisa y botas, se apiada y sale a su encuentro. Al abrir la puerta nos ve con la cámara. La mirada se le enciende de furia.

—Ya no quiero declarar, no saquen fotos. ¡Ya, ya, ya!

—¿Va a haber fiesta de dieciséis años de Rubí? —cuestiono.

No entiende la broma: me ve con odio, no quiere saber nada.

—Lo que hubo, hubo, ¡y ya!

—¿Cómo está Rubí?

—¿Me permite, por favor? —responde, y da un manazo al aire—. Hágase para allá, por favor.

Don Crescencio se acerca a los jóvenes que le informan "venimos de Chicago". Intenta reír y lo logra cuando le piden una *selfie*, y una foto grupal, y otra *selfie* y otra foto.

—¿Y Rubí y Rubí y Rubí? —le preguntan.

—Rubí no está, Rubí se fue. No sé a qué hora vuelve Rubí, no sé dónde anda —suelta el papá extenuado.

De pronto, sale la mamá de Rubí. Cara somnolienta, conserva los giros de anoche en su melena rubia, pero deformados por la almohada.

—No me he podido quitar ni el peinado —dice ella y se arregla.

Y dale que dale, fotos otra vez. Los fans se disculpan.

—Toma las que quieras, no te preocupes —dice Crescencio con resignación. Ellos y ellas le dicen cosas, ansiosos, como a una estrella de la música.

—Gracias, gracias —responde.

Les da la mano, acepta un abrazo de un desconocido.

—Mis admiraciones —les contesta Crescencio, pero no puede más.

Si fuera por él, lloraría.

¡PURO CUENTO!

¡Traigan a Ismael, que venga Ismael, Ismael, Ismael anda en su casa!, exclaman en la calle los peones. Busco a un viejo piñero que explique cómo es acarrear esas esferas cargadas de savia que cocidas, machacadas y fermentadas se vuelven mezcal, la bebida que las grandes ciudades veneran hoy como elíxir y pagan más que un whisky.

En dos minutos viene, desde el fondo de un zaguán, un hombre que raya los setenta años: padre de cuatro, encorvado, cuello torcido, renguera permanente y sin un ojo. Me estira una mano de piel como cuero rudo.

—Ismael Ibarra, mucho gusto. Yo atizo la caldera de la fábrica, meto la leña —aclara ante la mirada de su esposa que ha salido a oír.

—Me dijeron que usted era piñero.

—Fui piñero veinte años. Hace un mes ya no pude más.

—¿Por?

—Ya no podía, ya las patas no.

—¿Dolor?

—Me duelen mucho. No podía subir yo los escalones de tanto cargar veinte años. Hay piñas de más de cien kilos. Este es un pueblo herido de las rodillas y todas las coyunturas: la cintura, la nuca.

—¿Y no les dan Seguro Social?

—Fíjese usted que no tenemos Seguro. Que nos digan esos hombres (los patrones) por qué no quieren darnos seguro.

—¿Y en el pueblo hay médico?

—Ni uno. Quien se enferma se cura con su propio modo.

—¿Con su sueldo vive tranquilo?

—Trescientos ochenta a la semana, fíjese nomás. Para mal comer. El problema es que soy malo para cazar rata —lamenta Ismael, y antes de decirme adiós señala el camino a la fábrica de mezcal—. Vaya usted, con gusto lo dejan pasar.

Allá vamos. Resplandecientes, pulidas, ordenadas, impecables en sus estantes, las botellas del mezcal Laguna Seca aguardan compradores en la tienda. Hay Berrendo, Cielo Azul "y el más fino de todos: el añejo Real de Magueyes, que vendemos a Palacio de Hierro", nos dice Juan Manuel Pérez, gerente desde hace doce años. Nos conduce al interior de una "fábrica que el pueblo necesita porque están mermadas las otras actividades productivas", aclara. Adentro, el refinamiento de la tienda se disipa en muros grises que forman "la fábrica de mezcal más grande México", como la define. Creada hace cerca de cinco siglos, se esparcen penetrantes los olores de los fermentos y se cuelan en cada rincón los restos de las piñas dentro de bodegas con vestigios arquitectónicos de un tiempo en que éramos Nueva España y ya se consumía mezcal.

—Los XV de Rubí fueron una turbulencia económica y hubo salpicadero para el mezcal —se alegra el gerente.

"Salpicadero" es dinero.

Juan Manuel nos da un recorrido: las piñas de agave salmiana se meten en hornos de piedra al rojo vivo y se tapan. A la semana se extraen y llevan a un molino donde una piedra tahona exprime la miel, que cae en piletas. En dos días la miel fermentada ya es un mezcal que se vende en México, Estados Unidos, España y Francia.

—Sus peones están lastimados, algunos con lesiones permanentes. ¿Por qué no hay en el pueblo un solo médico?

—Sí hay un Centro de Salud en Charcas, a veinte kilómetros de aquí.

—¿Y por qué ustedes, si este trabajo es tan nocivo físicamente, no tienen un médico?

—Los tenemos incorporados al IMSS.

—Ellos dicen que no.

—Sí están.

—Hay quien dice ganar trecientos ochenta a la semana. Menos que un sueldo mínimo.

—¡Ganan mucho más —se irrita el gerente—, puro cuento, son buscapiés!

“Todos quieren esa prieta y esa prieta tiene dueño / Yo le di mi corazón y ella me ha robado el sueño...” Martín Guerra bailó hace apenas unas horas en este mismo lugar con los saxos y acordeones de Los Indomables del Cedral, y aunque ahora en los llanos de Laguna Seca no suenan más que los cencerros y los berreos de sus doscientas chivas y borregos, no quiere que acabe la diversión. El pastor potosino trae en su mano una radio miniatura con La Poderosa 91.9 FM y desde ahí una cumbia norteña retumba entre el viento mientras sus animales dan vueltas.

Mangas de camisa y correa al cuello, Martín avanza hacia la orilla del descampado porque ahí no hay desperdicios humanos y sus animales pueden arrancarle a la tierra zacate del bueno y no vasos de plástico. Cierto, su campo es un basural, pero “¡estuvo bueno, se llenó el jale! ¡En este rancho nunca hubo un baile así!”, exclama sin perder la atención en sus animales, que entre ellos se montan, corren y trepan a las palmas chinas, los abundantes árboles de esta tierra.

—¿Qué otra cosa importante ha pasado en este pueblo?

—No, pues no —dice extrañado.

—¿Nada, nunca?

—Nada.

—¿Algo, un homicidio famoso?

—No.

—¿Y qué fue lo mejor de ayer?

—Chamaconas de todos colores —se alegra el papá de dos niños y huye—. Voy a corretear a las chivas, se me van a perder —grita, poco antes de que una mujer distinguida, de blusa roja, labios carmesíes y collar dorado ingrese en el territorio del baile escoltada por dos hombres maduros, como una diva en una alfombra roja.

Perfumado cuerpo de sesenta y seis años, Victoria Villanueva descubrió por la tele a la quinceañera famosa y dijo ahí les voy.

—Desde la primera vez que la vi, me dije: “yo me invito a los XV años de Rubí. Me cayó bien: qué sencilla”.

La mexicanoamericana persuadió a su esposo, Florentino, y a su hermano, Silvano, de hacer juntos el recorrido por el desierto:

agarró su troca, cruzó el World Trade Bridge y desde Nuevo Laredo inició el temerario cruce mexicano por la caliente Tamaulipas. En total, mil cien kilómetros desde la ciudad texana de Temple hasta Laguna Seca. Pero apenas está llegando a la fiesta: los cálculos salieron mal ("mucho tráfico", justifica).

—¡A ver si agarro recalentado! —bromea con sus hombres detrás, serios como guardias.

—¿Usted tuvo quince años? —le pregunto.

—No me hicieron.

—¿Y otras niñas de donde usted es?

—En mi tierra, Cerros Blancos, Nuevo León, eran bonitos los XV años. ¡Qué bailes! —dice sin detenerse.

—¿Viniendo a los XV de Rubí viviría de otra manera la fiesta que usted no pudo tener?

Victoria me mira con cara de "no voy a contestar eso", se niega a decir una palabra y sigue caminando. Abre su bolsa, extrae una cámara y sensual como Sofía Loren saca fotos a todo lo que puede, que no es mucho: frente a ella quedan tres hombres que visten cual rescatistas de una explosión radiactiva: mascarillas, lentes, botas y trajes blancos que los aíslan del mundo para maniobrar sin riesgos a la salud los veinticuatro nauseabundos baños móviles Portátil WC. "Este trabajo se tiene que hacer", dice uno cuando nota que observo su labor.

De puntillas, Victoria cuida que sus pies no pisen basura, panea la cámara frente al escenario donde hacen un rato tocaron Los Cachorros de Juan Villarreal y detecta un desvencijado puesto de lámina que anuncia "tacos, burros, hamburguesas y hotdogs", donde aún hay tres jóvenes limpiando.

—¿Quedó recalentado? —pregunta la señora asomándose a donde friegan con pinol.

—Tenga un juguito, doña —le responde uno, y toma una jarra.

Ella estira el brazo, bebe y sonríe refrescada.

A su modo, Victoria pudo estar en los XV de Rubí.

"Letrinas de pozo." La señora María de la Luz González, mamá de siete, abuela de diez, repite tres, cuatro veces esa frase, como si esa tercia de palabras guardara su destino.

—Ya tengo sesenta y dos años y sigo con letrina de pozo, como cuando nací.

—¿Y agua?

—No teníamos, pero mire la bomba —señala una esfera metálica encajada en una torre del centro del pueblo—. Pero cuando nos la pusieron el recibo de luz empezó a salir muy caro; el pueblo se organizó para tener agua dos horas al día. Dos horas y le cerramos porque no podemos pagar.

María se ha ido quedando sola. Para sus hijos seguir en Laguna Seca era ser invisibles toda la vida y fueron partiendo a Matehuala y otras ciudades.

—¿Usted cómo toma este rancho? —me pregunta.

—¿A qué se refiere?

—¿Lo ve marginado o no?

—Marginado.

—¿Verdad? ¿Cómo pueden decir en el gobierno que no somos marginados? ¿Qué sobra aquí? ¿De qué les sirve decir que no lo somos? En este pueblo no hay nada, y si queremos algo, hay que pagar 30 pesos para ir a Charcas en el camión. A ver quién paga esos 30 pesos.

Quiero conocer una casa de Laguna Seca por dentro.

—Déjeme ver su sala —le pido.

—No llegamos a sala —dice seria—, pero pásele.

Es un oscuro y antiquísimo cuarto con un arcaico fogón de piedra en el que mete leña para cocinar porque aquí tampoco ha llegado el gas.

Iluminados por un foco pelón, los techos son palitos de madera unidos ("garrochitas", me aclara), bajo los cuales los muros se han teñido de negro por el fuego y el hollín de un tiempo inconmensurable. María se sienta: a un lado le quedan sus ollas de barro, y al otro, la imagen de la Santa Cruz, patrona de Laguna Seca, junto a una bolsita de jabón Ariel a medio usar. Mira seria a la cámara.

—Esta es mi sala.

La imagen colgada en YouTube es escalofriante. Durante la primera chiva —como se llama a las carreras de caballos en la región— Félix Peña, un vaquero recio con medio siglo de experiencia en la crianza de caballos, se mete en la pista a festejar el triunfo de su animal, el Oso Dormido. Levanta triunfante su sombrero. Insólito, pero no advirtió que, a su derecha, en línea recta de donde estaba, venía otro caballo. En seguida, embestido con fuerza descomunal por el caballo de la Hacienda de Guanamé, cayó agonizante. Lo demás: tumulto, gritos, confusión, camilla, ambulancia.

Su hermano José Alfredo lo vivió así.

—Vi el revoltijo de gente a unos ciento cincuenta metros y le dije a un señor: "¿Qué pasó?" "Atropellaron a un señor." "¿Sabe quién es?" "Félix Peña." "¡Es mi hermano!", le dije. Me acerqué y lo estaban levantando: le acaricié su cabeza, lo vi inconsciente y dije: "Ya no tiene vuelta". Ni resollaba.

El jefe de la escuadra ecuestre Los Coyotes Negros murió por la tarde en un hospital de Charcas y hoy, un día después, sus familiares lo velan donde el padre de cuatro mujeres y cuatro hombres vivía solo con sus seis caballos. En su pueblo, Llano de Jesús María, su hogar es la tristeza. Sobre la entrada, en bancas improvisadas en la tierra, entre mezquites, palmas locas, huizaches, hombres de sombrero miran hacia el piso, murmuran, se agarran la cabeza. Algunas mujeres lloran en el mismo patio que Félix recorría cada mañana para ir a ver sus caballos, sus amores, y otras, en la sala amarilla de la casa, donde está el ataúd con el cuerpo de la víctima de los XV de Rubí, entre ventiladores, arreglos florales y una foto de un caballo en la que él mismo escribió: "Chulo mi Perro del Mal defendiendo mi dinero del Rancho Póker de Reyes". Las mujeres sollozan, algunas lloran a gritos. Los hombres ven a la nada en silencio.

—Cuénteme de su hermano —le pido a José Alfredo.

—Desde chiquito, como no podía subirse, se les colgaba de la mecha a los caballos hasta llegar arriba. Su debilidad empezó con un caballo negro, el Orejas de Palo. Toda su vida tuvo amor por sus animales: les hablaba fuerte, pero cariñoso. Se levantaba a las cinco de la mañana y lo primero era irse a acariciarlos, platicarles. Les hablaba como a personas: "Vas a ganar, bonito", "no me hagas quedar mal", y los caballos, caballos de clase que entienden, relinchaban de contentos.

—Venga, por favor —me solicita José Alfredo y me lleva a la caballeriza.

Uno por uno, vemos a los caballos de su hermano.

—Este es el Profesor Jirafales, toro bred con purasangre. Este es el Oso Dormido, el purasangre con cuarto de milla que ganó la carrera ayer, y este es el Mil Amores. Mire —me pide—, se le nota triste —el caballo negro hunde su cabeza en uno de los ángulos del corral, nos mira de lado—. Si los ves así es porque los caballos dicen: "¿Por qué Félix no viene a vernos?". Ven mucha gente y dicen: "¿Dónde está él, dónde está Félix?".

3

EL PUERTO DEL PECADO

Fernando da el último sorbo al consomé.

—Muchas gracias, Eladio, muy rico.

Toma la servilleta de tela y seca suavemente sus labios. El sirviente sonríe cordial, retribuye al joven empresario discotequero de la Ciudad de México con un "permítame", recoge el tazón y gira hasta perderse en silencio, con su guayabera blanca, en los vapores de la cocina. El huésped en turno de la residencia de Viviana Corcuera —legendaria *socialité* de Acapulco— descansa su mirada en un paisaje delicioso: la blanca cadena de hoteles coronando la costera, diminutos desde este punto elevado, y el mar que se abre, salpicado por la estela de espuma de los yates.

En el comedor de esta casa de cinco plantas en Las Brisas, junto a la alberca y el asoleadero, Fernando ocupa una silla con vista al poniente. A las seis de la tarde del 12 de abril, inicio de Semana Santa, dirige sus ojos azules al otro azul, el de la bahía, coronada en el otro extremo del puerto por los acantilados sobre los que corre la avenida Pie de la Cuesta. Él no lo sabe pero en el número 8 de esa avenida, donde se encuentra la concesionaria Honda 2R, en este mismo momento el empresario Roberto Herrera Luna sale a recibir a dos personas que bajan de un Seat Ibiza rojo sin placas. Uno de ellos, de gorra negra, sin mediar palabra le apunta con una pistola calibre 380. En un parpadeo le descerraja cinco tiros, uno en la cabeza y cuatro en el torso. El asesino y su acompañante huyen. Herrera, de cuarenta y nueve años y padre de dos menores, muere desangrado entre veinte motos en exhibición, frente a su esposa Rossana.

Bienvenidos a la Perla del Pacífico. Es un miércoles y sobre la Carretera México-Acapulco empiezan a ingresar los miles de autos que la semana mayor colmarán de turistas un puerto de economía pujante. En el aeropuerto, Delta Airlines inaugura las rutas Nueva York-Acapulco y Atlanta-Acapulco, con las que engrosará el altísimo nivel de ocupación de la exclusiva Zona Diamante, que el 2005 absorbió la mayor parte de los cerca de 700 millones de dólares de inversión turística que captó la ciudad. El puerto, *top of mind* del turismo nacional, despilfarra billetes verdes y se divierte como un magnate.

Hasta hace poco se decía que la ciudad había perdido su *glamour*. Que nada era ya como en los '50, cuando la "Pandilla de Hollywood" —encabezada por Tarzán (Johnny Weissmuller) y el vaquero de Iowa John Wayne— compró al empresario Rafael Alducin una casa paradisíaca para convertirla en el Hotel Los Flamingos. La vida en los más altos, apartados y enigmáticos riscos del puerto era lo que muchos mortales sueñan: mar, descanso, sexo, lujo, buen comer y juerga.

Otros, apegados a la nostalgia por lo nuestro, recuerdan a Tin Tan paseándose en su convertible rojo para recoger a las "Babes Galeana" —hermanas bellas y adineradas, dueñas de la gran farmacia Cruz Roja— y más tarde buscar en la Primaria Manuel Ávila Camacho, de la costera, a Elisa Padilla, maestra de curvas infartantes cuya sensualidad codiciaba todo el que se dijera hombre. Y desde esa escuela, retacados de erotismo los asientos de atrás y adelante, al Bum-Bum, el centro nocturno que a un costado de Caleta reunía a grandes orquestas cubanas para que Tin Tan, Rita Macedo, María Félix o Pedro Armendáriz bailaran entre otros famosos, flirtearan entre acaudalados.

Llamo a Viviana Corcuera para que me acerque a la vida de los "jetseteros" en el puerto. Quiero dar el primer paso hacia una crónica sobre cómo se divierten los ricos, famosos y poderosos de la Ciudad de México en esta renovada ciudad portuaria.

—Casa Corcuera —atiende un empleado, como si se tratara del conmutador de un *resort*.

Me la comunica.

—Querido —dice, con un cálido acento argentino—, vení a mi casa, así la conocés.

Desde fines de los sesenta, los más célebres cronistas de sociales, como Duque de Otranto y Nicolás Sánchez Osorio, deslizaban su pluma inspirados en la dueña de esta residencia en Las Brisas: Viviana Rosa Dellavedova o Viviana Corcuera, miss Argentina Internacional 1964, cuya fama se catapultó al casarse con el empresario mexicano Enrique Corcuera hace treinta y siete años.

Camino a su hogar avanzo sobre la avenida Escénica. Discurren a mi lado el Baikal, Kookaburra, Madeiras y Sky Garden, algunos de los lujosos restaurantes con vista al mar que desde hace poco más de una década han recuperado a esa gente bien que el puerto había abandonado. A mi derecha aparece el Fraccionamiento Las Brisas, el cerro que acoge asombrosas residencias de potentados y artistas, como Jaime Camil, Juan Gabriel, Arturo Montiel o Lucero. Bajo del taxi y camino hacia el complejo, pero de inmediato me detienen. En la entrada, junto a una barrera con la leyenda CÁMARAS DE SEGURIDAD EN SERVICIO, uno de los cuatro policías armados pregunta adónde voy: "A la casa de la señora Corcuera".

Me piden pasar a una caseta sofocante con cuatro monitores de circuito cerrado. Cuelgan de un muro veinte *walkie talkies*. Un agente hace una llamada y recibe la orden de darme acceso.

Fernando, dueño de un popular antro del Centro Histórico capitalino, es uno de los tantos personajes que Viviana, acaso para mantenerse como miembro vitalicio de la alta sociedad, recibe en su casa los fines de semana o vacaciones. Ella ha tenido que salir pero él me ofrece asiento. Viste de blanco, con una playera ligerísima y pantalones frescos, de manta. Toma consomé mientras delinea ante mí el clásico itinerario jetsetero. La única condición es no divulgar su identidad.

—Nos vemos aquí o en casa de alguien para tomar algo. De aquí, como a la una de la mañana, vamos al Baby'O con Enrique Corcuera (hijo), Jerónimo Iturbe, Javier Creel, Diego Sánchez Navarro, Rafael Guerra y sus novias o niñas de por acá. Vienen muchas de Monterrey. Viviana conoce a todo el mundo en Acapulco, hay cenas y ahí las conoces. Suelen ser hijas de empresarios. También nos llevamos argentinas o brasileñas, modelos casi todas, que vienen de la Ciudad de México a echar desmadre y algo sale...

—¿Son ciertas las historias del Baby'O? Los privaditos de Luis Miguel, las cuentas millonarias...

—En el Baby tener una buena mesa cerca de la pista es ¡*wow*! Siempre son los mismos tomando botellas de lo mismo: cocteles dulces que se sirven en la "barra de la muerte". Te ponen muy borracho. Una cuenta normal es de 10 000 pesos. Cuando va Luis Miguel ponen muchos guaruras y nadie pasa a su mesa.

—¿Y en el día?

—El día se sobrelleva para volver a agarrar la peda en la noche. El día es la cruda. Todos se levantan tarde y vas a la alberca, al *jacuzzi* o al asoleadero a leer revistas rodeado de cojines. Se habla poquito.

—¿Pasean en los yates?

—De repente vamos al barco del cuñado de Enrique, pero nadie se mete al mar. Puedes ir a (la Bahía de) Pichilingue o la (Isla) Roqueta. Encallas, comes, estás ahí chupando y el chiste es agarrar el atardecer con el barco andando hacia el sol. Muchos cuates tienen muchas chavas y se llevan *strippers* o, si pueden, *spring breakers*; pero las gringas no son fáciles, están a la defensiva porque sus agencias de viaje les dicen que no les hagan caso a los mexicanos.

NERVIOSISMO

Hacia las siete de la tarde, cuando me despido de Fernando y Eladio me lleva a la puerta, en avenida Pie de la Cuesta se ejecuta el "levantamiento cadavérico" de Herrera Luna.

El Centro Comercial Oyamel, donde el empresario nacido en Atoyac de Álvarez (tierra del guerrillero Lucio Cabañas) poseía desde diciembre la concesionaria de motos japonesas y el negocio de equipo rural Motores y Accesorios del Pacífico, no es más que una serie de sencillos comercios construidos sobre peñascos que dan al Pacífico.

Llegan al lugar el grupo criminalístico de la Procuraduria estatal, agentes ministeriales del Sector Mozimba, el coordinador regional Emiliano Portillo y la agente del Ministerio Público Victoria Gudard.

Los reporteros toman nota y buscan declaraciones de los tres empleados del negocio Honda 2R, aún impactados por la terrorífica escena. La media filiación de los ¿sicarios? Nadie sabe, nadie supo. "Por el nerviosismo ninguno puso atención", explica *El Sol de Acapulco* en un ejemplar de esos días.

La biografía de Herrera no parece dibujar un hombre ligado al crimen organizado: era economista del Instituto Politécnico Nacional y fungía como panelista habitual de "Epa Tarecua", programa de la cadena Radiorama sobre técnicas de cultivo, fertilizantes, plagas y uso de maquinaria para el campo. Agricultor con huertas de coco cerca de Ixtapa, entraba en contacto con los campesinos de Costa Grande, Costa Chica y la Zona de la Montaña. Pero el *modus operandi* del asesinato hace temer lo peor. No fue un asalto. Según la policía local, nadie tocó los 9 000 pesos que guardaba en el bolsillo.

Mientras las caravanas de turistas entran por tierra, la Policía Federal Preventiva (PFP) tiende un cerco policiaco en todas las salidas de Acapulco, por si los asesinos cometen el error de querer escapar en el Seat. Desde luego, no lo hacen.

El cuerpo de Herrera, un hombre de negocios más que cae en el puerto, viaja a Servicio Médico Forense. Como él, otros empresarios han encontrado en esta ciudad idéntico destino. En menos de dos años, la misma suerte acabó con el finquero y notario público Rubén Robles Catalán y hace unas semanas con el empresario automotriz Jaime Mejorada.

Acapulco se habitúa, en calma, a la muerte violenta de los señores del dinero.

POLICÍAS

En los catorce días de las vacaciones de Semana Santa, el sol promete obsequiar al medio millón de visitantes de México, Estados Unidos y Canadá todo el calor que cabe en la imaginación. Pero el promedio de treinta y cinco grados no impide que algunos sí estén cubiertos: gorras o cascos, chalecos antibalas, camisas de manga larga y un abundante parque de armas y municiones. Desde temprano, camiones descubiertos del programa México Seguro, con agentes de la Secretaría de Seguridad Pública federal, recorren los

8.5 kilómetros de la Costera Miguel Alemán y las playas. Aferrados a sus armas de alto poder, en el operativo vacacional se mezclan con los chiquitos que cargan salvavidas y cubetas para sus castillos de arena, con señores y señoras en *shorts* que trasladan itacates tremendos o con los *spring breakers* que juegan y se desnudan.

La colección de corporaciones es multicolor: Policía Preventiva, Policía Preventiva Ecológica, Policía Auxiliar, Policía Rural, Policía de Tránsito, Grupo de Tarea Relámpago. En el mar, la Capitanía de Puerto y, sobre la arena, la Armada. Más de dos mil elementos, como para tener en orden cada rincón de la ciudad.

Y es que Acapulco, una ciudad con casi un millón de habitantes, consume cantidades industriales de droga. La plaza se la disputan, banqueta a banqueta, Los Zetas, brazo armado del Cártel del Golfo, y Los Pelones, célula del Cártel de Sinaloa. Normalmente la droga se expende en las narcotiendas —existen cinco mil en cálculos de la PFP, y en ellas se generan ganancias diarias de 5 millones de pesos—, negocios cuyo giro oficial es, desde luego, cualquiera menos la droga. Sobre los muros de la ciudad, en los costados de los camiones de pasajeros, el gobierno de Guerrero convoca a la sociedad: LA DELINCUENCIA NO TIENE MADRE NI PADRE NI FAMILIA, PERO TÚ SI. Proporcionan un teléfono y una página de internet para hacer denuncias. Pero el procedimiento no da confianza: cuando llamo, piden mi nombre, teléfono, domicilio.

En el centro de la ciudad, frente al mercado, la Unidad Mixta de Atención al Narcomenudeo (UMAN), oficina destinada a las denuncias anónimas, también llama al pavor. En la fachada, una bandera nacional hecha jirones ha sido enrollada con alambre. Adentro, un policía con una ametralladora es quien brinda asesoría.

MARBELLA MEXICANA

La tarde del Viernes Santo camino entre colonias paupérrimas de bares lacrimosos, restaurantes desiertos, deshuesaderos y hoteles decadentes, hasta que se abre ante mí el paraíso en versión náutica, la Marbella mexicana. Unas trescientas embarcaciones, blancas e impecables, aguardan a que sus dueños las usen. Frente al muelle surge una alberca rodeada de jardines.

Bajo un fondo musical de Mendelsohn nadan dos madres jóvenes, rubias y cinceladas, junto a sus hijos. Cae el sol.

En un rato aparecerán las lucecitas sobre los diques de este club, La Marina Acapulco, que decidió nombrar a "don Gustavo Díaz Ordaz", uno de sus grandes impulsores, "miembro distinguido". Imagino que con la caída del sol comenzarán a llegar los yates llenos de celebridades, todos embriagados junto a sus muñecas de silicón. Pero no hay nada de eso. Para ellos, Semana Santa no es un tiempo ideal en Acapulco.

Paseo entre el yate Hamsa, de Jaime Camil, un barco fastuoso en el que su padre festejó a Neil, hermano del expresidente estadounidense George W. Bush; el Fandango, de Joaquín López Dóriga y el Tunner, del dueño de Cinemark, Roberto Jenkins. Los nombres de la gran familia mexicana de los yates son lo más emblemático de la política, el empresariado y la farándula: Jorge Kahwagi, Alfredo Elías Ayub, Ana Bárbara, Alejo Peralta; Alberto Ángel, "el Temerario"; los Farell, Murat y Molina, gente de mundos diversos que coincide aquí para abordar los embarcaciones de las más grandes marcas: Hatteras, Maiora, Aicon, Albermale.

Alejado de los mortales, en un recodo descansa el Sunseeker 82, un yate de veinticinco metros de largo y siete metros de alto, cotizado en 4.5 millones de dólares, al que Luis Miguel bautizó "Margaux" en homenaje al bordeaux francés Château Margaux, el tinto con el que "corrompe" a sus mujeres. Su tripulación la integran el capitán, el cocinero, el marinero y quien lo traslada en *jetsky* desde su casa en la playa, Alfredo Bonfil.

—Vi muchas cosas —me cuenta Salvador Lagunas, hasta hace poco su capitán—. Pero son fuertes y no puedo hablar. Te puedo decir que le gusta manejar rápido en mar abierto oyendo a Carlos Vives o a Michael Jackson. Una vez nos fuimos tres días a Ixtapa y en el viaje platicó conmigo para mejorar su técnica.

Abordo una pequeña lancha para conocer Pichilingue, el recodo de mar consentido de los *juniors* en el poniente de la Bahía de Puerto Marqués. En la ruta paso frente a Villa Arabesque, una mansión morisca de más de doce mil metros cuadrados, blanca y pulcra, que perteneció a los ya fallecidos Barones de Portanova (Sandra y Enrico Paulo Apuzzo di Portanova). La casa fue sede de impenetrables fiestas de disfraces y recepciones a gente como Tony

Curtis, Aristóteles Onassis, Michael Nouri, Jacqueline Kennedy, Carmen y Loel Guiness o Henry Kissinger.

A un lado de la costa se encadena una decena de monumentales residencias. Reclaman ser vistas, admiradas, como si violar al cerro con grandes columnas, volúmenes lascivos de cemento y diseños aparatosos fuese un grito de sus dueños para que todos los reconozcan.

En Pichilingue el agua es más limpia y azul que en el resto del puerto. Sobre las amplias cubiertas de los yates, mujeres en bikini saludan y bromean a los ocupantes de barcos vecinos, se tuestan y untan de crema. En algún otro, dos chicas, de entre veinticinco y treinta años, toman una copa en proa con sus novios, unas tres décadas más viejos.

Pichilingue, abigarrado de yates, es el pedacito de mar que los ricos no comparten, un pequeño paraíso que sirve, quizá, para fantasear los fines de semana con un retorno al origen, al estilo *La laguna azul*, pero, eso sí, entre langosta, salmón, caviar y mucho alcohol.

EL NIÑO VERDE

A medianoche llego al Baby'O, la discoteca más exclusiva, *cool* y mitológica de Acapulco, fundada en 1976. Hombres, 1 600 pesos; mujeres, 800 pesos. En la entrada, una decena de cadeneros, todos clonados (bajitos y morenos, de cuello, espalda y brazos descomunales) niegan la entrada a la mayoría. Afuera, una multitud de chiquillas, de minifalda, tacones altos y pieles doradas, ruegan a "Zamorita" —jefe de seguridad de la disco y luchador profesional bajo el nombre de Power Ranger— que las deje pasar. Él y otros guardias tienen la deferencia de acercarles el oído a sus bocas y escuchar el ruego, al que se niegan. Las dejan ansiosas, frescas y bañaditas, arruinadas ante la opción de regresar al hotel cargando sus inútiles atributos o acudir a Libido, un antro más democrático ubicado a unos metros, pero a años luz de sus expectativas.

La indiferencia se vuelve brutal cuando otras chicas, igual o menos hermosas, logran que los cadeneros les abran presurosos el paso; algo así como lograr que un grupo de *linebakers* se conviertan en dandis con un chasquido de dedos.

Ellas sí entran por el linaje del o los hombres que las traen, o porque el auto del que bajan es un Lamborghini Murciélago, BMW X5, BMW 530D, Porsche Carrera GT, Mercedes Benz SL 500 convertible o Lincoln Aviador, como los que esta noche arriban.

Al fin entro a la madre de todas las discotecas del país. Por dentro, el Baby'O simula una caverna de la época de los homínidos. Al primero que veo, cuando se abre la pista ante mí, es al político Jorge Emilio González, "el Niño Verde", rodeado de tres güeritas que, quizá, arañan la mayoría de edad. De camisa blanca abierta al pecho, no se sienta un momento ni dice una palabra. De pie, junto a su mesa, mueve los pies, mínimamente, como para seguirles el ritmo a las chicas de piel cobre que van y vienen, gritan, bailan "Sabes, a chocolaaaaaaaaaaate", juegan entre ellas, suben y bajan de la pista, y que a veces lo jalonean para que él se incline y escuche un comentario que a ellas les da risa y a él no.

El candidato a diputado federal se limita a tomar Cazadores, echar un ojito a izquierda y derecha, arriba y abajo, pero sin excesivo interés, a las decenas de modelitos que por todas partes agitan sus caderas y conquistan por mayoría el *show* de la pista. No hay nada que lo motive como para que surja una sonrisa, tímida siquiera, que lo ayude a hacer caravana de la euforia que lo rodea. La velada transcurre así, gris, sin remedio. Todo cambia cuando una mujer de pantalón negro muy, pero muy ceñido, caminando ligera hacia la cabina del DJ y, esta sí, con tanto trecho recorrido como él, le arrebata un vistazo, devora su atención: es Paty Manterola pasando a su lado, coqueta, juguetona, insinuando una mirada. Desde lo alto, la ex Garibaldi checará la movida y tomará el micrófono para animar con un grito a la gente.

Me acerco al cajero.

—Hay cuentas de hasta setenta mil —me dice.

La noche avanza y hay pocos desvaríos. Un par de chavas toman vodka directo de la botella frente a dos o tres miradas de censura y un par más, encantadoras morenas de pelo largo y caderas trasatlánticas, se suben al *stage* —una plataforma junto a la pista— agitándose cachondas. Pero son la excepción: en el Baby'O nunca se pierde el estilo.

—Vienen tantos famosos —continúa el cajero— que aquí ya nadie se impresiona de los que llegan... ni con Luis Miguel. La única vez que todos se volvieron locos fue cuando vino Bono. Llegó solo y las chavas se le tiraban encima. Estuvo un ratito, tomó algo, no aguantó y se fue.

Pero sus palabras invocan un temblor; ahora sí, todos se impresionan: los seleccionados de futbol Kikín Fonseca, Osvaldo Sánchez, Gerardo Torrado, Pavel Pardo, Claudio Suárez y algunos más, se escapan de la concentración en el Hotel Pierre Marqués para ir a tomar algo. Una chica se para de una mesa y jalonea a Osvaldo: "Eres túuu, aaaaay". Él la soporta unos segundos y sonríe; cuando ella queda hipnotizada, el portero aprovecha para escaparse por ahí. Kikín, en cambio, sabe qué hacer: en cuanto entra y percibe las primeras miradas alteradas en la pista, corre a esconderse tras Osvaldo. Salvo Torrado, que baila discretamente sin dejar de agarrarse la melena, la Selección se hace chiquita ante la expectativa general y opta por guarecerse en las cuevas, los privados del antro.

La mañana del 20 de abril los diarios locales publican una nota atroz: en la madrugada aparecieron sobre una barda de una oficina del gobierno estatal las cabezas de dos policías, junto a un cartel rojo que decía: PARA QUE APRENDAN A RESPETAR.

Los mismos agentes —el comandante Núñez uno de ellos— habían participado el 27 de enero en un enfrentamiento de la policía local contra supuestos miembros del Cártel de Sinaloa, en la colonia La Garita. El saldo: cuatro presuntos narcos muertos.

Al día siguiente, antes de subir el avión hacia Acapulco, leo en el diario *La Crónica de Hoy* una declaración del secretario de Seguridad Pública de Guerrero, Juan Heriberto Salinas, en la que señala que la revista *Controversia*, editada en Acapulco, pudo haber contribuido a la decapitación del comandante Mario Núñez. Según Salinas, "probablemente se trate de una venganza, porque el comandante muerto había participado en el enfrentamiento de La Garita y la foto sale en la revista *Controversia*, y ahí se ve que le hacía un disparo a uno de los que estaba tirado en el suelo". Los cuerpos de los decapitados aparecieron poco después del hallazgo de las cabezas, pero al de Núñez le había sido cortada la mano derecha: la del disparo. La aparición de las cabezas coincide con el día del informe del gobernador Zeferino Torreblanca, que no tendrá manera de decir que en su gestión la inseguridad ha bajado.

MASACRE

A mi llegada a Acapulco compro el número 182 de la revista *Controversia*. Efectivamente, la fotografía del artículo central, "La historia detrás de la violencia", muestra al que sería el comandante Núñez —su rostro aparece borroso— disparando a un hombre indefenso en el piso, con el siguiente pie de foto: "Ejecución. Momento en que uno de los policías desenfunda y hace dos disparos a la cabeza del presunto narcotraficante". La investigación califica como "masacre" el enfrentamiento de La Garita y sugiere, a partir de consultas a especialistas, que los policías municipales habrían cometido, incluso, homicidio calificado.

Encuentro a Igor Pettit, director general de la publicación, en La Cabaña de Igor, su austero restaurante del Parque Papagayo. En realidad ya lo había visto antes, con sus enormes collares de cuentas de colores rodeándole el cuello. Y es que en su propia revista aparece fotografiado dieciséis veces, a color y blanco y negro, en diversos momentos de su vida: conversando con Carmen Salinas, Diana Bracho y Roberto Cobo "Calambres"; entrevistando a Félix Salgado Macedonio (actual presidente municipal de Acapulco) o fungiendo como maestro de ceremonias junto a Tongolele y Adalberto Martínez "Resortes". Me invita a sentarme junto a dos "colegas periodistas", acepta la entrevista y defiende a su labor.

—En términos humanitarios, un hombre herido, aun cuando es tu contrincante en la guerra y será tu prisionero, merece asistencia médica. El policía lo remató, y la revista publicó lo que pasó.

Su discurso es envolvente y su estilo, persuasivo como de pastor evangelista. Pettit, líder de los homosexuales guerrerenses, emblema de la ciudad en la lucha contra la pornografía infantil, agita las manos, suda, reta con preguntas, propone reflexiones, mienta la madre, adivina intenciones, se carcajea, repasa episodios históricos, otorga libertades y luego acorrala a su presa.

—Esos señores (los narcos) deberían invertir en la tierra del que ganó el *reality La Academia* (Xalpatlahuac), Erasmo. Si hay tanta pobreza, que hagan escuelas, cosas grandes. A lo mejor les pasa lo que Chucho "el Roto": el pueblo les querrá. Guerrero no va a respetar a nadie a base de lágrimas, masacre y horror.

Todo va bien, de lo mejor. Pettit, finalmente, es Acapulco hecho persona: contradictorio y fascinante, aventurado y magnético. Sin embargo, en plena charla detecto que a un par de metros alguien nos saca fotos con una pequeña cámara digital. Me tenso, pero la entrevista prosigue. Hago otra pregunta, pero ya no escucho la respuesta. Y es que aún cuando al inicio supongo que el lente lo apunta a él, ahora veo que es a mí. Me siento en la mira. Estoy a punto de apagar la grabadora.

—Igor, me están sacando fotos.

—Sí, no te preocupes, es mi hijo. Le gusta tener un archivo mío y luego publicarlas.

Igor prosigue como si nada, en instantes en que la cámara, persistente, me angustia más de lo tolerable (¿para qué querrán esas imágenes?).

—Lo que dicen los narcos es razonable: para que aprendan a respetar. Aprenderé a no hablar del tema, para que mi cabeza —me dice— no la presentes en tu revista mañana. Ellos son invisibles y para ellos nosotros estamos aquí, sentados. No sé si tú eres narco, ahijado del "Chapo" o vienes de Colombia a ver quién soy; al rato me das en la madre. No sé quién eres. Así nos pasa con ellos.

La entrevista concluye. Antes, sin más, un amigo de Pettit, que ha seguido a mi derecha la charla en silencio, se pone de pie y "clic", otra foto.

MITOS SOBRE MÍ

El célebre actor Jaime Camil puede presumir un puesto de privilegio en el imaginario colectivo. Taxistas, meseros, empresarios, la gente de a pie y la que no lo es, lo reconocen como un gran rico de la ciudad y refieren varias leyendas.

—Hay tantos mitos sobre mí —me cuenta Camil—: La única pelea que tuve con Luis Miguel fue frente a su casa porque éramos vecinos. Un día estábamos en los veleros, me hizo carita de... y me le fui a los madrazos. También los guías del yate Acatiki les dicen a los gringos que mi casa es la de Brad Pitt y luego inventan que mi vecino es Plácido Domingo. De todos los mitos sobre mí, noventa por ciento es mentira.

Hijo del empresario Jaime Camil Garza —dueño del Club Residencial La Cima— y de la pintora Cecilia Saldanha da Gama, es símbolo del *sex appeal* acapulqueño. Antes de hablar, me pide darle un lugar a su carrera actoral:

—No quiero perderme en las pendejadas de Paulinita Díaz Ordaz ni en un *socialité* que nunca he sido. Que el reportaje sea "Camil, actor de cine, ganador de la Diosa de Plata, ahora en el proyecto más exitoso de la televisión". No olvides mi profesión. En Estados Unidos, si Brad Pitt habla de la fauna del amazonas, dicen "oscar winner actor" o "Brad Pitt, who is currently working in his new film, was seen in Africa with Angelina Jolie".

Camil es un *habitué* de Acapulco, donde estuvo en Semana Santa. Acude al gimnasio Condesa, descansa en su casa, se asolea en el yate, va al restaurante Mi Barquito, de La Quebrada.

—¿Y la inseguridad del puerto?

—En la Ciudad de México solo uso un auto blindado, pero en Acapulco mi papá me presta cuatro elementos de seguridad. Lucio Cabañas era de Acapulco (*sic*) y el EPR (Ejército Popular Revolucionario) es de Guerrero. El estado es líder en criminalidad. Si una ciudad amanece con pinches decapitados, dices "qué pedo, carajo".

—¿Y en ese clima es posible divertirse?

—Acapulco tiene la peor reputación, pero es muy afrodisíaco. Tener novia o ligar en Acapulco es más intenso que estar con una mujer en cualquier otro lugar del país. Salgo poco, voy al Baby'O cada tres meses y no consumo alcohol ni droga.

—¿Por qué el Baby'O sigue siendo el lugar preferido?

—No tengo la menor idea de por qué el Baby gusta tanto. A mí me ponen "Ese hombre es mío" de Paulina Rubio y digo "¡No puede ser...!" Pero el Baby tiene lo que el Jimmy'Z (discoteca de Miami): siento que el lugar es mío. Ahí hago lo que quiero, me atienden bien, van muchos amigos.

—¿Con el tiempo cambió mucho el puerto?

—Acapulco ha sido el destino de playa mexicano más paradisíaco, pero antes era más *chic*. Me concibieron en Acapulco y viví ahí mucho tiempo. En Acapulco viví todo, no solo el: "¿Vienes a mi casa a Las Brisas, gueeey?" O sea, no. El fin de semana pasado fui a Acapulco después de un año de estar en Broadway haciendo teatro. Fue un regalo de Dios. Me gusta descansar en la casa, asolearme en el barco, ir a Pichilingue y escalar la piedra de La Quebrada para aventarme con los clavadistas.

VICTORIA

Chicas y Tabares, los grandes *table-dance* de la ciudad, se alzan en el cruce de caminos del bien y del mal: la esquina de avenida Farallón y la Costera Miguel Alemán. La primera, que comienza en la Diana Cazadora, es la ruta de acceso hacia la Zona del Valle, epicentro de la violencia y las narcotiendas. La segunda es el festivo paraíso de los hoteles frente al mar, los restaurantes y discos.

Es en esa coordenada donde Grecia, mujer portentosa, madre y protectora de las teiboleras de Acapulco, concilia, por la fuerza del deseo, a pobres y ricos. Una noche, antes de iniciar el *show*, subo al Chicas, del que es gerenta, para pedirle una entrevista. En la oscuridad, un guardia vestido como gangster de la Prohibición me lleva a una mesa colocada junto a los veinticinco armarios cubiertos de espejos, en los que las bailarinas guardan vestidos, cosméticos, zapatos y corsetería. Apoyado en la barra con mirada de Bogart, el vigilante no me perderá de vista hasta que me vaya de ahí.

—¿A quién esperas? —me dice una jovencita, sonriendo y con los senos descubiertos.

A su lado, unas diez bailarinas se pintan los labios, ponen crema a sus muslos, bromean y caminan desnudas a mi alrededor, como si yo no existiera. "¿Estela, tienes mi plancha?", pregunta una. El ambiente huele a una mezcla de perfume, crema, piel de mujer y limpiador de pisos. Grecia, sentada en el escenario, ha dirigido una plática de casi media hora entre meseros y meseras. "Música, música", grita, dando por terminada la junta y acercándose segura, con "mi sonrisa número 18" ("la que tenemos dibujada todos los artistas", como dice), para platicar unos minutos y decirme que la entrevista le interesa mucho. Solo me pide llamarla por su nombre real, Victoria, y encontrarnos en un Vips.

Los decapitados han dejado a la ciudad pasmada, inmóvil. Una sensación profunda y dolorosa de indefensión hace que la gente hable poco. El crimen acecha, irrumpe macabro en cualquier momento y solo queda lamentarse y agradecer ser un vivo. El alcalde, Félix Salgado, sale a defender el uso de la ley, anuncia que habrá una derrama de 32 millones de pesos en los próximos cincuenta días para nuevas patrullas, armamento, chalecos antibalas, uniformes, escudos antimotines. Y, finalmente, frente a los medios suplica al narco: "¡Ya párenle!". Pero su presencia impone poco respeto, no hay modo de sacarse de encima la imagen de político pedestre, por decir lo menos.

La Catedral, atestada, busca un consuelo del arzobispo Felipe Aguirre: "Me pregunta la prensa cómo castigará la iglesia a estos asesinos que llenan de terror nuestra sociedad cortando cabezas: ¿Se los va a excomulgar? No, la iglesia es portadora de la misericordia de Dios y ella está al alcance hasta de los criminales más horrendos".

En *Novedades*, *El Sol de Acapulco*, *Diario 17*, *El Sur* o *La Palabra*, la nota roja está empachada. Editorialistas y reporteros analizan y dan cuenta del horror de los crímenes —casi setenta hasta abril— que confirman lo dicho por Armando Bartra en *Sur profundo*: "Demasiados guerrerenses mueren de pie. Demasiadas muertes airadas en un estado donde la muerte por punta, filo o bala es muerte natural. Si es verdad que los matados no descansan, Guerrero es una inmensa congregación de muertos insomnes".

NO LEAS ESO

La Secretaría de Protección y Vialidad (SPyV), dependencia a la que pertenecían los mutilados, es un ir y venir de telefonazos, policías, periodistas. *The Washington Post*, *Houston Chronicle* y *Los Angeles Times* han llamado a la oficina de prensa de la dependencia. La orden de Félix Salgado es que la comunicación oficial no sea una caja de resonancia, pero a la barbarie no se la maquilla. Jorge Valdés, vocero de la Policía, ha debido atajar el alud de solicitudes de entrevistas. Atravieso el edificio de la SPyV, que es como viajar a una oficina gubernamental de la peor jerarquía en los años 80: archivos por todos lados, pisos sucios, un calor que se carcajea de los ventiladores, funcionarios adormilados, radios prendidas, escritorios desvencijados. En la húmeda y minúscula oficina de Valdés, pintada de rosa, dos chavas monitorean un par de radios. El jefe ha salido. Me siento a esperarlo junto a un vetusto refrigerador Acros y tomo del escritorio los recortes de la síntesis informativa. La primera hoja es la columna "Cepillando", de Jesús Sánchez. Alcanzo a leer el título, "Las cosas no andan bien", pero Valdés llega y me interrumpe:

—No leas eso, no vale la pena.

Le pido información de los recientes crímenes pero me aclara que los detalles de los casos me los dará Enrique Gil, fiscal de la Procuraduría estatal.

—Nosotros prevenimos la violencia —me explica con pasmoso agotamiento—. No hacemos investigaciones. —Pero pronto se olvida del puesto y confiesa:

—Los acapulqueños ya no sabemos si tamaulipecos, sinaloenses y chilangos vienen a divertirse o a matarse. Nosotros somos de ir a asolearnos con las gabachas, echar tragos o bucear. La ciudad ya no es nuestra: los foráneos vienen a hacerse de sus necesidades, enriquecerse y pelearse en las calles.

—¿Realmente se puede hacer algo contra el crimen organizado?

—Es un enemigo invisible. Combatirlos es hacer *rounds* de sombra con un rival que opera por sorpresa, clandestinamente y con armas poderosas. El dinero no es una varita mágica. La autoridad municipal cuenta con una resortera frente a cañones 9 milímetros y "cuernos de chivo" AK 47.

A falta de información en la Policía local, camino hacia el edificio contiguo, la Procuraduría del estado, llena de agentes judiciales armados hasta los dientes. Pero mis tentativas en el centro de investigación de los grandes crímenes guerrerenses no darán frutos. El primer día, Enrique Gil, fiscal especial, salió a un rondín. Al otro, estaba dando una serie de "conferencias magistrales" y la tercera vez había salido a comer. En la última de las esperas, mientras leía el periódico sentado, un agente sacó sonriente un cuchillo largo y me lo puso frente al rostro.

—¿Ves esto?

—Sí

—Pues con este cuchillo podría cortarte la melena —dijo, muriéndose de risa, antes de darse vuelta y alejarse.

Victoria me dejó plantado en la primera cita porque tenía que comprarle útiles a su hijo de catorce años, y me reprogramó otro encuentro. Llego al Vips y espero media hora. Nada. Voy perdiendo la esperanza.

Pero una vez frente a mí, me calma con su preciosa sonrisa blanca número 18. Victoria entra al Vips como quien sube a un escenario. Su llegada es tan espectacular que por un momento pienso que los comensales aplaudirán. La luz amarilla del restaurante ilumina su microscópica minifalda rosa y el insondable abismo entre sus pechos.

Antes que cualquier otra cosa, quiere que lo sepa bien: ella es artista, no teibolera, y si el *table* ocupa su vida es porque nadie le pagará 40 000 pesos al mes.

—Si es alto y guapo, adelante... me encanta. Les digo a las demás que ni me lo toquen. Pero claro, me paga. Vienen empresarios, futbolistas y artistas. Hace unos años, un cantante famoso vino y eligió a cinco. Podemos ser veinte niñas, pero nos atiende como reinas. De chavita hice el amor con él y era una rompedera de botellas... Nos llevó a una casa bonita y nos preguntó qué queríamos tomar. Cognac, le dije. "Con cognac me lavo los dientes", me contestó. Abrió una Dom Pérignon, que en mi vida había tomado.

—¿Cómo haces para manejar la presión de los poderosos?

—No obligo a ninguna de mis niñas a hacer lo que no quiere. A veces llega un político gordo, feo y pelón que ofrece: "5 000 pesos ahorita" y ellas dicen: "naranjas, con ese güey no". Algo habrá hecho: las incomodó, es desagradable su presencia, no les gusta su olor. El viejito huele a viejito, aunque haya niñas que brincan con un ruquito. Para ser un prostíbulo, Chicas es muy decente. Eso sí, si aceptan, es importante que simulen placer, es su trabajo. Los hombres preguntan mucho: "¿Te viniste?". "Sí, mi amor, tres veces." Es parte del *show*. Y la ganancia lo justifica.

LA OTRA CARA

En los años 60, el viejo concepto de "centro nocturno" con música en vivo desaparecía. A pedido del empresario Armando Sotres, el arquitecto Aurelio Muñoz construyó un espacio de diversión nocturna sin antecedente en el mundo, con una pista central a la que todos podían observar, en desniveles y completamente cerrado. Así, "Armando's Le Club" generalizó en México y exportó al mundo el concepto de "disco", vivo hasta el día de hoy: por su arquitectura en desniveles exaltaba el cruce de miradas entre hombres y mujeres. Pero eso no bastaba, había que festejar al paladar. Manuel Gómez, empresario español, llevó a Acapulco las bebidas que demandaba esa gente que no medía los pesos: el cantante Rafael; Manuel Benítez, "el Cordobés"; Liza Minelli, Elizabeth Taylor.

Covadonga, hija de Manuel, es hoy la directora general de la Asociación de Hoteles y Empresas Turísticas de Acapulco (AHETA) y un personaje de excelentes relaciones con el gobierno y la alta sociedad. Su función, desde hace algunos meses, es defender, mediante una campaña intensiva, la hoy malherida imagen de Acapulco. Y le sobran razones: el organismo que dirige es también una víctima. Alexis Iglesias, uno de los miembros más distinguidos de AHETA —propietario del Alebrije y el Salón Q, y presidente de la Oficina de Convenciones y Visitantes de Acapulco (OCVA)— fue acribillado por dos hombres con fusiles de asalto AR-15 en plena zona turística, atrás del Club de Golf Acapulco.

—El otro día que aparecieron las cabecitas enviamos muchísima información sobre un concierto de Andrea Bocelli en Cacahuamilpa —explica—. Ante la preocupación, promovemos conciertos, espectáculos, torneos deportivos. Hay que mostrar la otra cara de Acapulco, porque la violencia es aislada.

Acapulco ha sido robado a los acapulqueños que, con sus excepciones, son la carne de cañón de una ciudad que vive para y por los turistas, mientras las fortunas son para los de afuera. El despojo no es un asunto de estos días. A fines de los años 40, el presidente Miguel Alemán abanderó una política de expropiación sistemática de los ejidos de Acapulco, para entregar las tierras, por cifras irrisorias, a sus hombres más cercanos. Por unos cuantos pesos, las familias Azcárraga, Suárez, Perrusquía, Ampudia, Almazán y otras se hicieron de casi todo lo que hoy conocemos como Acapulco. Los empresarios lotificaron y vendieron la tierra, a los propios acapulqueños, para que estos construyeran sus casas en lo que hoy son algunas de las colonias populares, como Progreso u Hornos.

En los años setenta, Luis Echeverría abrió las autorizaciones para que algunos de esos magnates o sus herederos construyeran todos y cada uno de los hoteles que hoy forman la costera.

—Hasta 1970 andabas libre, te metías en callejones y te saludaban de "buenos días" —cuenta el cronista de la ciudad, Alejandro Martínez Carvajal—. La inseguridad llegó cuando la ciudad creció y nos llenamos de fuereños con malas costumbres, y no te ofendas —me pide—, dinero falso, robos a bancos, carteristas. También teníamos maleantes de Tierra Caliente, sobre todo de Teloloapan, Arcelia y Tingambato, pero, sin ofender, a esos ladrones los educabas; a los fuereños, no.

Sobre la Costera Miguel Alemán, la gran vía primaria atestada de hoteles, ya se construyen Nautilus y Portomare, dos torres colosales de más de veinte pisos con departamentos y *penthouses*. Se elevan al oriente los flamantes Laguna Condos & Golf, Mayan Resorts, los residenciales Costa Ventura y las dos torres del Residencial Palmeiras, además de Plaza Velero. El centro comercial y de entretenimiento La Isla y el desarrollo turístico e inmobiliario Foro Imperial pronto quedarán listos. El metro cuadrado en Zona Diamante cuesta 2 000 dólares, quizá la cifra más alta del país.

Pero todos esos inversionistas, nacionales y extranjeros, no pueden caminar tranquilos en el lugar al que le han apostado fortunas. Los cuerpos de seguridad privada se multiplican. Empresas como Acuario y Tafoya ofrecen sus servicios de guardias para que los empresarios se protejan a sí mismos y a su clientela. Abelardo Luna, líder de la Cámara Nacional de Comercio en Acapulco que agrupa a 10 000 socios, se ha tornado ante la opinión pública un pertinaz crítico de los gobiernos municipal y estatal.

—Jamás habíamos vivido balaceras, decapitaciones; miles de millones de dólares están invertidos en Acapulco Diamante y a la par sufrimos la peor ola de violencia en la historia del puerto, ligada a una actividad de todos conocida. Los empresarios me piden asesoría sobre escoltas o uso de armas, pero les digo que la seguridad pública corresponde a la autoridad; los tres niveles de gobierno no han sabido coordinarse en inteligencia, prevención del delito y procuración de justicia.

Victoria me cuenta su historia con un rígido orden cronológico.

—Nací en Acapulco en 1967… ¡*Oh, my God*!, ponlo al revés, di que en 76.

En la barca de su padre, "siendo una morrita" de cinco años, ya cantaba *La nave del olvido*.

—Yo quería ser artista en grande.

Con doce años emigró a Cancún, donde su papá trabajaría en mantenimiento del Hotel Casa Maya y su madre como mucama del Fiesta Americana. Su carrera inició cuando la contrató María Félix Rueda, directora del ballet folklórico del Hyatt Cancún.

—A la hora del *show* siempre hechicé. Era una niña delgada, guapísima, mi mamá se impresionaba de mis pestañotas largas y el pelo agarrado.

El divorcio de sus padres aceleró su retorno a Acapulco.

—Era duro ver la realidad, la casa deteriorada, mi mamá mal emocionalmente, mis hermanos chavitos.

De ahí, vinieron el *show* prehispánico del restaurante El Palao, otro de jazz con Aida Morgan en el Centro de Convenciones ("o séase, ya enseñaba las nalgas, para que me entiendas"), el ballet del cubano Ibrahim y un periodo de *bar tender* en el News. Ahí, con veinticuatro años y más de una década de bailarina profesional, su vida cambió. Daniela, una ex compañera, le propuso meserear por un sueldo cinco veces mayor. Un domingo entró por primera vez al *table-dance* Tabares.

—Veía a un lado y otro y decía "qué pedo con este lugar". Me acuerdo y me pongo helada todavía.

Victoria recapitula un diálogo de esa noche:

—Daniela, dijiste que de mesera…

—Aquí las meseras somos bailarinas. ¿Vas seguir correteando el camión con ese cuerpazo?

—Pero cómo crees que...

—Aquí es puta la que quiere. La que no, sigue de mesera.

—Pero con tanto hombre aquí adentro voy a valer madres.

Al día siguiente llegó a Tabares con su currículum y un altero de fotos que nadie revisó. Pero el acuerdo se cerró. La primera noche, Victoria hablaba con sus compañeras para sacudirse los nervios.

—Ay, si mi papá estuviera en Acapulco, yo no podría estar aquí.

—¿Dónde está tu papá?

—En Grecia, se lo llevaron a traer un trasatlántico, el Nikolai, porque es ingeniero naval.

Grecia y Grecia y Grecia. Esa noche, contando anécdotas de su padre, quizá repitió la palabra "Grecia" cien veces...

—Oye negrita, ¿y cómo te vas a llamar?, preguntó Daniela.

—Victoria.

—No, todas tenemos que tener otro nombre.

"Primera llamada, Grecia. Segunda, Grecia. Tercera, Grecia..."

—Tómala mono, no sabía que era yo. ¿Y voy a subir sin medias, no mames?

—Sí, sin medias —dijo Daniela— voy a pedir que te bajen la luz.

Victoria respiró hondo, cerró los ojos y bailó *Paradise* como una profesional de la danza, usando zapatillas de jazz. Los clientes, ávidos de sexo crudo, se topaban con un espectáculo fuera de serie... pero con demasiada ropa. En tres días, la tanga se mantuvo inmóvil.

—Nunca había visto un *strip-tease*. Me bajé y vino el boletero: "Grecia, ya tienes un boleto para una mesa". "No, deja me pongo algo encima." "Te lo echas rápido." Me jalaba de la mano de mesa en mesa. Ese día gané 900 pesos en table y 500 de sueldo, un dineral. Cuando llegué a casa dije "de aquí soy": el tabú había muerto.

Con Arturo, actual propietario del Tabares, tuvo a su único hijo, poco antes de divorciarse. Hoy, el padre de su hijo agradece que si Victoria dice "no se mueve nadie", nadie se mueve. De ser una bailarina pasó a encargarse de la barra, su último paso hacia la gerencia del Chicas. Ahí, ninguna presencia impone tanto. Levanta la voz, manda, pide orden y limpieza. Ya no ofrece servicio de mesa, y menos aún privado.

Durante la entrevista llega a buscarla Aries, su colega y amiga, que la apura con la mirada para irse juntas a trabajar.

—¿Cuanto sacas en un día? —le pregunta Victoria, haciéndola sentarse. "En uno malo, 3 000; uno bueno, 14 000".

—Mi amor, se acabó —me dice Victoria— tengo que irme a trabajar. Si quieres más, pasa por el bar...

ESCOGE UNO

Hace más de una década, si uno continuaba cuadras adentro por la calle Sonora, donde hoy se concentra el grueso de la actividad policial, llegaba a la colonia Aguas Blancas, la zona roja de Acapulco durante más de cuarenta años. El Molino Rojo y El Burro, pero La Huerta, como ningún otro prostíbulo, crió legiones de pecadores que se arrojaban a los placeres lúbricos que les prodigaban canadienses, gringas y acapulqueñas que fichaban con los comensales con la esperanza de emigrar a uno de los diez cuartos traseros. Los guías de los *tours* americanos, casi sin excepción, para distender a la clientela se desviaban del itinerario que marcaba el Fuerte de San Diego o La Quebrada. Juan Castro, mesero del Hotel Los Flamingos desde 1968, fue una de las tantas almas débiles.

—De chavalo, en los años 60, mis amigos me dijeron "te vamos a llevar a La Huerta, para que veas cómo bailan. Agarras la que te guste y te echas una cheve". Les dije "no sé de eso". "Véngase chamaco", me dijeron, "pa' que se enseñe". Pagaron todo y me gustó el ambiente. Cada semana iba solo. Ahí me hice hombre.

Pero como siempre ocurre, llegaron los productos importados. El *table-dance*, Tabares antes que ningún otro, arruinó la vieja tradición de La Huerta, que terminó arrasada junto al resto de la zona roja. Hoy, la oferta es diversa, pero el liderato lo tiene Chicas, hermano menor de Tabares.

Mr. Domingo, un enano entrado en años, de *smoking* y sombrero, me recibe sonriente: apenas cruzo el umbral de este planeta en penumbras neón con astros, cometas y lunas que centellean, estira la mano y me entrega un tequila. Desde mi mesa, ideal, ubicada a la altura del escenario, alcanzo a ver a Estrella, una frondosa morena con cara de muñeca, de unos dieciocho años, mojando su cuerpo desnudo en la "bañera", una pequeña cascada de utilería a unos pasos del escenario y los tubos. Junto a ella, otras dos jóvenes, silenciosas, hacen fila para bañarse tras haber bailado con el tubo. No lo harán solas. Alguien del público toma la manguera y rocía los cuerpos perfumados. La escena, inspirada en *Náyades y Tritón*, de François Boucher, es de una armonía helénica. De pronto irrumpe Grecia, que toma el micrófono.

—Creo que somos un chingo para hacer tan poco desmadre. Total, ¡no los oye su vieja!

El público se enciende, grita, se levanta de la mesa y aplaude. En decenas de pantallas, las películas XXX del canal Hustler insisten en llenar de vaivenes frenéticos el ambiente, cuando en el escenario hay otra cadencia, lánguida y hechicera, que cumple su objetivo: las chicas bambolean sus caderas sobre las mesas, envuelven de caricias a los clientes y los llaman a olfatearlas. El deseo explota y no hay remedio: por 200 pesos "toqueadero", por 1 500 "el amor". A las tres de la mañana, sexo en vivo. Sobre el escenario, Claudia, una adolescente magra, casi en huesos, se contorsiona nerviosa en el tubo. Elige a uno del público, lo sube y se lo encaja entre las piernas. Un minuto, dos y nada. El chavo opta por subirse los pantalones, asustado ante la tremenda chifladera. Del fondo del antro, alguien levanta la mano y muy decido baja corriendo para subir al escenario.

—A este se me hace que lo tuvieron amarrado un mes —grita Grecia. Pero no hay forma: el amor reclama rinconcitos oscuros y no escenarios iluminados. Otra bragueta se levanta. Claudia, resignada, tendrá que obedecer la orden del animador: "ni modo, mi niña, te tocó Sebastián". Sebastián, un juguete largo, grotesco y plástico, es lo que Claudia llevará a su intimidad para que la jauría se calme y deje de reclamar a gritos.

Un grupo de juniors entra, con el pecho levantado, mirando a todas partes. El que va al frente abre cancha: cabello largo, piel dorada, músculos poderosos. Es Julián, de la Ciudad de México, un chico de gimnasio consentido de Grecia.

—Ya llegaste, papito —se sincera—. Niñas, a ese ni me lo toquen.

Para él, la mejor mesa, el mejor servicio. Estrella sube al escenario, mirándolo. Él responde, y ella retribuye enredándose en el tubo, apretándolo y soltándolo, moviéndose cual molusco, girando. De fondo, música de Alizee, la Lolita francesa. Los labios de Estrella se entreabren, como si quisieran besarlo ya, ahorita mismo, mientras ella termina de desnudarse. Vuelca en su cuerpo jarabes de fresa y chocolate y tehuacán, y con las manos se los esparce, voluptuosa, anhelante.

—¡Mami —grita alguien del público— eres el origen de la civilización teibolera!

—Estrella, escoge uno —ordena Grecia, desde el micrófono.

No hay duda, será Julián, pese a que la jefa se moleste. Estrella baja del escenario y le ofrece los senos. Julián la toma de la cintura, se pone de pie y los mete en su boca. La multitud grita excitada. La camisa de Julián, blanca e impecable, ahora es un embadurne de chocolate y fresa. Jadeante, toma a Estrella de la mano para perderse en el fondo.

27 EMPLEADOS

De chicos, Jaime Camil y su amigo Oliver Rodríguez comían pescado crudo, nadaban desnudos en el mar, iban a surfear o a pasear en la Laguna de Coyuca. Jaime, ex jugador de básquet en un equipo del municipio y capitán del Baby'O, parecía arreglárselas con poco para ser feliz. Acapulco, en todo caso, le permitía crecer con fantásticas dosis de libertad. Pero los años han pasado. Hoy, en su residencia de Las Brisas, donde suele recibir a Bono, un ejército de sirvientes le prodiga atención.

—¿Cómo es eso de vivir rodeado de servidumbre?

—Mi papá tiene 27 empleados. Depende del cristal con que lo veas: es como ir a Jamaica y ver que los pinches negros venden en puestos para los cruceros. De eso viven. Pero yo soy un güey que si quiero una pinche naranjada, voy y me la sirvo. Estoy acostumbrado a *do it yourself*, y que la casa tenga tanta servidumbre me da igual; no soy Liliana Sada.

—¿Y ahora dónde te diviertes en Acapulco?

—Acapulco dejó de ser *chic*. No hay lugares padres como en Playa del Carmen, Miami o Cabo (San Lucas), aunque abran lugares dizque vanguardistas. El otro día me dijeron que el Zuntra estaba padrísimo. Llegué y dije "este es el mismo pinche bar de siempre en Acapulco". El día que haya lugares súper *low profile*, buena onda, la gente *cool* volverá.

Una noche, antes de volver a la Ciudad de México, voy al Hotel Presidente para relajarme un poco con un *show* de Luis de Alba, "el Pirrurris", ídolo de mi infancia. Cuando todo concluye y las treinta o cuarenta personas que asistieron vacían el auditorio, me acerco a camerinos para saludarlo.

—¿Y tú que estás haciendo? —me pregunta.

—Un reportaje sobre Acapulco

—¿Ah, sí? Te cuento algo: ayer, unas personas de Acapulco que me querían complacer en los mejores lugares, me llevaron a La Guardería, en la colonia La Mira. Está lleno de niñas, chiquititas, que hacen lo que los gringos quieren. Me tuve que salir a vomitar.

4
EL SABIO DE LAS AUTOPARTES

Encorvado, silencioso, alerta a los accidentes del pavimento con lo que le queda de vista, don Lalo Gómez camina por la Avenida Bucareli en un ida y vuelta incesante pero lentísimo. Va, viene, va, viene, seguro, como si la ultra memorizada cuadra donde se distribuyen sus tres refaccionarias automotrices fuera el pasillo que va de su recámara a su sala.

—Tengo mucho que hacer —avisa con su voz pedregosa, añejada en casi noventa años de vida, y sigue avanzando con una bolsa plástica negra en la mano y una camisola azul con su nombre grabado y la leyenda RAYBESTOS BRAKES, ESPECIALISTAS EN FRENOS.

No lo distraen ni los coches ni los peseros que a unos metros corroen con sus mofles al aire primaveral del centro de la Ciudad de México ni el gentío que a su lado marcha apurado para cumplir su trajín laboral.

En una rutina eterna, exasperante para cualquier testigo, clava en la vereda su bastón, se impulsa con su pierna sana, se adelanta centímetros y vuelve a clavar el bastón, que ahora se eleva para saludar a Tirso, un viejo vecino que responde al gesto del anciano con dos palabras: “Buenas, eminencia”. Al fin, la “eminencia” llega a su destino: Autopartes Jorge, uno de sus negocios, donde este mediodía soleado lo recibe una inquietante rubia pulposa, fresca, que levanta el muslo derecho, entrecierra los ojos y abre sus labios como anhelando un beso tibio y jugoso. Deslumbrante, Marilyn Monroe, en un cuadro instalado en la entrada, acompaña a don Lalo, que se acerca a su escritorio adornado con calcomanías de autos antiguos. Llama a su empleado:

—Aurelio, toma esto: son bandas de distribución de Chevrolet de 2001 a 2009. No olvides dárselas a mi hijo —dice muy serio, casi en un regaño anticipado, mientras abre la bolsita negra y saca las cintas de goma gris.

Don Lalo me pide acercarme.

—Aguas si pones un negocio, ¿eh?, puro tranza —secretea—. Yo por eso siempre ando por aquí. —Echa una miradita traviesa a su legión de empleados, se ríe y menea la cabeza, como diciendo "¿cómo crees?, te estoy cotorreando", y de inmediato me comparte su nuevo desafío:

—Estoy surtiendo piezas originales para un Ford T 1926 —dice.

Sí, de 1926 —el año que él nació a unas cuadras de aquí, en la Colonia Guerrero—. Y originales: una proeza. La bomba de aceite, las válvulas, los anillos, la bomba de agua. Roberto, corpulento hijo de don Lalo, obedece las órdenes de su padre: se pierde en el fondo de la refaccionaria oscurecida por los atestados anaqueles con vástagos de válvulas, balatas, frenos, tambores, y regresa enseguida. De pronto, las enormes manos de don Lalo se abren como dos mitades de una semilla empujadas por un germen: sobre sus palmas descansa una brillante e impecable pieza metálica.

—Es un carburador de Ford A de los años veinte —indica Roberto.

—Original —aclara su padre rebosante de orgullo, como si fuera un extraño e invaluable diamante.

—Así que original... ¿Y de dónde lo sacó?

Don Lalo guarda silencio. No sabe si compartir su secreto.

A Max Singer, un empresario judío dueño de refaccionarias en la colonia Centro, le sobraba dinero. Pero el placer de ver densos fajos de billetes al acabar la jornada y saber empachadas sus cuentas bancarias valía poco si flaqueaba su gran alegría en la vida: el beisbol. Aunque su equipo, Muelles Simex, había accedido a la final del campeonato capitalino de 1940 tras años de funestas batallas, los augurios no eran buenos. Su bateo era magro y la segunda base se había vuelto una calamidad. Las esperanzas de vencer al poderoso Club Ánfora eran mínimas.

El señor Singer había oído que en la colonia Guerrero vagaba un muchachito con dotes monumentales, un tal Lalo. En una época en que las familias tenían hijos por manojos, el chico encarnaba una caso raro: era hijo único. La afición de los barrios bajos se agolpaba para verlo en cuantos parques pisaba.

Don Max no lo dudó más. Agarró Bucareli y dio vuelta en Paseo de la Reforma hasta que por Plaza Garibaldi, polvorienta cuna de menesterosos, giró a su izquierda y se sumergió en la pequeña y lúgubre calle de Ogazón. "Ese es Lalo", le dijeron. Don Max volteó y vio a un chavo de unos catorce años que perdía el tiempo con su palomilla. Alto, con desafiantes ojos saltones y calzado miserable, tenía gesto de un valiente curtido en penurias. Y sí: hacía tres años había muerto Rosa, su madre ("De las flores la más hermosa", recuerda don Lalo) y, meses atrás, Benito, su padre, un vendedor ambulante de caña de azúcar, lo había abandonado. El muchacho debió refugiarse en casa de su abuela Cuca y sus tías Chole y Chuy.

Don Max dio unos pasos y se le plantó de frente.

—Muchacho, ¿cuánto nos cobras por ayudar a mi equipo a ganar el campeonato? Sale campeón el que gane dos de tres.

Lalo, extrañado, se quedó callado.

—Tú pide —le pidió otra vez.

—Pues no sé...

—Pide lo que quieras —insistió Max Singer.

"Le expliqué que me daba pena y vergüenza pedir, pero que con gusto yo jugaba para él. Lo del pago lo veríamos solo si su equipo ganaba", recuerda Lalo.

Sin contrato, la flamante estrella de Muelles Simex saltó al diamante del popular parque de pelota La Cuchilla. En las tribunas que se alzaban en la esquina de Lerdo y la antigua Calzada Nonoalco, la muchedumbre se sorprendió al ver al famoso Lalo, el aún imberbe vecinito que se la pasaba en la calle, junto a elementos de barba cerrada, grueso pellejo y largos colmillos.

La serie inició con buenos augurios: el equipo de Don Max ganó el duelo inicial. En el segundo, la cosa se puso fea: Ánfora los apabulló. Y en el tercer y definitivo partido, con la Guerrero hirviendo en pasión, Lalo arrasó al rival con su bateo y usó su destreza labrada en la calle para ir llenando las bases *inning* tras *inning*.

—Yo era un invencible nacido para el beisbol. En ese partido hice hasta lo imposible para sacar ventaja.

Si el primer bat de Muelles Simex llegaba a la base inicial, venía el siguiente toletero, Lalo, quien sin falta ejecutaba con el bat una insólita y veloz pirueta para que su compañero robara la base.

—Si usted llegaba a la base delante mío, era carrera anotada. El *catcher* me avisó: "la próxima vez que hagas eso te voy a meter un pelotazo en la cabeza". Estaba harto de mí.

Ni esa amenaza sirvió. Muelles Simex se llevó el título, que la colonia entera y la comunidad judía de la Ciudad de México festejaron con torrentes de alcohol. "Fue un fiestón", recuerda don Lalo. Don Max Singer se acercó junto a varios socios comerciales a su joven pelotero. Lo abrazó y le entregó una cerveza helada.

—Salud, mi Lalote —brindó el empresario—. Y ahora sí: me dijiste que cuando ganáramos ibas a decirme tu pago. Se te concederá lo que pidas.

—¿Lo que pida? —dudó el segunda base.

—Sí.

—Yo lo que quiero es trabajar.

Max Singer nunca imaginó que al pronunciar "pues ya tienes trabajo" daba inicio la historia de Eduardo "Lalo" Gómez, el vendedor de autopartes más famoso de México, un sabio capaz de hallar las piezas más raras y codiciadas, y de retener en su mente todos y cada uno de los componentes de los vehículos de las marcas y años que sean. Nacía así un explorador, un cazador, un genio al que acuden mecánicos, hojalateros, coleccionistas de autos clásicos de las regiones más apartadas del país.

—¿Cómo ha hecho para ser tan próspero? —pregunto a don Lalo.

Espero un breve apostolado sobre la honestidad y el trabajo. Pero no. Don Lalo se pone de pie en la entrada de una sus refaccionarias, mete al bolsillo su mano derecha, cuyos dedos largos y huesudos revolotean en la tela produciendo un tintineo.

—Esto es para ti —dice.

Una gruesa moneda plateada destella con la luz del ocaso. La acerco y observo, bajo seis ideogramas, la imagen de un emperador chino con trencitas que caen tras sus orejas, una túnica bordada, fino bigote, un mechón de barbita y la leyenda "1796-1820".

Un rato después lo sabré. Es el emperador Jiaqing de la dinastía Manchu-led Qing, el hombre que trató de frenar el contrabando de opio en el interior de China y restaurar un Estado descompuesto; es decir, un líder honesto y sacrificado.

—Dásela a quien más quieras: a tu mamá, a tu hija —me pide don Lalo—. Quien como yo tiene una moneda de estas, en la vida siempre le va a ir bien.

Marco Antonio Cureño se rompía la cabeza preguntándose en qué lugar de la Ciudad de México se ocultaría el piñón de tracción y otros diminutos componentes que darían vida a un inservible béndix con el que al fin arrancaría el Ford de la postguerra que reparaba en su garage.

—En la refaccionaria de Bucareli y Tolsá —le dijo un colega—; si no está ahi, no hay en ninguna parte.

Cureño, mecánico especialista en autos clásicos, agarró el béndix y emprendió el viaje desde su taller, en la localidad mexiquense de Calacoaya, hasta la ruidosa esquina vecina de La Ciudadela.

—En el momento en que cruzaba la puerta, don Lalo miró la pieza que tenía en mi mano y dijo: "Es un béndix de Ford 1949". Solo faltó que me dijera el color del coche al que se lo iba a poner. Con esa frase me di cuenta que estaba conociendo a un erudito.

Don Lalo escuchó la solicitud de su cliente, entró a esa suerte de lúgubre e infranqueable museo al que solo acceden sus empleados e hijos, y trajo las piecitas con las que el *Shoebox* (como se le llamaba al auto por su similitud con una caja de zapatos) volvió a rugir tras años detenido. "Ahí tiene", le dijo a Marco. En su taller, Cureño extrae de cajoncitos, estantes, baúles, el gran tesoro que don Lalo Gómez le ha ido aportando en los últimos treinta y cinco años, y lo coloca meticulosamente sobre su mesa de trabajo: platinos de 1915, condensadores de 1917, cambios de luces de los años 40, imanes de motores de arranque y escobillas de encendido de los años 30, bujías de los 50.

—Y mira esto —dice Cureño poniendo ante mis ojos una impecable bolsita de papel con la leyenda GENUINE KINGSTON TUNGSTEN CONTACT PONTS. FORD MODEL T que en su interior guarda unas piecitas color cobre.

—Activadores de marcha de pie que me vendió el viejito —explica en un negocio de Cancún—. Increíble, originales de 1917. Oro puro.

A mil trescientos kilómetros del taller de Marco, don Lalo descansa en su refaccionaria. A la sombra de un anaquel con un trofeo de una bola de beisbol, una porcelana de una vieja estación de gasolina y veinte autos antiguos miniatura se echa tranquilo unas pasitas de chocolate.

—¿Y entonces, me va a decir de dónde saca tantas piezas antiguas?

Don Lalo sonríe.

—Voy a refaccionarias de barrios bajos y les digo: "Denme cosas antiguas, lo que nunca han vendido, lo que van a tirar a la basura". Luego me meto a deshuesaderos en Tacubaya o rumbo a Toluca, y los domingos llego a donde se ponga El Bazar de la Carcacha con mi comadre, mi esposa y mi novia —se carcajea.

Es un Indiana Jones del mundo motorizado.

De pronto, Roberto, uno de los hijos de don Lalo, se acerca a confesar.

—Mi papá ha almacenado piezas por mucho pero mucho tiempo.

Simple: si descubre una refacción antigua, la compra: no importa que pasen años sin venderla. Algún día esa pieza será la felicidad de alguien.

—Pues ya tienes trabajo —le dijo apenas acabar el partido don Max, que enseguida se asumió patrón—. Mañana a las ocho de la mañana te espero en Bucareli y Tolsá.

El joven Lalo se presentó en la refaccionaria La Continental una mañana de 1940 con la horrible sensación del ridículo.

—Llegué con mis calzoncitos (*sic*) de cordón y mis tenis todos rotos.

Su jefe le entregó una bata blanca, le pidió barrer la entrada y luego le hizo un encargo.

—Agarra la bici y lleva esta mercancía a la colonia Morelos.

Primera complicación.

—Ay, señor, no sé andar en bici; nunca tuve.

—¿Y ahora?

—Le juro que corriendo le gano a una bici.

Lalo, pionero en el raro oficio de repartidores de pie veloz, oyó atento a su jefe.

—Si te pagan, bien; si no, no dices nada: que te firmen y les dejas todo.

En una ciudad donde el recelo de los tenderos atestaba los negocios con fastidiosos cartelitos como HOY NO SE FÍA, MAÑANA SÍ, O EL QUE FÍA NO ESTÁ, SALIÓ A COBRAR, Lalo vio que el señor Singer entendía que fiando daba una ligera ayuda a la gente y, claro, robustecía el negocio.

—No es que siempre lo haga —reconoce don Lalo—, pero me ha ocurrido que si un cliente pide una goma que vale 900 dólares y me dice "solo tengo 280 dólares", yo contesto: "Dame un peso y llévatelo".

En días ascendió de repartidor a responsable de mostrador, el mueble de madera que era su salón de clases: leía catálogos automotrices con avidez, como si se tratara de novelas de vaqueros; conseguía libros especializados, analizaba revistas de Estados Unidos, España, Inglaterra y Argentina. Pero sus *senseis* fueron otros: los más doctos mecánicos de la ciudad, que llegaban a comprarle desde Santa María La Redonda y Peralvillo, barrios con los talleres más prestigiosos.

—Antes un mecánico era un maestro —aclara don Lalo—. Cuando uno recibía su coche ya compuesto decía, "gracias, maestro". Hoy un mecánico es un "cambiapiezas". Haz la prueba: pregunta a un mecánico qué hace tal pieza y te dirá: "Quién sabe pero sirve". Como no entienden al carro, vuelve a descomponerse.

Poquito a poco, Lalo se fue haciendo popular: sorprendidos de ese muchacho al que le faltaba un buen tramo para la mayoría de edad pero que discutía de tú a tú con cualquier veterano, los mecánicos lo fueron adoptando. Tanto como las mujeres... Concluida la jornada, Lalo se empezó a entregar a placeres aceitosos y sudorosos como la mecánica, pero mucho más perfumados. A unas cuadras de la tienda de autopartes lo esperaba el Cabaret Leda. Difícil resistirse. Y es que ahí, en avenida José María Vértiz 118, Lalo podía codearse un rato con comensales que contagiaban distinción —el pintor Diego Rivera, el músico Agustín Lara, el actor Emilio Tuero, el poeta Octavio Paz— y, a la vez, confundirse con ciudadanos sin oropel —obreros, albañiles, burócratas— que aspiraban a enrolarse con la vista, el tacto o como fuera con *vedettes* que desperdigaban deseo sacudiendo sus caderas apetitosas.

—La dueña (Clotilde Ortiz de Rubio) se quería casar conmigo —asegura don Lalo.

—¿Entonces usted era un hombre muy cotizado?

—Síiiii, uuuy. Un día, ya famoso yo, me terminé mi cervecita y me empecé a despedir de las muchachas de una de esas casas (burdeles). Les dije "yo ya me pinto, adiós-adiós", y me empezaron a pedir que me quedara solo con ellas, me aventaban las pantaletas. Eran nueve muchachas, en total, aferradas a que no me fuera: Esperanza, Beatriz, María y otras que ya no me acuerdo. Aguanté, pero cuando ya se estaba armando demasiado borlote porque me quería ir, me dije: "Dios, perdóname, aquí me quedo". Toda la noche. Eran nueve.

—¡Nueve! ¿Y cómo fue eso?

—Ya se imaginará: me dejaron muerto.

APRENDE A LOS AUDACES

Las piezas que don Lalo ha conseguido se encuentran lo mismo en un auto estacionado en la Burrard Street de Vancouver, que en la Calle Obispo de La Habana Vieja. Y si uno ve por una calle mexicana un auto antiguo, quizá no se equivoque si jura que las ruedas de ese Ford 1939 se mueven gracias al cigueñal que halló en un deshuesadero; o si piensa que los faros de halógeno de ese Packard 43 iluminan la noche porque él los rescató de una vieja refaccionaria de la Doctores.

Su talento prodigioso ha ayudado a que el Museo del Automóvil Antiguo del Sureste sea un santuario: los Ford, Studebaker, Plymouth, Pontiac, Jaguar, Oldsmobile, Mercedes Benz —cuarenta y cinco autos en total— que ahí se exhiben son colosales porque don Lalo no sabe decir "esa pieza no la tengo".

—Me impacta su lucidez —dice el dueño del museo, Benjamín de la Peña, y saca antigüedades intactas que Lalo le dio: una bolsa que indica *see farther, drive safer* con lámparas de halógeno General Electric de los 40, cables de bujía de 1917 a 1939, y una bolsa con una impecable pieza que parece fabricada hoy.

—Es un carburador original de un Ford T de 1915. ¿Quién chingaos guarda un carburador de hace noventa y nueve años en su bolsita original? —exclama el coleccionista.

A don Lalo no lo asusta su obsesión.

—Mi secreto es nunca decir "yo soy el campeón": siempre hay algo que no sé y que tendría que saber.

—Y hoy, con ochenta y ocho años, ¿qué disfruta más en la vida?

—Creo que el chicharrón con chile de la fonda más grande del mundo, el Mercado Juárez; mi escuadrón como de cuarenta nietos dispersos hasta en Polonia ("¿cuándo abrimos una botellita de Polonia que ahí tengo?", me dice) y algunos coleccionistas que me mandan cartas diciendo "Lalo, Dios te bendiga". Aman un carro porque se los dejó su papá o su abuelito, y es bonito dejárselos caminando. ¿Sabe? A veces, cuando me voy a dormir, me digo: "¿Cómo es posible haber tenido una vida tan bonita?".

Levanto la mirada. Una lámina colgada sobre la entrada tiene un mensaje que Lalo alguna vez colocó para que fuera visible desde la calle: APRENDE A LOS FUERTES, A LOS ACTIVOS, A LOS AUDACES. Aprende a los valientes, a los enérgicos, a los que conocen situaciones difíciles. Aprende a los que triunfan, sé como los hombres cabales, deja de ser como los muñecos de hilacha. Levántate, anímate, báñate, apúrate, muévete, espabílate y triunfa.

Lalo tenía que dar la cara ante los clientes, hallar soluciones rápidas en cada pedido, y sobre todo, saber. Amantes de los autos ingleses, los judíos lo adiestraron en Jaguar, Aston Martín, Land Rover, pero su cartografía automotriz debía ir más allá. Su destreza alcanzó Alemania con Mercedes Benz, Italia con Alfa Romeo, España con Pegaso y Estados Unidos con Buick, Lincoln, Oldsmobile, Graham-Paige y, por supuesto, su adoración.

—El Cadillac, el mejor coche que jamás haya existido. Si hay un choque —Dios no lo quiera— todos se salvan: siempre ha sido un tanque de guerra —dice el hombre de ochenta y ocho años.

Su contrato con la refaccionaria de Max Singer implicaba seguir defendiendo el jersey de Muelles Simex en cualquier punto del país. El patrón aprovechaba las giras de su novena asignando a Lalo cerrar negocios en cada plaza que visitaba.

—Hoy estaba en la Ciudad de México, mañana en Puebla, en un hotel donde las pulgas ardían, y de ahí me iba con el equipo a jugar a Durango y de ahí a Chihuahua.

Hasta que llegó Salamanca. Inolvidable destino.

Apaciguado el nacionalismo, diez años después de la Expropiación Petrolera, el presidente Miguel Alemán apadrinó la construcción en esa ciudad de la Refinería Ing. Antonio M. Amor, en la que, discretamente, capitalistas extranjeros absorbían ciertas mieles del suculento negocio petrolero.

En un partido contra un equipo guanajuatense, unos ojos claros en la tribuna distrajeron la concentración del segunda base de Muelles Simex. Terrible debió ser su desempeño aquel día. Al acabar el partido, camino a las duchas, se detuvo frente a la grada. "Me saludó y la saludé". Patricia, hija de un ingeniero sueco asentado en la ciudad, cautivó al beisbolista con su sensual timidez. Dispuesto por ella a cambiar de vida, decidió no volver a la Ciudad de México, dejar a don Max, a La Continental, a los autos glamorosos, y hasta a su abuela y sus tías, que tenían otra opinión.

—Ellas fueron por mí. Cuando llegaron me dijeron: "¿Pretendes casarte con ella? ¿No ves el dineral que tiene su papá? Siempre serías su gato. ¿Eso quieres de tu vida?". Fue un amor de chamacos —concluye don Lalo—. Me trajeron a la fuerza; con aquella muchacha ya ni hablé.

Por algo ese "amor de chamacos" no prosperó. Una mañana de fines de los años 40, Lalo salía de su casa y escuchó un ruido apagado. Sobre la vereda, cayeron varios cuadernos. Se agachó para devolverlos a una joven estudiante. "Nos quedamos viendo —recuerda—. Era alta, blanca, con el pelo largo medio chinito y cara bonita."

—¿A qué escuela vas? —le preguntó él.

—A la prepa de enfrente.

—¿A qué hora sales?

—A las siete.

—A esa hora te voy a ver.

Esa misma tarde Lalo fue a ver a Sofía y platicaron, aunque para enamorarse no requirieron palabras. Bastó el ritmo. "Los martes íbamos a bailar al Salón Los Ángeles, el miércoles al Smyrna Dancing Club, los jueves a Tacubaya y los viernes a La Villa." En los primeros doce años de matrimonio Lalo y Sofía tuvieron cuatro hijas y cuatro hijos.

—Yo era medio sonso, y ella me lo quitó, ella me pulió. Todo se lo debo a Dios y después a ella, mi ángel.

En su memoria, sobre la fachada de Chicotes Automotrices, uno de sus negocios, pintó con grandes brochazos el nombre de la mujer a la que estuvo unido y la fecha de su deceso: 27-9-1998.

—Cremé sus restos y los puse sobre un altar en un cuarto de mi casa dedicado a ella totalmente. Voy con ella, me persigno. Si estuviera en un panteón, ¿cuándo iría a verla?

—¿La extraña?

—¡Cállate! Bueno, no tanto porque nos vemos a diario: me pregunta "¿cómo te fue, qué hiciste, cuánto dinero traes, en qué gastaste?". Una cosa... es muy fijada en eso.

—¿Y ya no hubo un nuevo amor?

—Me paran señoras y me dicen: "Yo tengo tres vecindades, ¿por qué no nos casamos?" Pero son ancianas, no son para mí.

—¿Y entonces?

—Ya estoy casado de nuevo. Se llama Yolanda.

—¿Una mujer más joven?

—De treinta y seis años.

Pronuncia "treinta y seis años" como si nada, guarda silencio y saca de su bolsillo un nuevo paquete de pasitas con chocolate Laposse.

—Échate unas. Verás qué ricas.

Disciplinado, obsesivo, Lalo había ayudado a que la familia Singer acabara cada jornada diaria durante más de un cuarto de siglo bañada en billetes multicolores. Cada tarde, cuando a las siete de la noche bajaba la cortina, la riqueza se empachaba de incalculables ceros. Por eso, don Max quiso que su empleado volara solo: y eso significaba ayudarlo a poner una refaccionaria para que él la explotara. O así, por lo menos, lo recuerda don Lalo: "Un día me dijo: te lo ganaste", y por eso le aportó capital para fundar la refaccionaria La Más Barata, en Bucareli y Lucerna. Para ese entonces, Lalo, ya de cuarenta años, gozaba de la confianza de montones de loteros de avenida Chapultepec que recibían autos usados de todo tipo: lo mismo un Packard de Toña La Negra que un austero Fiat 600 de cualquier burócrata. Para revenderlos necesitaban ponerlos al día con piezas originales, y para eso estaba Lalo.

—Alguna gente me dice doctor, porque mi función es "curar

coches". Aunque en realidad yo soy un farmacéutico: consigo buenas medicinas para que los coches tarden más en morirse.

Cada sábado, Lalo recorría la extensa hilera de lotes de autos usados, enlistaba las piezas que necesitaba cada lotero y entregaba las que le habían solicitado la semana previa. El negocio fue una gloria.

—Mi chamarrita se abría y cerraba y yo iba amontonando miles de pesos: un dineral.

Los fajos eran necesarios para sostener a sus ocho hijos y a la vez para darse ciertos lujos que persisten hasta hoy y que, medio siglo después, incomodan a su descendencia: las apuestas en el hipódromo y el beisbol ("apostaba, ganaba y se lo gastaba", lamenta su hijo Evaristo) y las visitas constantes a tugurios de los que Lalo no da detalles.

—Donde comió un niño, comieron dos, y donde comieron siete, comieron ocho. A mis hijos nunca les faltó nada.

—¿Aún le gusta el alcohol?

—Desde niño, los grandes de la cantina La Campana me decían: "Véngase, mi Lalito, mi chamaco". Ellos con su botella y yo mi refresquito. Sí tomé, pero si ahorita vamos a la cantina, cuando usted lleva tres yo apenas una. Cuando usted lleva seis yo sigo con la primera; cuando lleva doce, sigo con la primera y cuando usted lleva veinte sigo con la primera.

En los últimos setenta y cinco años, siempre sobre Bucareli y las calles que en ella convergen, Lalo ha sido dueño de "diez refaccionarias, por lo menos", dice su hijo Evaristo, aunque la verdad es que su padre perdió la cuenta.

El prestigio le granjeó las mejores simpatías.

—El Presidente Ruiz Cortines era mi vecino. Y como en esa época casi ni guardaespaldas había, pasaba por aquí solito, con su tacuche y sus zapatos de charol. "Muy buenos días", me decía, muy educado.

Y algunas tardes, Mario Moreno "Cantinflas" se daba sus vueltas por La Más Barata y buscaba piezas para sus Cadillac, el más ostentoso coche estadounidense de la época: símbolo automotriz de la supremacía blanca sobre los afroamericanos, quienes por años tuvieron prohibido adquirir la marca.

—Cantinflas casi siempre venía a llevarse suspensiones; en eso le daban mucha lata sus carros. Aunque ya famosísimo, era una persona muy natural. ¿Cómo decirle? Como usted o yo.

Quizá esa veneración de Cantinflas por los Cadillac contribuyó a que don Lalo un día buscara el suyo. Y fue así que en algún lote perdido descubrió un Cadillac Fleetwood 1937 al que pintó de amarillo: no quería que pasara desapercibido. El vehículo, alargado, robusto, elegante, se mantuvo impecable hasta un día aterrador de los años 60. Con su prole infantil en el asiento de atrás después de unas vacaciones en Jalisco, cerca de Querétaro vio a la distancia unos treinta ciclistas que surcaban la carretera. Lalo pisó el freno pero el coche no respondió.

—Grité a mi esposa: ¡no traigo frenos! Sofía agarró el volante, se pegó al cerro y con el tallón de la roca sobre el costado fue frenando. Aunque el coche se despapayó, ella nos salvó de la muerte. Fue mi ángel.

A tientas con su bastón, don Lalo cruza la calle Lucerna y se acerca a uno de sus negocios, que en la fachada anuncia: "FABRICAMOS CUALQUIER TIPO DE CHICOTES, *CLUTCH*, FRENO DE MANO, ACELERADOR, CAJA DE VELOCIDADES, VELOCÍMETROS AGRÍCOLAS Y MARINOS. El comerciante quiere explicarnos la anatomía de la autoparte a la que se dedican sus hijos.

—Les voy a mostrar un chicotito, déjalos pasar —le pide el anciano a Rosita, su nieta, una adolescente de gorrita que lo mira asustada y sale al paso.

—No, Tito, no pueden pasar. No se encuentra mi papá.

—No vinieron a ver a tu papá; sino a tu abuelo.

—No es por grosera, Tito, pero ellos no pueden pasar.

—Primero fue Dios —se enoja don Lalo— y después tu abuelo. ¿Sabes los millones que costó esto (abre los brazos hacia la calle de sus refaccionarias)? ¿Sabes cuánto me costó tu papá y cada hijo recién nacido? ¡Millones! Que su lechita, sus zapatitos, que el médico. Anda, préstame un chicotito.

—Deje le hablo a mi papá, Tito, si no me regaña.

—¡Que me prestes un chicote!

La nieta accede. Lalo posa el chicote en las palmas de sus manos, cuidadoso, como sostendría un pescador un precioso marlin, para que lo contemplemos. Molesto, da media vuelta y se aleja del negocio, pero de pronto se detiene.

—¡Rosita! —grita a su nieta.

—Sí, Tito —responde ella.

—¿Vas a la escuela?

—Claro, Tito.

—Pues no lo parece.

Don Lalo está enfadado.

—Tengo mucho que hacer, muchos problemas y pendientes —me dice, como para avisar que el encuentro acabó. Pero cuando le extiendo la mano y le doy las gracias, me pide:

—Acompáñame, tengo algo que darte.

Cansado, con lentitud pasmosa, avanza por Bucareli. Cruza las calles de Lucerna y Barcelona amenazado por tropeles de autos que avanzan y dan vueltas.

—Llevo prisa pero me espero porque los carros nunca se paran.

—¿No se cansa de tanto caminar?

—Ya no tengo remedio, por la diabetes voy para abajo. Por eso yo ahorita podría estar acostado, me podrían estar sobando con crema y echándome aires. Pero no: amanece y digo "qué bonito día, qué mañana más chula!". Cuando nací fue una tristeza porque nunca tuve nada: fui lo más jodido, pero eso quedó atrás.

Lalo repite "tengo prisa", se detiene y jala hacia atrás las mangas de su chamarra: en una muñeca tiene tres relojes; en la otra, dos.

—¿Cinco relojes, don Lalo?

—Así acostumbro.

Llegamos a su casa. Sentada en la calle, Yolanda, su pareja de treinta y seis años de edad, lo espera porque ha perdido las llaves.

—Hola, Tito —le dice, le sonríe y se incorpora.

El anciano la saluda levantando su bastón y abre la puerta.

Bajo una escalinata antigua se acumulan direcciones hidráulicas, alambres, pinzas y cualquier cantidad de cachivaches.

Don Lalo mete la mano en esa montaña de cosas, esculca, revuelve y saca un polvoso y viejo paquete de cuatro desarmadores chinos marca GS, con una etiqueta que indica su precio: VEINTE PESOS.

—Para ti —me dice.

—No, don Lalo, ¿cómo cree? Ya me dio las pasitas y la moneda de la suerte.

—Lo vas a necesitar. Y ya vete, es tarde.

—Hasta pronto, don Lalo.

—Aquí me tienes para servirte.

—¡Oye! —me llama cuando me alejo por la calle—, quién iba a decir que de aquí te ibas a llevar algo de tanta utilidad.

5

LOS ÁNGELES NUNCA MUEREN

De mandil y zapatillas de plástico sobre su puerta, la señora Herrera Costilla me ve perdido en Iztapalapa, la zona más poblada de la Ciudad de México, y repite la pregunta que le acabo de hacer.

—¿Que dónde viven Los Ángeles Azules? Toda esta cuadra les pertenece: desde aquí hasta allá —se ríe balanceando su brazo de un extremo a otro—. Pero para más seguridad, toque ahí.

El índice de la vecina de la colonia La Hera señala una casa: la única de tres pisos, estilizados balcones de piedra y un elevado árbol verde entre la gris desolación. Rebosa cemento esta calle del oriente capitalino, avasallado por peseros, refaccionarias y tropas de puestos ambulantes de la Línea 8 del Metro.

La fachada triangular, sostenida por cinco columnas quizá inspiradas en el Partenón ateniense, ha sufrido el ultraje de *grafitis* negros.

Encajado en un muro exterior, un viejo y enorme cartel vertical indica: MÉDICO GENERAL. DENTISTA. RX. ORTODON IA, sin la "c" que algún día se cayó.

La empleada doméstica me invita a la sala de la casa de Elías Mejía Avante, "el Doc", bajista, médico y líder de Los Ángeles Azules, desde hace cuarenta y cinco años el más grande grupo de cumbia que haya existido en México. "Espérelo, por favor", me pide.

En minutos, sus hermanos, miembros base de la banda, se reunirán aquí para trasladarse juntos al popular festival de rock Vive Latino: llegarán el arquitecto Jorge (acordeón), los abogados Alfredo (piano) y Pepe (percusiones), y las dentistas Lupita (güiro) y Cristina (guacharaca).

Sentado en un mullido sillón con carpetitas bordadas con los colores patrios y bajo una enorme lámpara de cristal rosáceo, miro a mi alrededor: hay un par de imágenes de la Virgen de Guadalupe, un cuadro monumental en yeso de *La última cena*, dos angelitos de porcelana envueltos en bolsas de plástico sobre una barra en la que reposa una botella de Mezcal del Corazón, una tele cúbica en la que se apoya una escultura de madera africana de portentosas caderas, figuritas de cerámica (un niño que saborea un helado, otro que carga una canasta de frutas), espejos y un adorno luminoso de un arrecife en el que un delfin juega con varios peces de colores.

En un sitio protagónico de la sala, sobre el radiante piso de azulejos, reposa un gran refrigerador Samsung.

Escucho los taconazos enérgicos en punto de las cuatro de la tarde. "El Doc", impecable de camisa Polo blanca a rayas rojas, perfumado, afeitado y Nextel en mano, baja tomándose del barandal de madera tallada y sonríe.

—Esto no es cualquier cosa —me aclara— : para Los Ángeles Azules el Vive Latino es una prueba.

Doña Martha Avante no quería que el destino de sus hijos fuera el mismo que el de la gente de su barrio: el desempleo. En su casa de San Lucas, en Iztapalapa, no había modo de que la tornamesa estuviera apagada: podían oírse la Sonora Santanera, Carlos Campos y su Danzonera, o cualquier LP de ritmos costeños. Por eso, hacia 1976, cuando logró que sus ocho hijos cursaran carreras universitarias, pensó en cómo pagar sus estudios. Habitante de una zona adicta al baile, lo primero que se le ocurrió fue formar un grupo para que "hueseara" en fiestas privadas. Aunque ninguno de sus muchachos tenía nociones de música, consiguió un órgano, un acordeón, una guitarra, tarolas y un güiro. Sus hijos volvían de estudiar, comían y lanzaba un grito: "¡A ensayar!". Poco a poco fueron tomando forma Los Ángeles Azules.

—Como éramos líricos y no leíamos partituras, ella nos ponía discos para repetirlos. Lo hacíamos, pero con nuestro estilo: jamás tocamos igual que nadie —explica Jorge, el compositor de los *hits* de la agrupación.

En aquel patio, mientras ellos ensayaban, daban vueltas los LP's de Rigo Tovar y Mike Laure, así como de Acapulco Tropical —creadores del éxito *Cangrejito playero*—, un grupo que desataba burlas por las letras de sus canciones pero que atraía masas lo mismo en pueblitos que en grandes ciudades.

—Sacábamos la batería chiquita y practicábamos bajo el solecito —dice "el Doc".

Aunque empezaron a dominar canciones para fiestas, la capacidad de Los Ángeles Azules fue cuestionada.

—En eventos de la zona —añade 'el Doc'— llegué a escuchar: "¡Son puro ruido, se oyen horrible, cómo se atreven!'."

Sin embargo, para 1981, todos esos *covers* habían mutado en piezas propias, sencillas pero con identidad. Así, Discos Dancing les ofreció ese año grabar su primer LP, que incluyó la *Cumbia del negrito cumbiambero*, un tema que despertó simpatía.

Con los años, el grupo se consolidó en las cumbias romántica e instrumental, y las giras en el país, sin ser estruendosas, eran frecuentes. Martha, la mamá, ya era, a la vez, líder del grupo y escudo antitentaciones.

—¿Cómo hacían con las fans?—pregunto a "el Doc".

—El grupo es familiar. Bajamos del escenario, damos autógrafos, besos y apapachos. Llega el autobús y se cierra con las fans abajo. Mi mamá prohíbe subir mujeres o andar jarras. Sabe que el músico es borrachín y que por el vino varias agrupaciones se han perdido. Hasta hoy tenemos freno de mano doble.

Camilo Lara, un estudiante de Secundaria, escuchaba desde su casa a las consolas que estremecían por las noches a San Andrés, barrio popular al sur de la ciudad, y salía a la calle sigiloso. Caminaba y se instalaba en una esquina que lo hiciera más o menos invisible para espiar a las multitudes que llegaban a Coyoacán para agarrar sus cinturas y agitar las caderas a ritmo de cumbia. Octubre, con las fiestas patronales, era el mes de Polymarchs, La Changa o algún otro sonidero.

Y entonces la colonia se volvía el imperio de su música y sus infinitos saludos con voces fantasmales.

—Iniciamos este bonito programa musical y saludamos a la famosa Normiuuuuux, que nos pidió *La cumbia del pingüino chinooo.*

Transmitieran o no en la radio sus canciones, Los Ángeles Azules y los demás cumbiamberos sabían que los sonideros eran sacrificados promotores que llevaban su música a casi cualquier colonia, desde Cuajimalpa, en el extremo poniente, hasta Tláhuac.

—Iba a ver a los sonideros con una postura *nerd*. Nunca bailaba, pero ahí me quedaba porque me daban mucha curiosidad —acepta Camilo, fundador del Instituto Mexicano del Sonido, un proyecto que fusiona música electrónica con populares canciones mexicanas.

Visitaba tiendas y compraba viniles de ese género nacido en Colombia, pero que México enriquecía con un romanticismo franco y silvestre, con letras como: "Estamos en lugar prohibido / en busca de experimentar, / donde se hace el pecado del amor / y el tiempo nos hace esperar".

—De niño —aclara— en mi cuarto oía rock electrónico tipo "Movimiento Madchester", en la sala música clásica y en la cocina, cumbia.

Para los 90, ya de adolescente, componía con sintetizadores y Pro Tools.

—Y entonces el DNA de la cumbia me traicionó: Quería sonar a (la banda alemana) Kraftwerk pero terminaba sonando a los Ángeles Azules.

Para 2001, bajo su sello Suave Records, buscó a Los Ángeles Azules. Quería que apoyaran a Julieta Venegas en un *cover* de *El listón de tu pelo* para que fuera parte del *soundtrack* de la cinta *Asesino en Serio*, una comedia negra mexicana de 2002. Desde entonces sintió que los hermanos de Iztapalapa tenían potencial para experimentar junto a personajes del rock y pop.

—Todos crecimos con Los Ángeles Azules —dice—, han sido el grupo que define el sonido de la Ciudad de México, la referencia de la cumbia chilanga.

Años después, como director de EMI Music México, les planteó a los músicos ese proyecto. No se concretó, pero ya se había sembrado una idea que en cualquier instante podía germinar.

TODOS TE ROBAN

La banda de música grupera Los Bukis era un fenómeno incontenible: no existía fuerza superior que al iniciar los 90 detuviera la convocatoria de los michoacanos. Pero Marco Antonio Solís y sus músicos bañaban en los bailes con algo de su fortuna a los grupos que hacían de sus teloneros y que después podían presumirlo.

La puerta sonó en casa de los Mejía Avante, en San Lucas Iztapalapa, uno de aquellos días. Un empresario los sacudió con una oferta.

—Quiero que abran el baile de Los Bukis —les dijo.

El concierto sería en Texcoco, sede de la famosa feria ganadera en cuyos palenques actúan los más célebres grupos populares.

Aunque "el Doc" y sus hermanos ya tenían siete discos y piezas suyas ya alegraban los bailes, aceptaron una paga vergonzosa. A cambio, podía ser única la experiencia de tocar con Los Bukis, que entonces encogían los corazones de millones con *Después de un adiós*. Dieron al empresario un sí emocionado e iniciaron los ensayos para el gran día.

Semanas después, Los Ángeles llegaron a un descampado mexiquense del municipio de Texcoco, colocaron sus bocinitas y se arrancaron. Tocaron una cumbia, y otra y otra y así se siguieron hasta que el público, molesto, empezó a reclamar a gritos la presencia de Los Bukis. Pepe, angustiado, pregunto al empresario qué hacer.

—Ustedes tóquenle, tóquenle —le respondió.

—Pero la gente ya está chiflando.

—Tocan hasta que yo les diga.

Al rato, cuando la presión de los miles fue incontenible, Los Bukis bajaron de sus trailers, instalaron su magnífico equipo e hicieron sonar su arte.

El empresario, sin embargo, pidió a Los Ángeles permanecer en su camioneta por si se ofrecía algo. Ahí dentro, el sueño, el frío y el cansancio los fue venciendo.

—Hasta mis hermanas durmieron en la camioneta tiradas sobre colchones —recuerda Pepe. Un par de horas después, el empresario abrió el vehículo vociferando:

—Órale, ya terminaron Los Bukis. A tocar.

Pasada la medianoche, con el público sometido por el tequila, los de Iztapalapa subieron al templete y siguieron tocando. Avanzó la madrugada y continuaban con su música, aunque el repertorio ya se repetía.

Cerca del amanecer, Pepe no pudo más.

—¡Señor, ya solo le estamos tocando a esos tres borrachos de ahí!

—Pues hasta que se vaya el último porque todavía están consumiendo, amigo.

Con el sol a buena altura sobre el oriente del Valle de México, el último asistente partió y el empresario abrió la cartera.

—De la nada que nos tocaba, decidió darnos la mitad —recuerda Pepe.

—Señor, ¿de qué se trata? Abrimos el baile, son las siete de la mañana y aquí seguimos —le dijo.

—Mira todas esas bardas donde escribí el nombre de tu grupo. En total son quinientas. Cuestan y yo las pagué. Antes di que no te pido que me pagues. Gracias a mí la gente sabe quiénes son Los Ángeles Azules.

—Han pasado más de veinte años —pregunto—. ¿Qué piensas?

—Que en la música todos te roban —responde—: El productor, el empresario, el programador de la radio. Todos se aprovechan y no te dejan nada. Es para ponerte a llorar.

El teléfono sonó una tarde de 1992.

—¿Cuánto cobran por ir a Monclova? —preguntó un empresario.

—Ah, cabrón, ¿dónde queda eso? —respondió Pepe.

—Adelante de Monterrey.

"No teníamos idea de cuánto cobrar, pero le dijimos seiscientos", relata el percusionista.

—Ok —respondió el hombre—, se los mando: no pueden echarse atrás.

Los Ángeles Azules rentaron un camión repartidor de verduras y enfilaron por la carretera.

Por esas horas, esa ciudad del noreste del país estaba recibiendo en su Feria del Disco a José Antonio Sánchez, director de ventas en la capital del país de la empresa Disa, representante de grupos tan importantes como Los Temerarios.

—Decías "Disa" y ¡cuidado!, debías persignarte. A esa compañía, la número uno de cumbia en México, nada le hacía sombra —recuerda Pepe.

El directivo de Disa tenía una obsesión: acudir a tianguis de todo el país —como la Pulga Mitras, de Monterrey; o Tepito, en la Ciudad de México— para hurgar LP's y casetes polvorientos que le permitieran descubrir talentos ocultos. En esos recorridos se topó con un muy buen grupo instrumental: Los Ángeles Azules, cuyos temas, como *Las cumbia de las chispitas*, eran rápidos y pegajosos.

Ya en Monclova, Sánchez leyó en el cartel del evento: LOS ÁNGELES AZULES. Sorprendido fue con el programador:

—¿Conoces a Los Ángeles Azules?

—Solo sé que aquí son un trancazo y que tocan mañana.

Al concluir el concierto de esa noche, el directivo de Disa se les acercó.

—Quiero que graben un disco. Ya lo autorizó el dueño de Disa, Domingo Chávez.

Semanas más tarde, Los Ángeles grabaron aquel LP. A punto de iniciar la etapa de giras y promoción, Chávez murió. Su hijo y heredero, "Domingo chico", no quiso saber nada.

—No me interesan —les dijo.

—Pero ya habíamos arreglado con tu papá —le contestaron.

—Lo siento —se sinceró el empresario.

José Antonio reunió al grupo y lo serenó.

—El disco ya está grabado e incluso sin promoción tarde o temprano saldrá. Disa tiene ciento cincuenta grupos. Cuando nos transmita la radio iremos por el lugar ciento cincuenta y luego por el ciento cuarenta y nueve. Vamos a quitar grupos: uno, otro, otro. Al llegar al diez que se cuiden: del primer lugar nadie nos quita. Los esperan las mejores aerolíneas y hoteles; cambiarán de modelito de camioneta. Hasta los perros sabrán quiénes son Los Ángeles Azules.

Apretujado al fondo de una Chevrolet Express polarizada, Pepe, el percusionista, me ve asomarme por la puerta.

—¿Nos vas a hacer el paro? Nos falta un trompetista —se carcajea.

Los acicalados Mejía Avante desparraman en la camioneta un profundo aroma a jabón. Hace siete horas que volvieron de Ciudad Valles, en el centro-norte del país, donde coronaron la Feria de la Huasteca Potosina.

—Terminé bien cansado. Estuve duerme y duerme —dice Pepe. Aunque la ida y vuelta en carretera duró veintidós horas, no hay margen para más reposo: el chofer ya arranca rumbo al Vive Latino. Los escolta un segundo vehículo con los cantantes, trompetistas y trombonistas del grupo, casi todos llegados de Texcoco y Neza.

—Te vas por Eje seis —pide Cristina.

—Mejor por Eje cinco, por Marina y Río Frío —corrige "el Doc".

Aún faltan cuatro horas para subir al escenario, pero el tráfico los tensa. Jorge, de chamarra de peluche blanco en el asiento del fondo, abre su maletita y saca su metrónomo nuevo, lo enciende y se lo muestra a su hermano mayor, Alfredo. Serio, escucha cómo Jorge le canta "pa para pa ram pa ra ram" —el intro de *¿Cómo te voy a olvidar?*— y agita la cabeza.

—¿Así que usted es abogado? —cuestiono a Alfredo.

—Así es —me dice escueto el hombre de gabardina negra y se calla, como para que durante el juicio nada sea usado en su contra.

—¿Y qué tal? —insisto.

—Me especializo en juicio oral dentro de la Agencia de Procesos de Justicia para Adolescentes —explica preciso.

—Profesiones diferentes, música y Derecho...

—Un contraste —confirma—: Abogacía y música.

Mejor me callo. Pero a los treinta segundos me mira y rompe el silencio.

—La música es muy celosa.

—Claro —asiento. Nos volvemos a callar.

Al pasar junto a los destrozados juegos infantiles del camellón de Anillo Periférico, "el Doc" exclama desde el asiento del frente:

—Jorge, ¿la figura final del tema *Diecisiete años* cómo va?

—Ta ta ta tan pom pom pom y ahí empieza el solista: rum rum rum rum pom pa pa pa pam pa pa —le contesta.

—¿Entendiste? —pregunta "el Doc" a su hermana Cristina, que lo ve confundida—: Hace Alfredo la figura del acordeón con la muchacha —le explica— entra el tecladito vidividí cinco veces y pipipipipí y termina con ¡Cum-bia!

El tráfico de Río Churubusco y montones de jóvenes que avanzan van frenando a la camioneta. Una pareja de darketos, forrados de negro y con *piercings* en la cara, caminan de la mano. "El Doc" se les queda viendo extrañado.

—Tengo sospechas de que estos vienen a ver a Los Ángeles Azules —dice con una sonrisita pícara.

Un guardia abre un portón. Los Ángeles Azules ya están en el Foro Sol.

La vida de vértigo, ovaciones, fans, elogios y entrevistas tuvo una larga crisis que casi deja a Los Ángeles en la lona.

Las radios que fueron su plataforma en los 90, en los dosmiles cambiaron de camiseta. La Z, la Ke Buena, La Sabrosita y otras emisoras percibieron que la fuerza de venta de la música norteña, en especial el pasito duranguense, era una naranja a la que se podía exprimir mucho más jugo que a la cumbia. Los Ángeles Azules, que años atrás habían arrasado con *Ay, amor*, *Mi niña mujer* o *Entrega de amor* —canciones indiscutibles de casi cualquier emisora— se quedaron impávidos ante las nuevas rutas de los empresarios radiales.

—Les pedíamos meter un tema y nos decían, "está K-Paz de la Sierra, está Montéz de Durango". Los espacios se cerraron y para tener un éxito debes sonar en la radio a cada rato. No pudimos meter un éxito mas —relata "el Doc".

También Disa, compañía disquera con la que habían formado una mancuerna de oro, optó por relegarlos y priorizar los ritmos norteños.

El grupo buscó salidas desesperadas: se abrieron al mercado de Estados Unidos, Centro y Sudamérica, cuyas radios sí los pasaban, e intensificaron su actuación en bailes populares. Y aunque ahí la cumbia seguía siendo imprescindible, sin radio era difícil vender discos.

Poco a poco, la llama de Los Ángeles se extinguía.

En la Autopista a Toluca, hace cerca de un año, Pepe viajaba a un evento en el autobús con el grupo. Puestos sus ojos en el exterior, vio un espectacular con un logo que decía OCESA.

—¿Qué sabes de ellos? —preguntó a Erick, uno de los vocalistas.

—Que son un monstruo —contestó, en referencia a la compañía más poderosa en conciertos y espectáculos en México.

Angustiado por el boicot radial, al regresar a su casa "googleó" aquel nombre y marcó el teléfono.

—Soy Pepe Mejía Avante, de Los Ángeles Azules —dijo sin preámbulos a la desconocida que lo atendió—. Estamos buscando representación.

—Espere un momento —le respondieron. Pepe se quedó con el auricular un largo rato sobre la oreja y estuvo a punto de colgar. Al fin, lo atendió Mónica, una chica que resultó ser una ex compañera de Disa. La secretaria se levantó, camino a la oficina de su jefe y le dijo:

—Quieren una cita con usted Los Ángeles Azules.

Alex Mizrahi, director de la agencia de representación OCESA Seitrack, respondió:

—Dáselas.

Días después, Los Ángeles llegaron a la junta, el directivo los saludo y frontal les dijo:

—Me interesan por tres razones: el nombre que tiene el grupo, sus éxitos y que llegan a todas las clases sociales.

Mizrahi sabía de los planes que Camilo Lara había tenido con ellos y lo llamó. Con los éxitos de la banda, Camilo ideó 13 duetos y contactó a figuras para que eligieran un tema y lo grabaran. Entre otros, Saúl Hernández, Carla Morrison, Vicentico y Ximena Sariñana, a quien le dijeron: "Mete tu estilo como quieras". Ella eligió *Mis sentimientos*, pieza con toques de cumbia colombiana.

—¿En tu vida qué te ha vinculado a la cumbia? —pregunto a Ximena.

—No fui de escuchar cumbia. Pero a los trece años me sabía de memoria *Diecisiete años* y *¿Cómo te voy a olvidar?* Las cantábamos y bailábamos con mis amigas. Cuando me invitaron al disco fue: "Güey, ¡tengo que estar!". Sus canciones tienen personalidad, humor y narran historias muy visuales. ¡*Diecisiete años* es un clásico —se ríe.

Camilo decidió que Los Ángeles hicieran nuevas grabaciones de cada uno de esos temas clásicos. Y luego envió todo el material a Toy Selectah —quizá el máximo innovador de cumbia digital en México— para que ese DJ y productor regio lo mezclara "y enloqueciera".

—La cumbia ha sido mal vista socialmente —lamenta Camilo—. "¿Oyes cumbia? Eres naquito". Es tristísimo: en todas las fiestas terminas bailando cumbia, es parte de nuestra espina dorsal. Mucha gente, por prejuicios y miedo a sus placeres culpables, no admite que la cumbia es buena.

—Y estarán los otros, los ortodoxos de la cumbia clásica que no acepten esto —le digo.

—Los puristas de la cumbia brincarán. Pero es un disco para que generaciones ajenas a la cumbia dimensionen a los increíbles Ángeles Azules. Verás que un día les van a dar las llaves de la ciudad.

LES VOY A CONSTRUIR UNA CASA

Querían oírse en las radios, pero en los 90 sin dinero era imposible.

—Hablábamos con un programador para que pusiera un tema y nos decía: "¿Qué onda, carnales, lo arreglamos en un restaurante?". Íbamos sin un peso —recuerda Pepe— y el programador ya estaba extendido en la mesa y había pedido de comer. "¿Qué hay que hacer?", le decíamos. "Sencillo, paga tu cooperación." Y también pagábamos su cuenta. Y a la otra semana, lo mismo.

Había pasado un año desde que el disco *Entrega de amor* se había grabado. Los Ángeles, desairados por "Domingo chico", nuevo director de Disa, carecían de datos sobre las ventas y vivían muy mal. Pepe habitaba una casa de madera en el barrio de Santa Cruz de Iztapalapa. Durante las lluvias, para que el fango de la calle de terracería no entrara, encajaba periódicos en los filos de la puerta.

—En una misma cama dormíamos mis dos niños, en medio de ellos mi esposa y yo, y entre nosotros mi hijita Miriam, en un moisés.

Fue cuando Patricia Chávez, copropietaria de Disa, sin dar explicaciones citó a Los Ángeles en un restaurante. Pensaron que quizá les daría su carta de retiro y el vínculo finalizaría. Antes de ir, Martha, madre de los Mejía Avante, los reunió.

—Por favor, les ruego que no pidan nada en la mesa. No demuestren su hambre, aguántensela.

Los Ángeles Azules se subieron ese día de 1995 a su camioneta y se trasladaron hasta la avenida más turística y glamorosa de la ciudad, el Paseo de la Reforma.

Inquietos, ingresaron al fantástico restaurante Lepanto del Hotel Sevilla Palace. El capitán les dijo:

—Pasen, está hecha su reservación —y los llevó a su mesa, entre candelabros y muros de caoba. Los invitó a sentarse en las sillas de diseños decimonónicos. Martha miró seria a sus hijos y reafirmó murmurando:

—No pidan nada.

El mesero se acercó:

—¿Gustan algo?

Silencio.

A los minutos llegó Patricia.

—Buenas tardes, muchachos. ¿Ya pidieron? Aquí está la carta.

Aunque contestaron en coro: "Gracias, ahorita no", Pepe no se contuvo. Ante la mirada lacerante de su madre tomó la carta y le echó un ojo.

—Mi tripa hacía "grrrrr" y yo pensaba "esto es todo lo que yo necesito". Dios mío, todo lo qué había en esa carta. Pero dije: "Un refresquito".

Patricia acortó el protocolo.

—Muchachos, si no comen, al negocio: son un trancazo, están vendiendo como locos. Sé que viven mal y les voy a construir su casa. Solo tienen que firmarme este contrato —y les extendió un papel.

—Mi actitud fue: "Pati, ¿dónde le firmo?" —acepta Pepe.

Durante la entrevista que me da en OCESA, Pepe se toma la cara y no logra contener el llanto.

—Cuando nos dijo "les voy a construir una casa" cambió mi mundo: al fin íbamos a dejar esa cabaña que se estaba quebrando y donde había nacido mi hija. ¿Me entiendes?

Tendido en su cama, solo en su cuarto de Iztapalapa, Jorge llevaba horas componiendo canciones. Como siempre, para que la inspiración no se escabullera prendía una pequeña grabadora de casete, apretaba *record* y cantaba las primeras estrofas que llegaban a su mente. De pronto, aquel día de mediados de los 90 su boca pronunció: "Si en una rosa estas tú, / si en cada respirar estas tú, / ¿Cómo te voy a olvidar? / ¿Cómo te voy a olvidar?".

"Sin pluma ni papel, *¿Cómo te voy a olvidar?* la grabé sobre mi cama". Cuando al cabo de unos minutos terminó la letra, se sentó en su viejo piano acústico de pared Yamaha con las teclas flojas de tanto uso, y su mano derecha probó un arpegio en sí menor (si re fa# si la sol# fa# re si). Al rato, el músico de veintiséis años había dejado lista una entrada instrumental que imaginó ideal para la fuerza de su acordeón y que daba paso al "Amor, amor, amor...".

—La escribí en la tarde-noche —explica Jorge—. Muy bonito, todo se iba oscureciendo. Con en ese atardecer mi alma sentía serenidad.

—¿En algún momento de ese día supusiste todo lo que causaría esa canción?

—En esa época yo les insistía a mis hermanos: "Tenemos un estilo diferente: sabroso, rico, guapachoso, bailable, alegre. Un ritmo que entra." Pero no imaginé que ese tema llegara a todos los países de América.

—La letra es dura. ¿Vivías un amor doloroso?

—La mujer que quieres no te quiere y ella quiere a otra persona. El amor no correspondido ha marcado mi música. Quería a alguien y llegué tarde.

Para el disco que Disa y Los Ángeles Azules preparaban en ese 1995 estaban ya definidas las diez canciones. A días de viajar a Monterrey para grabar en el estudio, Pepe y "el Doc" pidieron a Jorge que tocara todos los temas para analizarlos en calma. Cuando acabó, sentían que algo faltaba.

—¿Y si metemos esa otra canción, la que empieza con tu acordeoncito de "parapapá/paraparara"? —le propuso "el Doc".

—No, esa todavía no. No da.

—Ese tema está bueno: se oye mejor que otros —le insistió.

—Pepe y yo —recuerda "el Doc"— teníamos el gusanito de que ese era el bueno. Lo presionamos tanto que aceptó con la condición de que lo practicáramos todos.

Jorge exigió ensayarlo a marchas forzadas, incluso el mismo día que volaban a Monterrey. Antes de subir al avión había tomado una decisión: eliminar el tema *Nacido para amarte* e incluir *¿Cómo te voy a olvidar?*

Ninguna otra decisión en la historia de Los Ángeles Azules fue tan afortunada.

El éxito radial y en ventas se reflejó en giras que hacían delirar a plazas de Estados Unidos, Bolivia, Paraguay y, sobre todo, Argentina, donde hasta hoy pueden llevar a veinte mil personas.

—En Argentina andamos a ciento ochenta kilómetros por hora de un concierto a otro para llegar. Y si vieras las filas de mujeres. Qué mujeres. Así como aman el futbol aman a Los Ángeles —dice Pepe.

La banda también ha recorrido cada átomo del territorio mexicano. En el autobús, Alfredo, el abogado, lee sus expedientes. Elías, líder del grupo, habla en celular para cerrar acuerdos. Lupita y Cristina platican bajito en la parte del frente. Pepe, corazón de la banda, bromista y cábula, hace más tolerables los larguísimos viajes. Y Jorge, director musical, compra tortas para que el grupo coma durante los traslados y además compone.

—A todas horas y en cualquier lugar compongo. Por ejemplo —me dice en la sesión de fotos para una revista— ahorita antes de que me maquillaran, me senté e hice una canción.

Saca una hoja escrita con pluma azul y leo: "Cómo es el amor tan bonito, grande tan dulce y tan generoso, / me siento bien amándote, / entregándome todito completo".

En la puerta del camerino un papel indica LOS ÁNGELES AZULES 16:50-22:30. A los muros, la alfombra y el mobiliario negro apenas los ilumina una lámpara blanca. El grupo baja de la camioneta, camina atrás del escenario del Estadio "Palillo Martínez" y entra. Cristina y Lupita se sientan y como estatuas dejan que las peinadoras sumerjan sus manos en sus cabelleras densas.

Pepe va y viene, como enjaulado, frena y me dice:

—Hace poco no estábamos arriba ni abajo y mira ahora: ¡boom!

"El Doc", fuera del camerino, exclama al aire:

—¿Con quién podríamos ver el repertorio?

Un organizador le entrega una hoja con seis canciones y él anota un par de ajustes. Pepe vuelve.

—Vente, me pide.

Caminamos treinta metros, subimos una escalera y nos paramos en una terraza junto al escenario. Agarrado del barandal, observa la cancha poblada por unas cien personas, los grupitos de jóvenes que desde el fondo se aproximan y a un chavo que abraza, besa y carga a una adolescente de pelo azul y mallas negras.

Abajo, una trompeta suena sin parar: Irving Sánchez, de veinte años, calibra su ejecución mientras a unos metros Jorge acciona su metrónomo y mueve el fuelle de su acordeón Honner entrecerrando los ojos. Ahora se levanta y se acerca a Erick de la Peña, la voz principal, que frente a él canta: "Veo que te sueltas el pelo mirándote al espejo, / mirándote a los ojos". "¡Baja, sube!", le ordena a su pupilo para que matice su voz. Acaban y me acerco a Erick.

—¿Qué te pedía?

—Que sea capaz de transmitir cosas a la gente —responde.

—¿Lo consigues?

—A veces canto y hay gente en un mar de lagrimas: es porque están recordando. Sobre el escenario se me hace un nudo en la garganta.

"¡Llegó el vestuario!", grita alguien, y entra al camerino un carrito con catorce elegantísimos trajes negros con flores rojas estampadas en la espalda. Los músicos cierran la puerta para cambiarse. A los cinco minutos, Pepe sale en porte galán y exclama:

—Feo no soy, lo que pasa es que no tenía ropa.

Faltan minutos para la presentación. "El Doc" sonríe, se muerde los labios, toma agua y se acerca a Camilo Lara.

—Las reacciones bioquímicas que se conjuguen hoy pueden generar una reacción tremenda —le dice—. Esas reacciones neurológicas en conjunción, ¿qué te dan? Una reacción del sistema nervioso.

"El Doc" le habla como un verdadero Doc y Camilo ríe.

—¡Hola, hola! —irrumpe en el camerino Ximena Sariñana, que hará uno de los dúos. De faldita gris ceñida en su figura, reparte besos.

—Uy uy uy, qué elegancia —le dice sonriente a "el Doc", que apenado se ajusta el moñito rojo sobre su camisa—. Precioso moñito —agrega ella.

—Nooo, por favor —revira él ruborizado—. La elegancia es toda tuya.

Ha llegado la hora. Los veinte músicos se juntan para una foto y lanzan una porra: "¡Uno-dos-tres, cumbia!".

Hay sonrisas tensas, manos que se frotan, gritos nerviosos,

trombones y trompetas que alargan el calentamiento. El grupo camina en comitiva y se dispone a subir una rampa. Pepe da un giro.

—Ahorita te veo, primero Dios —me dice ansioso y me da un abrazo.

Un manto de miles de jóvenes es iluminado por luces blancas frente a Los Ángeles Azules que ya pisan el escenario y hacen un silencio: Jorge mira al público, voltea a ver a sus músicos y con la cabeza da una señal.

Ahora sí, ya suena el si re fa# de su acordeón. El mismo arpegio en sí menor que hace cerca de veinte años imaginó recostado en su cama, provoca que la multitud se convierta en una sola voz y cante, una vez más, "amor amor amor".

6

EL INCENDIO DE PAZ

A la noche invernal de la Colonia Cuauhtémoc la adormecían los acordes sentimentales de "Radio 620, La música que llegó para quedarse". El velador Alberto Ortiz, arrullado por la voz acaramelada de Johnny Mathis o algún otro baladista, dio vuelta a la hoja del libro que tenía enfrente y en ese instante, justo cuando estaba por leer el párrafo más elevado de la nueva página, giró la cabeza a su izquierda para cerciorarse, en una fracción de segundo, que todo estaba en orden. Lo hacía siempre, como un tic de responsabilidad, aunque nunca pasara nada. Pero esta vez, con ese vistazo a la pétrea desolación de la calle Río Guadalquivir, descubrió a un desconocido que miraba hacia arriba, atento, como si esperara que un habitante del edificio marcado con el 109 se asomara.

El velador, despreocupado, intentó volver a lo suyo. No pudo. El apacible tiempo navideño de 1996 se aceleró de improviso. Ahora eran dos hombres los que miraban hacia arriba, y ahora tres, y cuatro, y cinco. Alberto no espero más.

—Cuando ya formaban un grupo me pregunté: "¿Qué les llama la atención?", y dejé el libro.

Se incorporó, dio cinco o seis pasos, abrió la pesada puerta de vidrio templado y salió. Como una estaca sobre el pavimento, inmóvil, alzó la cabeza y vio atónito que el departamento 105 iluminaba la calle con una imprevista, espesa y poderosa luz naranja, cómo un faro en la oscuridad.

—Salían llamas y humo —dice alzando los ojos en el *hall* del corpulento edificio de doce pisos que aún cuida, como si hoy, diecisiete años después, viera el mismo fuego.

Apresurado, Alberto —entonces de treinta y nueve años— corrió hacia su escritorio, sacó una vieja Sección Amarilla y marcó a los bomberos. Un minuto podía hacer diferencia: en el departamento que devoraban las lenguas ardientes estaban en ese momento la francesa Marie-José Tramini y su esposo, el escritor más reconocido de México y desde hacía seis años Premio Nobel de Literatura, Octavio Paz. Junto a ellos, había un multicolor tropel de gatos (pardos, siameses, barcinos, negros) encabezado por el adorado, pendenciero y orgulloso Nagara, "el Patriarca", que por ninguna razón debía morir.

Perseguido por el presidente Álvaro Obregón, el revolucionario zapatista y abogado Octavio Paz Solórzano debió huir del país cuando su hijo tenía solo cinco años. Por eso, ausente el padre, el pequeño Octavio se crío con su abuelo viudo, Ireneo Paz, un octagenario adorable, sarcástico, genial y seductor, con una vida policromática y apasionada: participó en la guerra contra los franceses en Colima; fundó periódicos como *La Patria*; escribió *Vida y muerte del más célebre bandido sonorense, Joaquín Murrieta*, además de otras divertidísimas novelas históricas, dramas y comedias. Pero quizá nada selló más el alma de Octavio que una virtud de don Ireneo, descrita así por el poeta: "Creía que la risa es la mejor cura de los desvaríos humanos". Octavio Paz, al que su propia risa le era esquiva, atesoró la risa del abuelo.

Don Ireneo llevaba a su nieto a pasear, a departir a la residencia de la hermosa actriz Mimí Derba, y un minuto antes de comer, como si fuera un niño juguetón que festejaba los placeres del paladar, "tomaba un viejo cuerno de caza, colgado de una pared, y haciéndolo sonar con grande estrépito, daba vueltas y vueltas por el jardín y alrededor de la casa. Yo lo seguía, tocado de un gorro de papel periódico que él mismo había confeccionado y que recordaba vagamente a los tricornios". Y los ratos libres también eran buenos para estar juntos: "Lo que yo prefería en esos tiempos era sentarme a su lado, en el balcón donde leía o veía pasar las horas, para oír sus cuentos e historias (...) Mi compañía lo divertía y a mí la suya me asombraba".

Don Ireneo llegó a su casa arrastrando su bastón tras un día de paseo una noche de 1924, cuando Octavio tenía diez años. "Me siento mal", dijo. Su hija Amalia le deshizo el nudo de la corbata, y la madre de Octavio, Josefina, se apresuró a llamar a un médico. Pero en cuanto ella se disponía a girar el disco de marcación "el anciano mascullló algo ininteligible, movió la cabeza como para decirle adiós al mundo y murió (...) Fue el primer hombre que vi morir", escribió Octavio Paz setenta y dos años después de ese día y añadió: "le debo a él y a su biblioteca esas lecturas que me formaron". Paz heredó la biblioteca de su abuelo, la misma que en 1980, al irse a vivir con su esposa Marie-José a la calle Río Guadalquivir, colocó con orden metódico en la sala, como un templo antiguo destinado a un dios desaparecido. Al lado de la estantería de madera forrada de antiguos títulos colgaba la condena de ese legado: una cortina.

LA GATA NOS SALVÓ

Del otro lado del teléfono, una tarde de marzo del 2014 se escuchan maullidos. Rodeada por sus gatitos, Marie-José, viuda de Paz, acepta recordar la noche del 21 de diciembre de 1996, el día que el departamento de tres plantas que ocupaba con su esposo desde hacía dieciséis años quedó hecho cenizas.

—¿Cómo ocurrió?

—Veíamos la televisión en un cuarto de abajo a las diez y media de la noche; creo que las noticias. De pronto se oyó un ruido. Nos asustamos, pensamos que un ratero había entrado en casa porque la empleada doméstica acababa de irse. Nos dijimos "¿qué es eso?" y subí. El ruido fue porque la gata había tirado una charola que estaba en la mesa, asustada por lo que yo vi en ese momento: la cortina en llamas. Con ese ruido, que fue nuestra alerta, la gata nos salvó.

—¿Y usted qué hizo?

—A gritos avisé "¡fuego!" para que alertaran a los bomberos. Abrí las grandes ventanas de la cocina para que saliera el humo y con Octavio avanzamos hacia la entrada. Como se fue la luz, yo me guiaba apoyando mi mano contra el muro. Salimos, golpeé la puerta de la vecina y avisé gritando de una posible explosión. No lo quiero recordar, no sé por qué digo todo esto. Fue un *shock* brutal. De verdad, un minuto más ahí dentro y nos asfixiábamos.

Cuando el velador, Alberto, avisó a los bomberos que había un incendio en su edificio y colgó el teléfono, alcanzó a ver por los huecos de la escalera principal los pies de Marie-José y Octavio Paz. Enfermo de flebitis —un mal circulatorio que le restringía los movimientos en las piernas— el poeta luchaba por alcanzar el vestíbulo. En total bajó setenta y nueve escalones, setenta y nueve pequeñas torturas agudizadas por su paso, irremediablemente lento.

—¡Alberto, Alberto, se quema mi departamento! —gritó ella.

—Ya vienen los bomberos, señora —respondió el conserje observando el rostro de Paz, lánguido, asustado y pálido.

"Como se veía muy enfermo, cabizbajo, le puse a él y su esposa dos sillas." De inmediato, buscó proceder con claridad: subió a la azotea y cerró las llaves de gas ("pensé: 'Un flamazo puede hacer volar los dos tanques'"), y al bajar, piso por piso, tocó las puertas de los vecinos para advertir que se incendiaba un departamento y que debían bajar.

Cuando estaba en el umbral del departamento 105, tomó un extintor y lo dirigió a las llamas: "Fui muy ingenuo: me acerqué, pero el calor era tan intenso que era imposible pasar y tuve que soltar el extintor". En el mismo piso divisó un cubo de cristal que guardaba una manguera. Se quitó un zapato y lo estrelló contra el cubo. "Los cristales se botaron y se clavaron en la palma de mi mano". Sangrando trató de entrar con la manguera, pero el calor era feroz. Bajó al *hall*, donde unas cien personas, entre vecinos y policías, contaban angustiados el paso de los minutos. El fuego empezaba a extenderse en el departamento contiguo, el 103, donde la condómina María Luisa Rosales atestiguaba cómo quemaba sus cortinas, un biombo y papelería. Y en el 202, el departamento de arriba, estallaban los vidrios sometidos por el calor.

Octavio Paz, pálido en su silla, recibía la atención de Teodoro Cesarman, su médico de cabecera, que lo dotaba de oxígeno y revisaba que el humo que hacía minutos había inhalado no hubiera empeorado su salud.

El escritor, silencioso, miraba a la nada.

Los bomberos no llegaban, el fuego se expandía.

Los bomberos de Tacuba recibieron al filo de las diez de la noche una orden de la Estación Central: mandar un carro bomba a Río Guadalquivir 109, donde un departamento se estaba incendiando. Ángel Zavala, bombero tercero de apenas veintidós años, escuchó el estridente sonido de "la cazuela" (la alarma que avisa de una emergencia) y veloz trepó junto con cinco compañeros a la unidad 065, un vehículo American Lafrance con tres mil ochocientos litros.

"Llegamos y la chamusca ya estaba grande —recuerda Zavala—. El fuego se había propagado, las llamas salían por la ventana y los vidrios estaban reventándose."

Había que atacar la conflagración por dos costados: un grupo de seis bomberos entraría por la puerta principal del departamento, y otro, formado solamente por Ángel y su compañero Germán Gómez, a través del patio elevado del departamento. Para alcanzar ese punto, apoyaron una escalera en la fachada del edificio. Germán subió con Ángel acompañándolo detrás; ambos con la manguera en sus manos. Cuando Germán dio un salto y entró al patio, Ángel intentó hacer lo mismo: "Y entonces pasé a amolarme". Al brincar, su pie derecho se hundió accidentalmente en una zanja de cuarenta centímetros de profundidad creada para el agua de lluvia. "Sentí caliente-caliente, y el chamorro me empezó a doler. Traté de no alzar el pie, sino arrastrarlo, sin perder de vista mi objetivo: ayudarle al 'pitonero' Germán a cargar la manguera." Fracturado del peroné, con un dolor que lo doblaba, el bombero vio lo que quedaba del hogar de Paz: "Todo aventaba fuego y estaba súper incendiado, con la sala y la mesa de centro completamente consumidos, hechos carbón". El humo negro opuso resistencia. "Lanzábamos el chorro y desde la sala nos atacaba un humo espeso, sofocante, inaguantable." Finalmente, luego de una hora de trabajo, el fuego se extinguió y varios elementos se quedaron a retirar escombros, enfriar la estructura y apagar las brasas. Ángel, con la pierna destruida, no podía dar un paso más. Llegó la ambulancia del ERUM, los paramédicos le pusieron una férula y lo bajaron en camilla desde las alturas del departamento.

En la madrugada del domingo, lo último que Ángel vio antes de partir hacia el Hospital Mocel fueron los flashes de los reporteros gráficos que sobre la calle cubrían el incendio para nutrir sus secciones policiales. El lunes por la mañana, enyesado, pidió que le compraran los periódicos. Las breves notas que ese día —víspera de Noche Buena— el bombero pudo leer, daban el mismo veredicto. "Se presume que se trató de un cortocircuito", publicó *El Universal*. "Al parecer por un corto circuito se produjo el incendio", estableció *El Heraldo*. "Se cree que el incendio fue ocasionado por un corto circuito en un televisor", indicó *La Jornada*. "Un corto circuito provocó el incendio", informó *El Sol de México*.

Hoy aparecen dos voces disidentes: el culpable del incendio, aseguran, maullaba.

El fuego persistía y Marie-José y Paz se quedaban sin casa. La mujer, en instantes en que los bomberos atacaban las llamas, se acercó al velador.

"Alberto, le encargo mis gatitos. Por favor, haga lo que pueda por ellos", le rogó.

Acto seguido, el conserje subió al primer piso.

—Mientras los bomberos trabajaban les dije: "La señora tiene gatitos y son su familia —recuerda Alberto—. Si los encuentran, cuídenlos, por favor. Yo los recojo".

Han transcurrido cerca de dos décadas desde aquella noche de diciembre. Marie-José nunca rentó el departamento ni volvió a vivir en él. En cambio, unos quince gatos —casi todos descendientes de los felinos protagonistas del incendio— ocupan, por decisión de ella, el departamento de su propiedad.

El administrador del edificio, Arturo Águila, se agarra la cabeza:

—El departamento de la señora está en una junta constructiva con un edificio aledaño donde hay un despacho: como ya no podían más de olores y humedad hicieron un boquete en el muro, se metieron y sacaron cuatro cubetas llenas de meados de gato. Se reproducen como conejos. Y por eso tenemos un roce con la señora Paz. Dice que ni con una orden judicial va a sacarlos. Por más que le pedimos ayuda, no podemos hacer nada: es muy influyente.

El administrador, un obsesionado de la historia del llamado Condominio Reforma Guadalquivir que creó en 1955 Mario Pani, atribuye la tragedia a la fuerza animal.

—Un gato tiró un calentador de aceite, se prendieron la alfombra y las cortinas. Los gatos causaron el incendio aunque ella dice que fue un corto circuito.

En el *lobby* me reúno con Alberto, velador del edificio desde hace veintitrés años. Sobre su cabeza, colgado de un muro, hay un vetusto tablero dorado con la lista de condóminos que informa 105-VDA. DE PAZ, pese a su larga ausencia.

—¿Qué ocasionó el incendio? —pregunto al velador.

—Imagino que los gatitos tumbaron una lámpara.

Pasada la medianoche, extenuados, sudorosos, los bomberos se despidieron.

El conserje recuerda las últimas palabras del primer inspector de Bomberos, Miguel Félix: "El fuego está controlado, ya no hay riesgo, la gente puede subir a sus departamentos". Ni así Alberto halló la tranquilidad: en la entrada, bloqueados por una tranca, se agolpaban reporteros ansiosos que buscaban declaraciones suyas, de Paz o de Marie-José, o fotos de la devastación. Como un soldado, Alberto dijo no a todo y solo hasta que los periodistas de las guardias policiales volvieron a sus redacciones, el matrimonio salió a la calle para que el doctor Cesarman los dejara en el Hotel Camino Real.

Entonces sí, el conserje se dispuso a regresar a casa.

—Terminé muerto: ahumado, lleno de tierra, polvo y con la mano cortada.

Necaxista de cepa, había perdido la emoción por la final que en horas los Rayos jugarían ante Santos Laguna: "Increíble, pero ni de eso me acordaba".

El conserje volvió a encargarse de la custodia del edificio la siguiente semana, la última de 1996, pero el edificio de Río Guadalquivir nunca más fue lo que era.

—Recuerdo que el señor Octavio bajaba de su departamento, salía a caminar y regresaba. Siempre me saludaba amable: "Hola Alberto, ¿cómo estás?". Después del incendio el Señor Octavio nunca más regresó.

Cuando salió el sol de aquel claro domingo invernal que prosiguió a las llamas, Marie-José abrió los ojos en su nueva morada, un cuarto de hotel. No se permitió un duelo: sacó fuerza del dolor y volvió al edificio. Quería hacer un balance de la desgracia y, sobre todo, conocer el destino de sus gatos y, claro, de Nagara, "el Patriarca", como lo llama. Le pidió a Paz esperarla en el hotel. Él, acaso imaginando el único y horrendo escenario posible, aceptó sin objetar.

El portero de guardia la vio llegar y abrió un cuarto: quince felinos maullaron alegres; entre ellos, el querido Nagara. Marie-José lo tomó entre sus brazos.

—Muy amables, los bomberos me hicieron caso y fueron rescatando a los gatitos —relata el conserje.

Quince, en total.

—Unos se salvaron y otros murieron asfixiados —explica ella— del mismo modo en que nosotros íbamos a morir. Si abría las puertas un segundo después no habríamos escapado ni sobrevivido.

—¿Qué gatos sobrevivieron?

—¿Por qué me pregunta eso? ¿Le gustan los gatos? —se extraña.

—He leído que eran un afecto importante para Octavio Paz.

—Murió una gata con sus dos crías, muy bonitas. No pudieron salir del departamento. No recuerdo el nombre de ella ni quiero recordarlo. Nagara, "el Patriarca", se salvó por estar en el patio. Octavio adoraba a todos los gatos.

—¿Es cierto que tenían unos ochenta gatos?

—¡Ja, ja, ja! —a Marie-José la doblega un ataque de risa durante veintiséis segundos—. ¿Qué le pasa? Me hace reír usted; es que me imaginé ochenta gatos juntos. Usted está mal. Lo más que tuve fueron doce —dice sin contener las carcajadas.

—Existe una versión que inculpa a los gatos: uno o varios animales habrían tirado un calefactor de aceite que desató el incendio...

—Mentira. ¿De dónde salió ese calefactor y esas estupideces que me dice? No había calefactor. Mentira. ¿Y usted dijo ochenta gatos, como Alí Baba y sus cincuenta...? Me hace reír. Un calefactor, ¿cuál? Pura mentira, ¿cuál calefactor? Mentira, ¡qué barbaridad! Fue un corto circuito porque era un edificio antiguo. No teníamos veladoras ni árbol de Navidad que son lo que en esa época causan incendios. Los cables eran antiguos. Disculpe, ¿qué me preguntó?

—Lo de esa hipótesis: el calefactor.

—¿Qué le dijeron? —me cuestiona Marie-José.

—"Un gato tiró un calefactor que expandió el fuego."

—¡Qué barbaridad! El incendio empezó en una cortina que estaba junto a un cable. Vi las cortinas y empecé a gritar. Seria interesante ver quién es el imbécil que inventó esas cosas, que dijo esa monstruosidad.

VIVIR ES DESVIVIRSE

La mañana del 22 de diciembre de 1996 Marie-José subió al departamento y abrió la puerta. Apenas pudo dar unos pasos. Los cientos de recuerdos que ella y Octavio habían conseguido en sus viajes por India (donde fue embajador) y otras partes del mundo eran despojos calcinados; los muros eran escombros renegridos; y los poemas dedicados a él por amigos escritores, antiguas partituras y cientos de libros de la biblioteca del poeta, ya no eran nada. Con suerte, cenizas.

Tampoco había rastros de la biblioteca que don Ireneo Paz legó a su nieto. Las cámaras de Televisa transmitieron las áreas carbonizadas del hogar donde el poeta había escrito trece libros (entre ellos *Sor Juana Inés de la Cruz o las trampas de la fe* y *La llama doble*, así como cientos de artículos periodísticos).

—¿Qué efectos tuvo en Octavio el incendio? —pregunto a Marie-José.

—Fue dramático. ¿Cómo no iba a afectarle? Era nuestra vida. Lo más valioso que perdió fueron todas las primeras ediciones de sus libros. Todo lo de su abuelo, los libros heredados, y nuestro entorno de vida en los países donde vivimos se quemó: miles de objetos, pinturas, compradas en Afganistán, Manila. Todo se redujo a cenizas. Le dolió mucho.

—¿Cómo reaccionó Octavio ante la devastación?

—Fue impresionante cuando vi la casa destruida. ¡No, no, no!, qué bueno que no dejé a Octavio ver ese horror, que nunca se le quedó esa visión. Eso me consoló: evité que se enfrentara a lo que pasó.

—Después, cuando usted le contó, ¿se mostró dolido?

—Imagínese, fue terrible cómo ardió todo. Indescriptible. Pero la noche del incendio me dije "lo más importante es la vida" y tomé una decisión brutal: no sufrir, no llorar por lo material, sino pensar que habíamos salvado la vida. De inmediato, el presidente Zedillo nos mandó un equipo para quitar escombros, vidrio, agua, y reconstruir. Fue maravillosa su ayuda ante el desastre.

Aunque Octavio prefirió el silencio, soltó al periódico *Excélsior* las siguientes palabras: "Algunos de los libros los heredé de mi abuelo, había pinturas y objetos que recibí como regalos por muchos años, por toda una vida". Y a *La Jornada* declaró: "Cuando vi el humo pensé: si esto sigue voy a morir".

Como un último homenaje a su abuelo, Octavio Paz optó por su lenguaje: las letras. El número 243 de su propia revista, *Vuelta*, de febrero de 1997 (la primera editada tras el incendio), comienza con "Silueta de Ireneo Paz", un luminoso homenaje a su padre-abuelo, para el que extrajo de su memoria aquella escena inolvidable: el anciano tocando un cuerno, seguido por su nieto, dando vueltas alrededor de la casa para festejar, simplemente, la hora de la comida.

Nunca se sabrá si la flebitis de Octavio Paz se agudizó por el incendio del departamento 105 o si el incendio contribuyó a que el cáncer lo atacara meses después en su nueva casa de Coyoacán, donde pasó sus últimos días ("siempre dijo: '¡Esta no es mi casa!'", aclara Marie-José). Su amigo, el poeta español Juan Antonio Masoliver, lo llamó por teléfono: "Enfermo y abatido por el incendio de su casa, me dijo que no escribía".

Octavio Paz, el hombre que escribía desde niño, dejó de hacerlo. Y entonces la vida perdió sentido. La agonía fue corta.

—El departamento no se ocupa desde ese día. ¿Qué siente al entrar? —pregunto a la viuda.

—Uno no se recupera de un dolor así —dice—. ¿Cómo hacerlo tras perder tanto? Es tremendo. Pero fui valiente al decir: "Solo es importante la vida".

—Oiga, y...

—No quiero hablar más porque tengo gripa y no puedo forzar la voz. Ya le dije muchas cosas y, sobre todo, me hizo reír con su historia de los ochenta gatos —se vuelve a carcajear—. Todavía me hace reír su historia. Adiós, tengo que reposar.

—Solo dígame qué representa para usted Octavio Paz.

—No es una pregunta profunda. ¿Sabe qué pueden representar cuatro décadas con un ser así, una vida intensa como la que vivimos? No puedo contestar.

—Y si piensa en Octavio Paz, ¿qué es lo primero que imagina?

—El amor, claro. Releo sus libros todo el tiempo, muchas veces llorando. Me asombra, me maravilla, y a veces me pregunto: ¿por qué tuve yo el gran privilegio de vivir a su lado?

Octavio Paz murió en su nueva casa de la calle Francisco Sosa ("¡no es mi casa!", refutaría) el 19 de abril de 1998, a los ochenta y cuatro años. Uno de sus últimos poemas, quizá el último, decía así:

¿La vida es inmortal? No le preguntes.
pues ni siquiera sabe qué es la vida.
Nosotros lo sabemos:
ella también ha de morir un día
y volverá al comienzo, la inercia del principio.
Fin del ayer, del hoy del mañana,
disipación del tiempo
y de la nada, su reverso.
Después —¿habrá un después,
encenderá la chispa primigenia
la matriz de los mundos,
perpetuo recomienzo del girar insensato?
Nadie responde, nadie sabe.
Sabemos que vivir es desvivirse.

7

LA MARCHISTA DEL MILAGRO

Violeta, esmeralda, rosa, verde y natural. Los largos dedos de Guadalupe González se hunden con sus uñas de distintos colores en el Cramergesic, el ungüento ámbar de cada entrenamiento. "Para que los músculos no me duelan", explica tímida, con su voz bajita, y cierra el bote que descarga efluvios de mentol a una calle de Metepec.

El fresco de la noche lluviosa se afianza al amanecer, cuando la fisioterapeuta, la doctora y el entrenador bajan presurosos de una camioneta Transit para vigilar la biomecánica de Guadalupe al caminar. Inspeccionarán sus estiramientos, sus zancadas, las flexiones de la marchista mexicana campeona del mundo. Medirán con vehemencia las señales de su cuerpo porque no hay atajos para la victoria: su equipo observa a la chica de veintisiete años con la concentración de quien tiene a su cargo una máquina complejísima. Poderosa, sí, siempre y cuando todo esté bajo control, pero vulnerable si conspira cualquier distracción.

Hay pocas explicaciones para entender el fenómeno de Guadalupe. En octubre de 2012, la joven que por años había corrido carreras de pista en eventos estudiantiles decidía dejar el deporte debido a una lesión en la rodilla. Menos de cuatro años después ya era número uno del planeta en veinte kilómetros y la mujer en la historia del continente americano que caminaba más rápido esa distancia.

Aún no son las ocho en este punto del Estado de México donde amarra en silencio las agujetas de sus tenis rosa. Dos audífonos del mismo color la abstraen del entorno de la Avenida Ignacio Comonfort que cerca invade con sus ruidos motorizados el jueves que comienza. Se saca un auricular de la oreja izquierda, el otro de la derecha.

—No puedo marchar con ellos, tengo que oír los carros —dice

la delgada morena que elude el peligro con sus ojos rasgados, pero también con su alerta audición.

—¿Qué música estás escuchando? —le pregunto.

Guadalupe suelta risitas apenadas.

—Déjame ver cuál te puedo decir... Una música normal.

—¿Normal?

—Bachata. Pero no sé bailaaar —se ríe, como si no hubiera perdón de que una mujer que oye bachata, aunque nacida en Tlalnepantla como ella, no se moviera como dominicana.

Stop. Ahora sí, aprieta un botón para acallar al romántico Romeo Santos, que ya deja de cantar "Dígame usted si ha hecho algo travieso alguna vez. / Una aventura es más divertida si huele a peligro".

"Poste, glorieta y paso por la coladera 12.45", le informa a su entrenador, Juan Hernández, hombre recio de setenta años y gorrita que oculta un ceño fruncido. La mujer que luchará en Río de Janeiro por recuperar el poder histórico de la marcha mexicana luego de tres Juegos Olímpicos sin triunfos se pierde en el fondo de una calle con camellón, la misma donde un camión de carga del Sindicato Libertad sale de una construcción: sus enormes borbotones de carbono manchan de negro el aire que la joven respira. En esa misma nube, sin embargo, ella es capaz de divisar otro color: dorado metálico.

Su hermano mayor volvía a casa con las huellas de las hemorragias y Lupita no se asustaba. En cambio, quizá porque la sangre le causaba una oscura fascinación, un día le dijo "llévame". El joven de diecisiete años aceptó que su hermana un año menor entrara en el Centro de Convenciones Tlalnepantla.

La adolescente vio el lúgubre galpón lleno de hombres en camiseta procedentes de los municipios más pobres del Estado de México. Entre penumbras saltaban la cuerda, jadeaban, retaban a sus *sparrings*. Sudor, dolor, virilidad, sacrificio. "Me encantó", recuerda. ¿Dónde estaba la magia de aquello? "Ver cómo le pegaban al costal, a la sombra para mandar golpes, pegar a la pera, saltar la cuerda", dice.

Asumió la disciplina de volver de la preparatoria, ponerse *pants* y cargar sus guantes para entrenar cada tarde.

Apaleado, un día su hermano dijo basta. "Él se salió pero yo seguí." Aunque bajita y liviana, sus virtudes ya las sufrían sus rivales de combates amistosos. "Me movía mucho, tenía largo alcance y buen recto de derecha." Un año tardó la recompensa: boxearía en el Torneo Guantes de Oro Femenil. Ganó la primera pelea, la segunda, la tercera, la cuarta. Un mes después de debutar como profesional, María Guadalupe González Romero se ganaba el derecho de protagonizar la final categoría Paja. El escenario, la Arena México.

Aunque su propio peso insignificante se reveló como un rival peligroso, las autoridades la dejaban enfrentar a chicas más robustas. Todo por la gracia de su vejiga capaz de recibir 2.5 litros de un jalón: un prodigio de flexibilidad: "Pesaba 44 kilos y para dar 46.5 tomaba agua. Poquito de trampa, pero era válido (*sic*)".

El miércoles del pesaje sus padres le advirtieron que podría ir a la ceremonia solo si antes cumplía sus obligaciones. "Hice mi tarea en la escuela y les dije: ya lo tengo todo." Lo siguiente era apurarse para llegar al pesaje y antes apelar al truco de siempre: agua. Bebió y bebió y con la panza inflada subió a la báscula. Dio el peso y esperó la llegada del gran día, el sábado a la noche. Pero en la víspera el teléfono sonó.

—Me dijeron que no podía asistir. Dije: "¿Cómo?".

No hubo negociación.

—Me dejaron fuera por mi peso; estaba demasiado ligera.

—Eso debe haber sido...

—Doloroso, horrible —interrumpe—. Lloré muchísimo.

Pero el golpe final no fue ese.

—En mi lugar peleó la esposa de mi entrenador.

Su duda aún no se disipa: ¿qué razón la excluyó de la final?

—Hubiera querido llegar a Juegos Olímpicos en box. Se esfumó todo —lamenta Guadalupe.

Decepcionada, dejó los guantes y no hizo deporte por un año hasta que un sábado su familia acudió al Instituto Tecnológico de Tlalnepantla para ver jugar futbol a su primo Isaac.

Su padre, empleado municipal, notó que durante el partido la mirada de Guadalupe se iba hasta el lado opuesto de la pista de arcilla que rodea el campo; varios corredores competían.

—Me preguntó: "¿Quieres ir a ver?". Y le dije: "Vamos".

Minutos después, Enrique, su papá, le preguntaba al entrenador José Luis Peralta si podía entrenar a su hija. "Mándemela el lunes y vemos."

Ese día, el entrenador le descubrió cualidades. Empezó a entrenarla en cuatrocientos y ochocientos metros planos, y en cuatrocientos metros con vallas. La joven que poco después comenzó a estudiar la licenciatura en informática obtuvo medalla en las tres pruebas de su debut en el Encuentro Nacional de Tecnológicos.

Aunque la suma de metales prosiguió, a los tres años se produjo la desgracia: un accidente en una valla le lesionó la rodilla derecha. A cada paso, los dolores le calaban hasta el alma. "Visitamos infinidad de médicos. Unos decían que me había rasgado los meniscos y otros que era el hueso."

Los diagnósticos no coincidían, no había tratamiento efectivo y era cada vez más duro competir. En su último certamen de tecnológicos, en Durango, Guadalupe llegó a las finales, pero destruida por el dolor no las disputó. Un parte médico final indicó que si quería seguir siendo atleta debía fortalecer los músculos contrarios a la carrera; es decir, los de la marcha.

¡Eureka! El profesor Peralta, ex competidor en marcha, le mostró el abecé de la caminata, le pidió imitarlo y la observó.

—Dijo: "Tú vas a ser marchista". Le digo: "No, yo no voy a ser marchista. Me voy a recuperar y ya, se acabó" —recuerda ella.

Peralta se empecinó. Ese día de 2012 decidió inscribirla en los cinco kilómetros de marcha. Y lo increíble ocurrió: fue segundo lugar. El entrenador era consciente de que estaba ante un diamante. "Una más", le suplicó.

—¿Qué hiciste? —le pregunto a la deportista.

—Ya me había desesperado. Estaba terminando mi carrera y haciendo mi servicio social en el Sistema de Administración Tributaria (SAT). Fue: "Se acabó, voy a trabajar". Me insistió seis meses y yo: "No voy a ser marchista". Estábamos peleando, y le digo: "Profe, déjeme en paz".

Peralta hizo un ruego final. "Por mí, inténtelo una vez". Cuando Guadalupe respondió "está bien", él supo que era momento de delegar y la llevó con un entrenador amigo. Juan Hernández, discípulo del célebre maestro polaco de marcha Jerzy Hausleber, recibió a una joven malhumorada, lesionada y poco entusiasta. Pero él, tipo duro, de pocas palabras y mirada de águila, no concedería indisciplinas. "Le expliqué: la marcha es estirar rodillas, ir erguido y dar pasos largos. Y olvídate de papitas y gansitos", cuenta el profesor. Ella solo rogó licencia de echarse su pancita dominguera (el permiso del profesor sigue vigente).

Medio año después la marchista acudió al Campeonato Nacional de Primera Fuerza, carrera élite de México, pero ahora no en cinco kilómetros, sino en veinte. En su primera competencia en esa distancia fue cuarta con una hora y treinta y siete minutos.

Ahí presente, José Luis, su ex entrenador, se acercó corriendo.

—Llegué acalambrada —narra—, me tiré al pasto y me dijo: "¿Ve que sí puede?", y le dije: "Profe, quedé cuarta". Me dijo: "¡Aquí no vea el lugar, vea el tiempo que acaba de hacer! Nadie en esta vida mete en su debut una hora y treinta y siete minutos".

Peralta insistió. "Una más". "Una más, está bien", respondió Guadalupe.

HAMBURGUESA, PAPAS Y *SUNDAY*

—Por favor, chequen si hay perros —pide el entrenador.

—Echamos un ojo —acepta la doctora Odette Casillas.

Ella y la fisioterapeuta abordan la camioneta y, fija su atención en el exterior, transitan el circuito de tres kilómetros que Guadalupe recorrerá siete veces en la práctica de hoy. ¿Cuál sería su defensa contra un perro callejero que saca sus colmillos ante su enemiga de incesante paso veloz? "No hay de otra, asustarlos con piedras", se resigna la doctora, que cada mañana deja reposar unos minutos el tensiómetro y el estetoscopio para buscar pedruscos que en la vera de la calle colaboren al sueño nacional: una nueva medalla en la disciplina después de doce años de hambruna olímpica.

La atleta ya avanza en el pavimento. Estira y lanza rodillas, mueve caderas, marca talones, baja braceo; técnica rigurosa con mirada al frente, a los lados, de reojo, para eludir los autos que atraviesan la colonia Providencia sin imaginar que la gran promesa mexicana en Brasil es esta chica con figura de libélula y 1.62 metros que camina junto a ellos. Mientras ella irrumpe como cohete, estira sus índices como si tomara una taza de té y controla su ritmo cardiaco mirando el pulsómetro Polar de su antebrazo, su entrenador flota en un planeta opuesto, en cámara lenta: da pasitos lánguidos, arduos, pesados, hasta hallar en el camellón del Bulevar Duraznos un trozo de terreno verde. Desamarra el hilo que une las patas de su banquito, apoya su mochila en la hierba y coloca el pequeño termo-higrómetro que le informa temperatura y humedad: 18.8 grados y cincuenta y cuatro por ciento. Todo lento, la vida puede esperar.

En este suburbio de Toluca no hay improvisación. Sobre la vereda, meses atrás Juan y Lupita marcaron con pintura roja los números de los kilómetros del circuito. Pero el control total de la calle es una utopía: un Fiesta, un SEAT, una Captiva, una RAM, se van cruzando en el camino de la atleta. Por momentos debe desacelerar y cede el paso.

—¿Por qué trabajar en plena calle? —pregunto al entrenador.

—Por lo plano; en terrenos ondulados vienen muchas lesiones. Y aquí trabajo distancia; en la pista, velocidad.

—¿Aunque esté lleno de camiones?

—Nos han respetado, tenemos años trabajando aquí.

En la calle Miguel Hidalgo, Lupita se desvía porque una alcantarilla a centímetros de sus pies vomita grava, pedazos de plástico, alambres oxidados.

Sedienta, como ocurre cada nueve kilómetros agarra el suero Electrolit que le entrega don Porfirio, chofer del equipo. Hace un buche, toma un trago, escupe el resto y entrega la botella a la fisioterapeuta Julieta García. Paso ágil y constante bajo sus *shorts* azules, Guadalupe tiene en el estampado de su sudadera un pequeño universo de placeres inalcanzables. BEST DAY EVER, dice el frente de su prenda con los dibujos coloridos de una hamburguesa, unas papas fritas y un *sunday* helado y rebosante, guiño a las grasas, los azúcares y los carbohidratos desde otro mundo alimenticio, en el que vive y que respeta como soldado: día tras día verduras y pescado. “Gasta tanta energía que come como un varón de 1.80 metros”, sonríe su doctora. Su cuerpo magro fluye liviano, etéreo, como si en sus pies no hubiera tenis que rebotan, sino patines. Si uno viera exclusivamente el torso de Guadalupe al marchar pensaría que está deslizándose.

La joven esquiva un charco donde chapotean una envoltura de Takis, un vaso de café Andatti, viejas cáscaras de naranja. El entrenador observa que Lupita ya está a unos cien metros. Se levanta de su banco, camina y se agacha para sacar del piso una bolsa, empapada y enredada, que está justo en el sendero que ella cruzará. Segundos después, Guadalupe ya marcha frente a él.

—Catorce minutos y cincuenta y tres segundos —le informa Juan con un grito—. A bajar un poquito ese braceo. ¡Abajo!

Lupita, ya con grandes manchones de sudor que le inundan la ropa, las piernas, la gorra, hace caso y da vuelta en una rotonda bajo la mirada vigilante de su maestro, que gira en su propio eje sin perderle la mirada: es un químico con los ojos puestos en el microscopio.

—Hay que cuidar esa rodilla —le grita él y cuando la atleta se empieza a perder en la distancia Juan vuelve a su banco y agarra una libretita que adentro indica: "14 de julio. Circuito Metepec 3 km ruta. Técnica, 21 km caminata continua. Repeticiones 25/30 cada 5 km". Escribe otro dato y vuelve a esperar que la joven pase a su lado.

Metepec ya presume un sol que ilumina a los que andan por aquí: un vendedor de tacos de canasta, un tráiler transportador de maquinaria, un motociclista que reparte *El Sol de Toluca*, un vecino anciano que pasea con bastón.

La recordista continental comparte con todos ellos su camino.

Hace cerca de cuatro años, Lupita se catapultó al mundo al ganar oro en diez kilómetros en el Campeonato Nacional de Primera Fuerza de Guadalajara.

—Y que el micrófono anuncia: Guadalupe González acaba de calificar al Campeonato Centroamericano y del Caribe de Atletismo 2013 —se ríe—. Y yo: ¡no puede ser!

Sí pudo ser. A su sorprendente destreza se sumó la salud: su rodilla ya no dolía. Y entonces el teléfono de casa sonó. La oficina de Devoluciones y Compensaciones del SAT, donde hizo sus prácticas profesionales, le tenía listo un puesto con buen sueldo, prestaciones y horarios confortables en un tercer piso a unas cuadras de casa.

—Respondí: "Muchas gracias, no voy a tomarlo".

—Se te estaba abriendo una vida de estabilidad...

—Sí, pero me dije: mis sueños siempre han sido unos Juegos Olímpicos. No pude en box, no pude en carrera; vamos a aprovechar.

Una marabunta de victorias se desencadenó. Fue oro de Centroamérica y el Caribe, bronce del Challenge Mundial de Marcha en Chihuahua, y en el Campeonato Mundial de Taicang rompió la marca continental al caminar los veinte kilómetros en 1:28:48. Vino 2015 y no aflojó: logró el oro del Challenge y de la Copa Panamericana en Arica, Chile.

Y si a los éxitos acumulados en dos años les faltaba dramatismo, vino Toronto.

La cámara de esos Juegos Panamericanos la muestra así: Guadalupe se acerca a la meta en un rictus ahogado. Con treinta y ocho segundos de ventaja sobre la brasileña Erica de Sena, la mexicana saca de las entrañas sus últimos restos. Y entonces, irrumpe la imagen traumática vista en YouTube casi medio millón de veces: justo un paso después de que su pecho toca el listón de la victoria y rompe el récord panamericano, se desvanece. La marchista cierra los ojos y se estrella inconsciente contra el suelo.

De inmediato, los médicos auxiliaron a la atleta desmayada y le pusieron suero intravenoso en su viaje en ambulancia a la Policlínica de la Villa Panamericana.

¿Qué fue lo que ocurrió? "La deshidratación fue muy grave. Aunque su mente le decía 'un poco más', su cuerpo no podía. Le dio un golpe térmico y no se pudo cumplir el Ciclo de Krebs (sus células dejaron de respirar y ya no produjeron energía)", explica su fisioterapeuta.

Horas después de la hospitalización logró subir al podio a recibir su medalla.

—La imagen es terrible; te desmayabas un segundo antes y perdías.

—Ni me digas.

—¿Cómo interpretas ese desmayo en el momento justo?

—No lo sé. Antes de la última recta ya no veía nada. Seguí caminando e hice un zigzag (por la ceguera). Me volvió la vista, vi la meta y una persona me dice: ¡métete!, y me metí.

—¿Te acuerdas de cuando rompes el listón?

—No.

Un doctor en el hospital fue quien le dijo: "Ganaste".

Guadalupe apenas pudo sonreír.

—¿Qué pasa por tu mente en una competencia tan larga y extenuante?

—Divagas un poco y sientes el dolor. Pero me digo: ¡sigue, sigue! ¡Si hice tantos entrenamientos este es uno más!

—¿En qué piensas mientras marchas?

—En la técnica; me digo talón-talón, talón-talón.

"Ella domina la técnica. Es su garantía", dice su entrenador. Aunque Lupita muy pocas veces ha sumado en competencia más de una amonestación por despegar los dos pies al mismo tiempo (se permiten hasta tres amonestaciones por "flotar"), se niega a creerse perfecta y dice que cada día la ataca un demonio: su braceo. Suele subir los hombros y esa contracción inhibe el libre impulso de su cuerpo. "Por eso me voy diciendo: abajo, abajo, más abajo".

Aunque se inculpa a sí misma, de no vencer en la lucha contra sus manías no habría calificado a la Copa Mundial de Marcha de 2016, donde compitió contra el top planetario.

Llegó a Roma y pronto supo que no sería un edén. La Federación Internacional del Atletismo le tenía una sorpresa. Pese a ser la mejor de su continente partiría en el grupo del fondo, lejos de las líderes.

—Por mi 'falta de nivel' me mandaron hasta atrás.

La pistola de arranque sonó y, pese a que el esfuerzo inicial podía tronarla, al instante fue a buscar la punta.

—Me abrí rápido y dije: Si me rezago fue todo; tengo que agarrar a las muchachas (del frente) para pelear.

Aceleró y pudo unirse al bloque donde estaban Liu Hong y Shenjie Qieyang. En automático, las chinas le declararon una guerra de contacto físico para cerrarle el paso. Acordando su estrategia a gritos, impedían a la mexicana tomar la delantera.

—Se ayudaban mucho. Trabajan muy bien en equipo y una arriesga para que la otra gane.

—¿Cómo les respondiste?

—Nos dimos dos o tres codazos. Yo no traía a nadie (para hacer equipo) y decía: al menos que no hagan el uno-dos, voy a entrar en medio de ellas.

Lo consiguió. Con un tiempo de 1:26:17, al cruzar la meta había llegado al objetivo de ser el medio del sándwich, con Qieyang treinta y dos segundos atrás y Hong dieciocho adelante. Guadalupe rompió su récord personal, el nacional y el continental.

En el podio, de su cuello colgó la medalla de plata que la hacía la segunda mejor marchista del mundo. Grandes noticias, que luego mejoraron. Los laboratorios del evento revelaron que Hong caminó estimulada por la higenamina, sustancia prohibida por la Agencia Mundial Antidopaje. Descalificada la asiática tras el resultado de sus muestras, Guadalupe González se convirtió en campeona mundial. Se volvió la marchista número uno del planeta en veinte kilómetros. Su calificación a los Juegos Olímpicos rompió todas las previsiones de su entrenador.

—Se me adelantó: yo no la tenía programada para Río, sino para Tokio (2020).

A Brasil irá a verla Peralta, el entrenador que un día le dijo: "Tú vas a ser marchista".

¿Cuál será su estrategia? El arrojo.

—Soy bien impulsiva, bien loca. Todo mundo me dice: "Tienes que ir atrás", y yo les digo: "¡Ay, yo soy muy atrabancada!".

Hoy, la atrabancada no quiere vaticinar su desempeño en los Juegos Olímpicos, pero ya sabe que la estarán esperando las temibles chinas (pese al *doping*, Hong participará).

—Hemos trabajado mucho; no sé si nos alcance para ganar, pero por lo menos para dar batalla.

Mientras la hora se acerca, en su casa de Tlalnepantla varios se van poniendo tensos.

—Tengo dos mamás —me dice de pronto Guadalupe.

—¿Tienes qué?

—Dos mamás.

—¿Cómo?

—Dos mamás.

—Una de sangre y...

—Así es.

—¿Las ves a las dos?

—A las dos.

—¿Qué diferencia hay entre una y otra?

—Las dos son bien lindas.

—¿Viven las dos con tu papá?

—Sí. Pero no crea, es muy complicado; no es lo que ustedes

piensan. A mi mamá biológica no le tocó la suerte de que mi padre le respondiera. Los tíos de mi papá se encargaron de nosotros; para mí son mis papás.

De niña, aunque el modelo familiar era atípico, sobraba organización. Justina Rodríguez, mamá por decisión, la cuidaba. Mientras que María Romero y Enrique González, mamá de sangre y papá por decisión, abastecían el hogar donde Lupita vivía con sus primos, su melliza y su hermano mayor. "Aunque a una mamá casi no la vi porque trabajaba, las dos son buenas. Y ahorita las dos están preocupadas, emocionadas, nerviosas."

La mujer criada por dos mujeres viene del Estado de México, entidad líder un feminicidios y cabeza de la multifacética violencia de género.

—¿Qué piensas cuando ves lo que les pasa a mujeres de tu estado?

—Dices: ¿cómo puede ser que pase? A veces sufren por su baja autoestima o creen que es lo correcto (el abuso). No se deberían dejar. Nunca nos vamos a comparar con la fuerza (de los hombres), pero también somos fuertes.

—Como mujer del Estado de México saliste adelante...

—Puedo ayudar sobresaliendo para que vean que las mujeres podemos.

En los hoteles, donde vive la mayoría del tiempo, duerme mucho, oye música, ve la tele, pasea por los pasillos y honra el pasado de su disciplina analizando videos de Raúl González, Daniel Bautista y Bernardo Segura. Y también habla con Esteban Santos, su mejor amigo y representante en el mundo real, al que en su confinamiento deportivo ella cada vez tiene menos acceso. "Lo que yo no puedo hacer, él lo hace por mí; hasta ayuda a mi familia."

¿Amigos? Pocos. El deporte de alto rendimiento encapsula. "Increíble, llegas a este tipo de entrenamientos y ya no tienes casi amigos. No puedes salir, te cuidas y a veces no lo entienden; piensan que te niegas."

Su equipo se acerca para que la entrevista concluya: es hora de su masaje. Antes, Guadalupe estira un brazo para que vea algo en su muñeca. Una medalla que le entregaron sus mamás. Es el grabado de san Benito, clérigo al que los católicos invocan para salvarse del veneno, la fiebre y las tentaciones: Lupita no tiene pareja y dice que por ahora no piensa tener.

—Faltan pocos días para los Juegos Olímpicos. ¿Estás nerviosa?

—Con el nervio de que todo tiene que salir bien y la adrenalina. Todo, todo se junta, pero estoy tranquila.

En las noches, cuando la vence el sueño, la ataca una pesadilla recurrente cuya geografía es Río de Janeiro en plena competencia: "Sueño que no avanzo". Por suerte, al hacer la confidencia halló la solución. Dicen las abuelas que si le cuentas a alguien tu pesadilla estás conjurando para que no ocurra.

—¿Tienes algún ritual antes de competir?

—Yo rezo, rezo La Magnífica. Mi mamá (Justina) me dice: "Reza La Magnífica para cualquier cosa" —sonríe—. Y yo: "Sí, mamá". La tengo en la cabeza, ya hasta me la sé. Rezo en mi cuarto, de camino a la competencia y cuando me están formando en la salida.

Discreta pero segura, como es ella, el 19 de agosto poco antes de las doce del día (hora de México) Lupita rezará en Río de Janeiro la oración de La Magnífica, que así se refiere a Dios: "Extendió el brazo de su poder, / disipó el orgullo de los soberbios trastornando su designios, / Desposeyó a los poderosos y elevó a los humildes. / A los necesitados los llenó de bienes y a los a ricos los dejó sin cosa alguna."

¡DE MIEDO NOOO!

Guadalupe pasa otra vez frente a su entrenador, que siempre le habla de usted pese a los cuarenta y tres años de distancia. El hombre infla sus pulmones para avisarle:

—Doce minutos y cuarenta y siete segundos. Su rodilla derecha, un poquito más de arco.

Ella continúa y al marchar junto a su equipo avisa que es la vuelta final: "¡Última!".

Minutos más tarde, al borde de un terreno baldío, de catorce kilómetros por hora —su ritmo promedio—, la máquina de caminar baja hasta el paso de un mortal.

Su equipo la alcanza. Le pican el dedo con una lanceta para extraerle sangre y medirle el lactato; le toman la presión. Y cuando uno piensa que descansará tras noventa minutos de ejercicio y veinticinco mil pasos (casi tres por segundo), Guadalupe avisa:

"Voy a trotar". A los cinco minutos llega envuelta en abundante sudor rebosante de minerales, ácido láctico, sodio, potasio, calcio, magnesio. Las gotas marcan en el piso su camino.

—Esto no es nada. Hoy fueron veintiuno, hay días de treinta kilómetros —dice agitada un momento antes de que el chofer acomode una colchoneta en plena vereda para que le midan los signos, haga flexiones y revisen su cuerpo.

Y es que el descomunal esfuerzo de meses acorta los músculos intempestivamente.

—Se contracturan sus gastrocnemios, cuádriceps, isquiotibiales; la relajo con masaje y electroestimulación —dice la fisioterapeuta.

Pese a la carga de trabajo, ¿México puede estar tranquilo? "Su fisonomía es ideal para la marcha: delgada con poca cadera, perfecta para un balanceo pequeño y una zancada larga", sonríe la especialista. "Sus fibras musculares están hechas genéticamente para la resistencia de la marcha", añade la doctora.

En dos días, la atleta y su equipo se recluirán en el Centro Otomí, escala final antes de que el avión despegue rumbo a Brasil.

—Vamos a llevar películas —le avisa su doctora—. Unas de terror.

—¡Nooo! —suplica Lupita, abre los ojos como si se le acercara la niña de *El exorcista*, lleva sus puños a la boca y hace cara de espanto—. ¡Me voy a tener que dormir con ustedes!

A la marchista la esperan otros monstruos de pies ligeros venidos de todos los continentes en los Juegos Olímpicos de Río de Janeiro 2016.

Por lo pronto, en su cama callejera relaja sus armas: las piernas que hoy, al caer la tarde, pisarán por última vez esta calle de Metepec para desafiar a los charcos, las alcantarillas, los autos, los tráileres.

Y a las chinas, por supuesto.*

* Quince días después de la publicación de este reportaje, Lupita ganó la medalla de plata en los Juegos Olímpicos Río de Janeiro 2016. La primera y tercera posición fueron para las competidoras chinas: toda la carrera hicieron estrategia para bloquearle la punta. Un año más tarde fue medallista de plata en el XVI Campeonato Mundial de Atletismo de Londres.

8

EL NARCO JUNTO AL PUPITRE

"Agárrate fuerte, este tramo hay que pasarlo en friega." Humberto, maestro de primaria y mi guía en Iguala, me da la orden y gira resuelto el acelerador de su moto, empuña con sus manos el manubrio hasta poner sus nudillos como municiones y, entonces sí, los objetos y sucesos de nuestro entorno son una secuencia vertiginosa: chozas abandonadas, perros flacos olisqueando matorrales polvorientos, tendejones oscuros, parcelas con retorcidos alambres de púas, niños en calzones jugando entre basura, piedras y tierra.

No se ven adultos en estas calles que huelen a miedo porque de ellas solo se hablan desgracias. Todo está quieto, silencioso y caliente: al sol de noviembre que impacta el follaje del estado de Guerrero no le hace nada la brisa agonizante que baja de los cerros que se alzan al lado nuestro. "Llegamos", me dice al sacarse el casco el joven profesor sudoroso y con el pelo apelmazado. Sus ojos eluden los rayos del mediodía y van a un cartel con el logo de Pepsi y la leyenda ESCUELA PRIMARIA RURAL COL. JARDÍN PUEBLO VIEJO. Los pigmentos, mezcla de humedad y olvido, hacen ilegible el nombre de la institución: Benito Juárez.

Entonces vuelvo la mirada a esta sierra baja, límite poniente de Iguala, la ciudad de la que México y el mundo enumeran pesares en una letanía que se ha vuelto eterna. Si en este instante nos eleváramos sobre la cima de esta profusión redonda llamada Cerro Viejo, veríamos cazahuates, guajes, amates, cascalotes, higuerillas. Extensión generosa de vida vegetal con savia abundante, pero que entre sus escondrijos, brechas adelante, es una mortaja verde: fosas, fosas y más fosas clandestinas repletas de cadáveres. Por ahí, en el terreno virgen, caminan mujeres y hombres que buscan a su desaparecido junto a los peritos de la PGR que en sus abombados trajes blancos hurgan entre senderos las señales de una masacre más.

Pero mi vista retorna a su objetivo: la escuela de Pueblo Viejo, la más próxima vecina a esos huecos con muertos que no paran de surgir desde que los cuarenta y tres estudiantes de la Escuela Normal Rural Ayotzinapa fueron desaparecidos el 26 de septiembre 2014 en esta ciudad. El director de la primaria, Héctor Carreto, hombre de más de sesenta años y paso lerdo, oye atento que la entrevista que le pido será parte de un reportaje para entender cómo es para los niños de Iguala educarse en un entorno de cadáveres, tiroteos, trasiego de goma de opio que será heroína, baleados, secuestradores y los cárteles Rojos y Guerreros Unidos que se despedazan.

—Nuestros niños todo el tiempo experimentan eso. Para quienes viven aquí en Las Parotas, abajo del Cerro Che Guevara o Jardines Campestre, los muertos son rutina. Los niños se cuentan esas historias, me las cuentan a mí: "Maestro, ¿vio el muerto de por allá?".

—¿Los maestros qué hacen?

—En todo eso no nos metemos: trabajamos y vámonos. No sabes con qué niño estás hablando. Dices algo y se divulga en casa: "El maestro está diciendo esto y lo otro". A mis maestros les digo: "No hablen de más". Por temor nos quitamos.

—¿Hay algo que la escuela pueda hacer?

—Tratar de moderarlos, insistir en los valores, que del portón para adentro olviden su entorno. Pero salen de acá y en sus casas les dicen: "Ustedes son hombrecitos, machitos, deben mandar". Mire a ese alumno de primero —señala el director durante el recreo.

Lo ubico. Rodeado de unos veinte niños, el pequeño de seis años insulta, maldice, patalea y, por último, se acerca a otro menor. Lo mira en silencio, destierra los ojos de sus órbitas. Ahora escupe: la saliva cae a los pies de su compañerito.

En el número siete de la calle Zaragoza entro en un gigantesco calabozo, o lo que también podría ser una prisión macabra con un pasillo desde el que se abren celdas oscuras carcomidas por la humedad. El edificio del centro de Iguala, que en la Revolución fue cuartel, va hacia los ciento diez años de existencia. Pero estas celdas con techos desvencijados y muros caqui que se caen a pedazos como piel con sarna son, en realidad, las aulas de la Escuela Herlinda García, la primaria más antigua del estado. El director, que de entrada me pide el anonimato, sale a mi paso para avisarme que es un mal día para hablar sobre la violencia criminal que permea al colegio: "Una de nuestras maestras recibió esta semana una amenaza telefónica", informa, y me pide unos minutos para discutir con sus docentes si declararán algo. Tras diez minutos de deliberación, aceptan hablar. La condición: los nombres de los profesores serán sustituidos por una letra. No habrá ningún otro dato personal ni darán detalles sobre la amenaza.

La primaria, una catástrofe arquitectónica, es el recipiente en el que se vierte otra catástrofe, pero social: aquí van a dar los niños de entre seis y once años que son expulsados de otras instituciones por haber ejercido extrema violencia contra compañeros o maestros. Los pequeños provienen del cinturón de miseria de Iguala, en particular de las colonias PPG, Cascalote y Génesis, donde bulle la actividad delictiva de la ciudad. Aquí solo ejercen cinco maestros, de modo que tercero y cuarto son un mismo grado. Hablan en una ronda.

A: "Tenemos miedo: hay padres que nos amenazan porque piensan que a sus hijos un maestro no tiene derecho de decirles nada".

B: "Iguala vive una cultura de antivalores y en la escuela es muy claro: las niñas son sobajadas todo el tiempo por sus compañeros".

C: "Te voy a repetir la amenaza de un alumno de quinto: si me regaña, le voy a hablar a mi papá que está en el reclusorio y va a mandar un amigo".

D: "El otro día descubrí a una niña relatando el coito de su mamá a sus compañeras en plena clase: toda la familia vive en un cuarto. La violencia de Iguala ataca a los niños, que viven vidas de adultos. A los seis años saben de las fosas, de Ayotzinapa. Saben más que nosotros cómo opera la violencia, pero sus familias acuerdan secretismo. Desde las desapariciones nuestra matrícula pasó de cien a sesenta alumnos. Sus padres huyeron, ya te imaginarás...".

E: "Mire el pasillo y las paredes: cuarteados. Los techos son una coladera, damos clase con agua en los salones. No hay un lugar sin filtraciones por la humedad y los salones son cavernas. Pedimos al secretario de Educación de Guerrero su apoyo, vino y respondió: 'Si no quieren trabajar despídame a todos estos maestros. Traigan a unos que quieran trabajar'".

Y continúan:

A: "Y ahora las amenazas telefónicas: tratamos de trabajar con normalidad, pero no es fácil. El padre de un alumno murió la noche de los muchachos de Ayotzinapa. Era taxista, pasó a la hora menos indicada y, a raíz de eso, la mamá sacó al niño de la escuela, cayó en depresión y se perdió. Nunca supimos si la hostigaron, si tuvo algún temor. Solo vino por sus documentos".

E: "A los niños no les pintamos un mundo feliz, aunque queremos que sepan que con valores también se puede tener otra vida. Pero salen y la calle atenta contra ellos. Comprensible que se plieguen a lo fácil, que busquen al tío, al primo que anda en 'eso'. Es más: ha habido maestros levantados, ejecutados".

—¿Muchos?

—(Silencio.)

—¿Tres, cuatro?

—No vamos a cuantificar.

Dos maestros rematan:

A: "También en (el pueblo igualteca de) Metlapa y en la (colonia) Nicolás (Bravo) ya no hay clases porque pidieron soborno. Les dijeron: 'Si se presentan a trabajar nos tienen que pagar'".

D: "Hace año y medio, a una niña de esta escuela la violaron, la mataron y la aventaron en la (colonia) 24 (de febrero). Era de segundo, de siete años. Sabíamos que al salir de clases era alquilada, vendida y sepa Dios qué más, pese a que las autoridades estaban enteradas de lo que pasaba con ella. Los medios sacaron la noticia barnizando la realidad; ocurrió algo que nos impidió meternos".

—¿Tiene niños que en estos dos años se volvieran huérfanos porque perdieron a sus padres en hechos violentos?

—Sí. Comenzaron a ser aislados, temerosos.

—¿Cuántos se quedaron sin papás?

El director de la Primaria Rural Benito Juárez, Héctor Carreto, no quiere dar un dato más. En octubre de 2014, días después de que los normalistas de Ayotzinapa desaparecieron, en esta colonia, Pueblo Viejo, fueron descubiertas las primeras seis fosas con veintiocho cadáveres. Las policías Federal, Estatal y Gendarmería, para instalar retenes arribaron en masa a esta calle, Desierto, última antes del cerro que engendra los senderos hacia esos huecos mortuorios. Miriam Rendón, joven maestra de primer grado, dio clases en mañanas en que a la escuela la cercaban cientos de agentes policiales que se sumaban a comunitarios cubiertos con pañuelos y que portaban palos y machetes.

—Los niños entraron en pánico, lloraban, sufrían crisis. Tuvimos que cerrar —dice.

El anuncio de la persecución a los grupos criminales fue vaciando de adultos a Pueblo Viejo. Y a la Escuela Benito Juárez, enclavada en un área de tránsito de droga, le fue arrebatando niños. La matrícula bajó de ciento cuarenta y uno a ciento trece. Las madres llegaban a pedir los documentos.

—De un día para otro muchísimas familias se fueron de Pueblo Viejo —dice el director—. ¿El motivo? Ellos lo saben. Mejor ni preguntamos. Era: señora, tenga sus documentos.

La joven maestra suelta un "cálmense, cálmense" a los pequeños que como un ejército de duendes gritan, se pelean, ríen y se corretean en el patio sin pavimentar.

—El lema de mis niños es: pistolas. Un día le dije a un niño: ¿qué vas a pedirle a Los Reyes? Me contestó: una pistola, quiero matar a fulano y mengano.

—¿Qué le respondiste?

—Le dije: "Hablar de armas es peligroso". Pero involucrarnos más es un riesgo: tenemos miedo de la reacción de los papás, que andan metidos en cositas.

"DE GRANDE QUIERO SER NARCO"

No hacen falta arduas investigaciones para percibir el clima de la colonia 3 de mayo. "La desaparición de una mujer y su hijo de cinco años fue reportada ayer ante la agencia del MP, ya que desde el 21 de noviembre que salieron de su casa, en la colonia 3 de mayo, ya no los volvieron a ver", indica *Diario 21*. "Debajo de un puente vehicular (...) fueron hallados otros dos ejecutados (...) Fernando Delgado Torres de catorce años de edad, con domicilio en la calle Cuauhtémoc Cárdenas s/n de la colonia 3 de mayo, era estudiante de la Escuela Primaria de esa colonia", informa el periódico *El Sur*.

Javier Castañeda, director de la Escuela Ricardo Flores Magón, de la misma colonia de las notas periodísticas, educa bajo el fuego: "No hay semana sin crimen. Aquí mismito en la esquina, donde se paran las combis, mataron uno hace tres semanas".

Dentro del plantel, son sus oídos los que le avisan que algo anda mal: "Oyen narcocorridos tras bambalinas. No sé si los niños de esta escuela tengan nexos, pero eso (la música) los induce", sostiene y manda llamar al maestro Joel Cortés, de cincuenta y tres años, que entra a la dirección exclamando: "¿Entrevista? ¡Esto me gusta, yo sí quiero contar!". Habla con una sonrisa que no se borra aunque hable de muertes, levantados, amenazas, como para blindarse de las históricas calamidades de Guerrero que acuchillan a las primarias:

—Desde antes del 26 de septiembre (con la desaparición de los cuarenta y tres) a Iguala la sume la anarquía: por los "retenes de la muerte" nadie salía de noche. Todo uniformado representaba un peligro.

—¿Y ese clima se metía en las escuelas? —pregunto al profesor de sexto grado.

—Ya era común lo que deben haberte comentado, aquello de "si no te comportas mi papá te va a llevar". Con la ola de jóvenes muertos y levantados, niños míos me decían: "De grande quiero ser narco, quiero ser sicario". No me aguanté y empecé a decir a mis alumnos: "La ignorancia y la necesidad es explotada por personas que les querrán poner un arma en las manos. Esa arma los hará prosperar un periodo; al rato van a pagar".

—¿No es riesgoso decir eso?

—No sabes qué papas tienen, aunque a veces sí sabes —ríe—. Te la llevas suave, no te arriesgas a que te levanten: tu persuasión puede herir susceptibilidades. En las escuelas hay psicosis total: balacera aquí, maestros levantados allá, cacheteados por padres. El docente es vulnerable: entra y sale a la misma hora y los alumnos saben tu trayecto. ¿Los trataste mal? Cuidado.

Al pueblo La Ceniza, donde el maestro Joel nació, hace casi medio siglo lo desapareció una lluvia torrencial. Con sus dos hermanos y sus padres abandonó la Costa Chica para llegar a los seis años al barrio Potrerillos de Acapulco ("Ahorita un tiradero de cadáveres, droga y prostitución"). Concluida la secundaria solicitó su ingreso en la Marina, que lo aceptó. Entonces recibió la visita de tres compañeros que intentaron convencerlo de hacer juntos el examen para entrar a la Escuela Normal Rural de Ayotzinapa Isidro Burgos. Joel se negó.

—No me veía como profesor, pero cuando se fueron, mi padre me dijo: "Platiquemos, ¿te gustan las armas?". "No." "¿Para qué quieres la Marina?" "Por dinero." "Haz el examen, si te quedas, Dios te quiere maestro."

Joel pasó la prueba, estudió con varios padres de los cuarenta y tres desaparecidos y este año cumple treinta años como docente "porque así lo quiso Dios".

—¿Qué le dejó Ayotzinapa?

—Te vuelve un líder que entiende qué es la pobreza.

—¿Sus alumnos saben que estudió allá?

—Me preguntan y me sirve para motivarlos. Les digo que Ayotzinapa es la lucha para emerger de un mundo hostil con todo en contra.

—¿El esfuerzo de los maestros de Iguala servirá para que un día vuelva la paz?

—Complicado. A los maestros no se les forma una mística para enaltecer su trabajo con esa ansia que antes se llamaba vocación. Y un pueblo que no se educa es más vulnerable. En Iguala conviene la ignorancia: es más fácil ponerle a un muchacho un arma en sus manos que un lápiz y un libro.

ESA VIDA ES UNA FANTASÍA

Esta primaria tiene clavada la muerte en el nombre: Ambrosio Figueroa, como el campesino que, vuelto general revolucionario, por combatir a Victoriano Huerta fue fusilado en Iguala en 1913. Pero su condena no es por esa muerte, sino por otras dos, ocurridas ciento un años después: los autobuses que ocupaban los normalistas de Ayotzinapa fueron emboscados la noche del 26 de septiembre de 2014 a media cuadra de donde el plantel se alza, en la avenida Juan Álvarez. Julio César Ramírez y Daniel Solís fueron asesinados en la esquina donde hoy, un lunes de noviembre, la ciudad los recuerda con un monolito de cemento al que se apoya una corona de flores seca como un papiro, una maceta volteada, dos más con las flores chupadas y tres veladoras sin llamas.

El director del turno vespertino, Francisco González, está aquí porque huyó de la droga. En Ciudad Altamirano, donde se inició como maestro, un día de 1994 se le acercó un hombre que se presentó como agricultor de Lindavista, "un pueblo precioso, con iluminación y plantas eléctricas, cuando en otros pueblos se iluminaba con ocote —precisa—. Decíamos, ¿de dónde sacan tanto? Total, que el señor me dijo: 'Usted nada más ponga el capital; nosotros sembramos, fertilizamos, cosechamos. Cuando el producto se venda, a michas. Pum pum mitad para usted, pum pum mitad para nosotros'".

—¿Qué respondió?

—A lo mejor salía de pobre (se carcajea), pero dije: no, no, no.

Días después, el agricultor insistió. Tras una tercera solicitud, Francisco entendió de dónde venía la pujanza de Lindavista, asumió que la propuesta era más que eso y, asustado, pidió a la SEP cambiarlo a Iguala.

Pero su nueva ciudad también se contaminó. La tentación de acercarse a la amapola tiene dos causas: "Hambre y necesidad, tengo niños que vienen sin comer, sin uniforme. Por eso la gente se mete en cosas. Dinero fácil".

No es raro que en Iguala el narco sea un modelo de vida que se presume sin recato. Este año, en su lucha contra la delincuencia, el programa Escuela Segura visitó el plantel.

—Un alumno se dibujó con una metralleta y varios niños les dijeron (a las autoridades): "Yo quiero ser narco". Así como lo oyes —recuerda el director—. Los niños ven al narco y dicen: "Me voy p'allá, voy a tener lana, con mis carros ando pa' arriba y p'abajo".

—¿Ustedes les dicen de algún modo que no se metan en la delincuencia?

—No se dice ¡nada! de eso. Hay niños con padres metidos y al rato les cuentan: "El profe habló de esto". ¿Hablo para que al rato vengan y digan: 'Aquí está, llévatelo y tíralo?'. Pero sí llegamos por los alrededores: niños, es preferible ser feliz con un trabajo honrado a andar con problemas y decir "me van a buscar".

El "me van a buscar" no es un juego.

—El ciclo pasado tenía ciento veinte niños inscritos en la tarde; quedaron ochenta y seis. Dijeron: "Esto ya 'bailó', vámonos porque está canijo".

Suena el Himno Nacional y el director del turno matutino, Tobías Hernández, voltea hacia la escolta para explicarme que ahí está su arma contra el crimen.

—Los honores a la bandera son mi recurso: los maestros les explicamos que la Revolución fue por desigualdad, y que el origen de lo que pasa en Iguala es la extrema pobreza. Pero les aclaramos: cuidado, no se dejen engañar, el efecto (de unirse a la delincuencia) es peor que el hambre.

—¿Cómo explican a sus alumnos la realidad de Iguala?

—El ataque a los "ayotzinapos" pasó aquí al lado. Y como muchos niños tienen miedo, les decimos que Iguala es reflejo de un país con violencia que en cada lugar se manifiesta de distinta forma: en Iguala, con fosas clandestinas.

—¿Les han explicado lo que pasó a media cuadra?

—No. Ni de manera general ni específica. Pero los niños son expertos en redes sociales: saben qué pasó y no les hacen falta maestros. Nuestros niños saben, por ejemplo, quién es el Chapo. Les aclaramos que (esa vida) es una fantasía. ¿De qué te sirve un gran carro, propiedades, si te va a ir mal? —dice.

Hace cerca de dos meses, uno de los seis profesores se jubiló y otro fue cambiado de plantel. Los cuatro maestros restantes debieron unir grupos de chicos de grados diferentes para darse abasto.

—Hice gestiones para las suplencias —aclara Tobías— pero la autoridad jamás respondió.

Como la SEP no autorizó la llegada de dos nuevos maestros, varios padres de familia tomaron la escuela, la cerraron y los trescientos ochenta y un alumnos se quedaron sin clases. Una mañana de hace un mes, un grupo de hombres se acercó al plantel.

—Les dijeron a las madres de familia que si no se salían les iban a dar sus plomazos —dice el director vespertino.

—¿Y por qué el interés de ellos de liberar el plantel?

—Hay hijos de ellos en la escuela y no estaban viniendo a clases. La estrategia les resultó, en la tarde la escuela ya estaba abierta.

Hasta fines de noviembre, la SEP no había mandado nuevos maestros.

TE VA A VENIR A MATAR

En una ajetreada oficina colectiva, agachada en un pequeño escritorio bajo un papel blanco que en una pared indica DIRECCIÓN DE EDUCACIÓN, Carmen Perea intenta controlar la violencia que infecta a las cuarenta escuelas primarias de Iguala.

Su humilde espacio laboral en el Palacio Municipal es vecino del drama: los pasillos con marcas de fuego del incendio tras la desaparición de los cuarenta y tres y el despacho del exalcalde José Luis Abarca —acusado de ordenar la matanza— que se encuentra un piso abajo ocupado por su sucesor, Esteban Albarrán.

La directora de Educación, una mujer madura de carácter recio, ha debido asumir una responsabilidad policial pese a que su misión es la enseñanza. Y quizá no es casual su nombramiento: entre 2009 y 2011, antes de que Abarca llegara, trabajó en el área de Prevención Social del Delito y fue síndica de Justicia en la Dirección de Seguridad Pública. Hace dos meses asumió su cargo, que se concentra en el corazón del crimen: las escuelas de Olea, Coacoyula, Pueblo Viejo, 15 de septiembre, Francisco Villa, Ruffo Figueroa, Insurgentes, Ceja Blanca y Loma del Zapatero, comunidades que recorre junto a un hombre con entrenamiento policial. "Fui amenazada de muerte", dice.

Se niega a dar nombres de los docentes afectados, pero arranca la entrevista con un "esto está difícil", para dar paso a un catálogo del caos que dura una hora, del que se entresaca textualmente: "Los maestros son secuestrados y por las amenazas hay mucho ausentismo en las zonas marginales". "A muchos maestros (la delincuencia) les están cobrando el diezmo." "No hay una escuela donde los niños no hablen de sicarios y narcos. Tengo reportes de que a eso juegan: a narcos y sicarios." "Hay niños que llevan a escuelas cantidades de dinero que usted no podría imaginar, y esos mismos niños llevan droga y armas blancas." "Si eres niño pobre es más fácil que te convenzan de ser halcón. Perciben el dinero y adquieren una moto." "Los niños dicen al maestro: vas a ver, mi papá te va a venir a matar a ti y tu familia. Ya han ido a sacar maestros." "A la Procuraduría de la Defensa del Menor ingresan desde los doce años, pero los profesores temen denunciar." "A los niños les avisamos en las escuelas: esto te pasa si delinques." "La matrícula se cayó: para que no las agarraran, muchas familias involucradas se fueron de aquí."

Aunque su área carece de estadísticas, me conduce con María Isabel García, directora de la Escuela Estado de Guerrero, una de las que vive una deserción más aguda: cuarenta niños menos en este ciclo, casi uno de cada diez alumnos, luego de que llegaran en masa corporaciones policiales: "Los familiares venían por los papeles y se iban de Iguala. Eran de Pueblo Viejo, Zapata, Cascalotes, 3 de mayo, las zonas de las fosas. Sospechamos que participaban de esas situaciones".

Aunque las policías Federal, Estatal y la Gendarmería recorren las calles en aparatosas camionetas descapotadas con máscaras y armas largas para crear la sensación de vigilancia, al espanto sirven otros autos: vochitos blancos con parlantes que descargan en las calles un grito que vocea las tragedias más recientes de las cercanías. Un "le traemos los detalles de la noticia completa, compre su *Diario de la Tardeee*" es el anticipo de lo que ahora oigo en el centro: "Muerto por riña en el Zóóócalo... Ejecutan a abogado de policííías... Revelan pistas de homicida en Huitzuuuco... Formal prisión a Abaaarca... Sangrienta riña en la Zapata...".

—¿Las escuelas informan los problemas de Iguala? —pregunto a la directora de Educación municipal.

—Quien se los informa es esto —dice poniendo en su escritorio el *Diario de la Tarde*.

—En los dos pliegos en blanco y negro que conforman la publicación veo amplias fotos de cuatro cadáveres. Destazados, baleados, mutilados.

—Y eso que ya les rafaguearon por fuera la redacción —exclama la mujer que con su ayudante (la maestra con formación policial Adrennys López) recorre escuelas para dar conferencias contra la violencia y mostrar a los alumnos el corto *El sándwich de Mariana* y el sketch *La voz del silencio*, cuyo fin es prevenir el delito entre menores. Además, promueve en los planteles "danza y teatro para reintegración".

—¿El teatro y la danza pueden hacer algo contra la codicia del narco? —le pregunto.

—Son paliativos y no lo van a acabar, pero si los menores no ocupan su tiempo en otra cosa la tentación de la delincuencia es aún mayor.

Sus ideas comulgan con las de la Escuela Niños Héroes. El director, Martín Carrión, sin dar explicaciones abre un cajón interesado en que vea algo mientras cuenta sus estrategias de contención vía la materia Cívica y Ética en el plantel que dirige desde hace veintiún años: "Les decimos las penas a que pueden ser acreedores y les explicamos que la historia de México ha vivido revoluciones armadas por una causa, ser un país libre, y que las armas de hoy tienen otra meta".

Sobre los entierros clandestinos, en los que hasta fines de noviembre se habían hallado ciento nueve cuerpos, silencio: "Los niños preguntan de las fosas y la respuesta es: 'No sabemos, de eso se encarga la justicia. Tú sé buen alumno para ser buen ciudadano. Si das balazos, ¿qué vas a recibir? Balazos. Si matas, ¿qué te va a pasar? Ama al prójimo para recibir amor y cuando recibas violencia, hazte a un lado. Si contestas, será el cuento de nunca acabar'", concluye, y al fin encuentra en su cajón lo que hace unos días sacó de las mochilas de alumnos de quinto grado. "Un cuchillo cebollero —dice extrayendo el cubierto filoso de unos treinta centímetros de largo— y una navaja de muelle, profesional."

Martín cierra el cajón: "Todo esto en una primaria. Como ves, está complicado".

También lo está muy cerca, en la escuela Caritino Maldonado.

El diario *El Sur* publicó el 20 de octubre un suceso de cuatro días antes: el director de esta escuela, Julio Zamora, fue secuestrado en la Carretera Federal 51. Según la esposa, el profesor se dirigía a Iguala cuando su auto Bora fue interceptado a las ocho de la mañana. "Pobladores de Ahuacatitlán reportaron al número de emergencias 066 la presencia de un grupo armado" y "los delincuentes están pidiendo el pago de un rescate", agrega la nota. Adrennys López, comisionada de la Dirección de Educación en Iguala, aclara: "No se sabe nada del maestro".

De un día para otro, los niños se quedaron sin director en la escuela a la que acudo. Las madres dejan un miércoles por la mañana a sus hijos, que envuelven en un griterío alegre la calle Porfirio Díaz, llena de puestos de dulces, jugos, papas.

Aquí la vida sigue. Quizá no para todos.

Toco a la puerta del plantel. El director sustituto, Pedro Contreras, me hace pasar. Le pregunto sobre la realidad de Iguala:

—Todo es por la gran pobreza —explica—. Sin empleo, se van por la otra puerta. Por eso Guerrero es delincuencia.

—¿Alguna noticia del director?

—Sinceramente, no puedo contestar. Omito. No puedo decir. Me reservo. No me incumbe. No soy la persona que debe hablar —dice, y se levanta.

La plática debe acabar en este mismo momento.

9

EL DIABLO SE VISTE DE MONDRA

Toda de rojo, Flora Martínez baila ligera en el centro de un salón blanco de luces tenues. Hace un rato, en la pantalla de Cinemex Polanco, era la sicaria Rosario Tijeras, siempre alerta para matar en su defensa. Arriba y abajo de la pista del VIP Private Club, actores, empresarios, modelos, cineastas, actrices, siguen sus hombros desnudos, su boca ansiosa y la cadera a cuyo lindero se aferran dos manos. Manos de hombre con uñas de barniz negro.

La cadencia de Flora, su cálida gracia colombiana, palpita en las manos de Jorge Mondragón, su mánager. Concluida la *première*, celebran la gala en Plaza Masaryk con la multicolor jungla del *show business*. Él, cuarenta y un años y muchos kilos, se abandona torpe a la danza de ella. Flora cede como si jugara con un niño que, con sus meneos toscos e incitados, empezara a dejar de serlo. Dueño de la más hermosa, Jorge, "Mondra", impone entre ellos y el mundo una frontera.

Alguien, de pronto, la cruza. Es Matthias Ehrenberg, productor de la cinta.

—Flora, no vas a poder regresar a Barcelona. Tengo otra *première* y te necesito aquí.

—No voy a quedarme en México, tengo filmación.

Mondragón observa. Flora y Matthias cruzan reclamos encendidos.

Río Negro, compañía de Ehrenberg, asumió compromisos para el lanzamiento de *Rosario Tijeras* en los que ella debe estar. Pero en España el director Manuel Lombardero ya la espera para la filmación. En cuatro días, Flora concluirá el rodaje de *Tuya siempre*, película filmada en Cataluña en la que ella es Lola, la protagonista, otra *femme fatale*.

Mondragón decide terminar la discusión: afianza los pies, retrae su cabeza y con todo su peso la estrella contra Ehrenberg, que ahora se duele en el piso. La gala prosigue entre gritos, patadas, puñetazos. Los séquitos del mánager y el productor explican a trompadas sus razones al enemigo.

En calma, Mondragón se deslinda de la marabunta y toma de la mano a Flora. La actriz obedece. Blue Demon Jr. sigue a su mánager y a la actriz. Salen del antro y bajan por las escaleras eléctricas hasta pisar la desolada calle de Anatole France. Jorge, con Flora a su lado, enciende su Audi negro y abandona la medianoche de Polanco. Por si las dudas, Blue los escolta.

"Quedamos a las seis", me dice cuando llego a entrevistarlo al Condechi, uno de los cerca de diez restaurantes de los que es propietario. Desconcertado, veo mi reloj, que marca 6.01. Es la tercera vez que me cita y la primera que no me cancela. "Creí que ya no venías." En la mesa está uno de sus actores, Luis Roberto Guzmán, protagonista de *Ladies Night*. Mondragón le hace con la cabeza un gesto discreto para que se vaya. El actor se levanta y despide a su mánager con un "nos vemos" susurrado, como para no fastidiarlo.

—Tráele un *smoothie* —pide a un mesero, y se justifica—. Te va a gustar.

En un par de minutos el empleado cumple la orden colocando entre su jefe y yo una espumosa torre roja.

—Empieza. Tengo poco tiempo.

El nombre Jorge Mondragón a muchos quizá no les diga nada. Para otros guarda una glamorosa y sombría densidad. De una u otra manera, nadie se salva: todos hemos consumido sus productos. "Es nuestro *Puff Daddy*", define el conductor Óscar Uriel. "Es un perro que cobra carísimo", explica el productor de televisión Pedro Torres. "Es un magnate", suelta Francisco Barrios "Mastuerzo". "Si alguien es el diablo, es Mondragón", dice su amiga Amanda de la Rosa. Varios medios lo han calificado como "el rey Midas", un título que simplifica a este hombre que me recibe de negro —desde los pies hasta las uñas— distendido en su silla.

—Aguanto mucha mierda: Mondragón es el malo, el ladrón, el cabrón, el hijo de puta —reclama.

"Hijo de puta, hijo de puta." En una hora de conversación se referirá de ese modo a sí mismo seis veces, vociferando, para indicarme la forma en que lo califican en el mundo del espectáculo.

¿Qué ha hecho Mondragón? La respuesta podría durar veinte años, los que ha dominado el rock y el pop mexicanos antes de ser mánager de Gael García, Diego Luna o las "Anas" de la Reguera y Talancón. Ha dirigido a las grandes bandas de México: desde Botellita de Jerez, Caifanes y Café Tacvba hasta La Maldita Vecindad, Moenia y Fobia. Pero en millones, Molotov es su hijo pródigo.

Sobran ejemplos de sus conquistas. En 2001, Diego Luna aún era identificado como "el gordito" de *El premio mayor*. Hace poco, su imagen vistiendo Hermenegildo Zegna se alzaba en un espectacular del centro de Shangai. En 1995, Micky Huidobro fue a la casa de Mondragón, en la Narvarte, para mostrarle un demo —que incluía la canción *Chinga tu madre*— grabado por Molotov, su desconocido grupo. Tiempo después, Molotov recibía una invitación de MTV Rusia como corolario de una segunda gira europea luego de enloquecer a miles en Suiza, España, Italia o Alemania. Y en 2001, Gael García —entonces solo identificado por *Amores perros*— pedía a Mondragón representarlo. En cuatro años, de *El crimen del padre Amaro* a *Diarios de motocicleta*, Gael creció hasta ser una celebridad mundial. A sus otras creaciones, Talancón y De la Reguera, las arrancó del mundo de las telenovelas para instalarlas en el pedestal de divas.

A mediados de los 80, Botellita de Jerez alternaba en el bar Sugar de la Zona Rosa con Blitz, un grupo de *reggae*. Mondragón, de veintidós años, había forjado amistad con esa banda, a cuyas tocadas solía llevar a sus cuates. Sin buscarlo, se convirtió en su principal promotor. Manrique Moheno, mánager de Botellita, se enteró de que ese chavo de rastas, que además sacaba unos pesos con fiestas de luz y sonido, había negociado que Blitz tocara en el Sugar durante todo el Mundial México '86. Decidió ofrecerle trabajo con Botellita, que vivía una vorágine de más de trescientos conciertos al año. En sus primeras horas de trabajo, Mondragón escuchó que "los botellos" pretendían crear la disquera "Aguacate Records" (parodiando a Apple Records, de The Beatles). Días mas tarde, se acercó al "Mastuerzo", Sergio Arau y Armando Vega-Gil, que comían en el restaurante El Balcón, de Rockotitlán. Sacó de su bolsillo una tarjeta, muy bien impresa, con la imagen de un aguacate partido sobre una línea: JORGE MONDRAGÓN – INDUSTRIAS GUACAROCK.

—Vi las tarjetas que hizo y me dio un chingo de gusto —cuenta "Mastuerzo"—. Le dije: "¡A huevo, m'ijo!". Esa acción intrépida mostró sus ínfulas de empresario. Ansiaba seguir a su papá como actor, pero quizá no pudo por ser un gordito simpático y no un galán, y por sus problemas de dicción. Ya no compartimos un gramo de ideología, pero la pegó y tiene a las estrellas más rutilantes.

Los meseros del Condechi no le quitan la mirada a la mesa de su jefe para servirlo en cuanto levante la mano. A su derecha, Mondragón ha colocado una *laptop* y una BlackBerry que no para de teclear. Todo el tiempo suenan un celular rosa (el de los *deals* importantes) y un nextel (para el resto del mundo). Los observa, los deja, los agarra. "Vuelvan a conectarme", grita a los meseros mientras mueve unos cables de su BlackBerry. Atiende una llamada: "Adriana, sobre eso no hablo, por eso batié a tu reportera". Cuelga irritado.

—Nuestra prensa no está preparada, sus intenciones casi nunca son buenas —explica—. Tengo a "Chema" Yázpik, que es muy talentoso, y solo les importa con quién sale.

¿Cómo descubre este hombre el potencial de sus artistas? Intuición.

—No trabajo con quien piense hacer un gran negocio. Agarro a los artistas por su talento desde que no son nadie. Se vuelven negocio por la suerte y por algún mánager que tengo arriba.

—¿Y cuáles son tus debilidades?

—Los Delfines de Miami, el futbol, los zapatos y las mujeres.

Invirtamos el orden. En sus antros —Ixchell, Cafeína, Filicori, Condechi y otros— se rodea de un catálogo infartante: portuguesas, brasileñas, argentinas. "La fiesta es suya; si un chavo de Molotov está con dos chicas, él llega con veinte... ¡chicas para todos! Su *glamour* facilita negocios. Cerró muchos acuerdos de Molotov llevándose empresarios a *table-dance*", cuenta Graciela Contreras, su asistente siete años en Molotov y Víctimas del Doctor Cerebro.

El lazo de Mondragón y las mujeres es poderoso, corrosivo. Meses atrás, en el rol de "el socio" del reality *El bar provoca*, merodeaba con placer el límite de lo prohibido. A más de una de las empleadas del bar que se desvivían en la coquetería para ganarse a los jueces les dijo al aire cosas como: "No viniste a putear. Trabaja. La vida de un bar también es limpiar tras la barra."

—¿Que te falta por lograr? —le pregunto.

—No encontrar a la mujer ideal es el karma de mi trabajo: al estar rodeado de muchas no soy una opción porque seré un cabrón-mujeriego-hijodeputa. No se arriesgan —dice Mondragón, ex novio de Ely Guerra.

—¿El poder no basta para seducir?

—El interés del dinero siempre está. Me doy cuenta cuándo me quieren utilizar. Ahí decido si utilizo...

SI NO ME LO DAS, VOMITO

La experiencia en Botellita le abrió a las puertas de Neón, su primer grupo en forma. Pronto los colocó en el Bar 9, antro gay de la Zona Rosa que presentaba los "Jueves de Rock". El productor argentino Gustavo Santaolalla llegó a México en el ocaso de los años 80 para descubrir y grabar al incipiente rock nacional. La geografía rockera de la Ciudad de México daba pocas opciones: el LUCC, Magic Circus, News, Rockstock, Rockotitlán y, claro, el Bar 9, donde conoció a Mondragón. Aquel encuentro sacudió los rústicos conceptos empresariales de aquel joven adorador de Bob Marley. Con Santaolalla aprendió a negociar con empresarios, a usar los poderosos amplificadores PA en vez de las bocinitas de pared y a contratar *staffs* de *stage managers* e ingenieros de sonido, monitores e iluminación. Y, sobre todo, aprendió que a la fama no le basta el talento, sino la imagen.

Cuando Luis de Llano lo llamó para que Neón acudiera al programa *Súper Rock en Concierto*, Mondragón supo que le estaban dando oro en polvo. Contactó a la célebre Pixie para que creara el maquillaje, al peluquero Juan Álvarez para arreglarles el pelo, y a Alfredo, un audaz vestuarista. "¡Neón, el grupo de México!", anunciaron en el estudio. Ignacio Acosta apareció con unos pantalones verdes bajo un gran saco kansai, Sergio Santacruz con un rudo *look* de cuero y los demás igual de estrambóticos, todos con peinados de colores que giraban, saltaban y estallaban por los prodigios del gel. Nunca antes un grupo mexicano se había ocupado tanto de su imagen. El público reaccionó con frenesí.

El vínculo con De Llano anunció una sucesión de éxitos: Neón tocó con Soda Stereo, Alaska, Miguel Mateos y Radio Futura y grabó en BMG la serie *Rock en tu idioma*, cuyo LP, mezclado en Nueva York, incluyó el hit *Juegos de amor* (conocido como *Pa-páreo*). "Jorge ligaba la música al *glamour*, que es donde mejor se mueve —agrega Acosta, de Neón—. Íbamos a fiestas de muerte, muy debrayadas, junto a músicos famosos, empresarios, publicistas, productores. Siempre rodeados de modelos. Fue así como nos caímos como músicos. (Jorge) nos hizo creer el *glamour* y volamos como globos de cantoya."

Le pido a Mondragón que me explique cómo reparte el pastel entre sus artistas.

—Nunca he firmado un papel con un artista —me aclara—. Mis tratos son de palabra. A quienes me odian les digo: "¿Soy un hijo de puta si dejo que mañana se vaya un artista que no quería estar conmigo?". Quien quiere estar conmigo, está. Quien no, se va.

—¿La falta de papeles no te genera conflictos?

—No entendí tu pregunta.

—...

—Cuando el que me entrevista no es inteligente corto las entrevistas.

—Es una pregunta...

—Hay cosas que no se preguntan. Estás tocando un tema para generar un pedo.

—No es la idea.

Mondragón se levanta unos segundos. En silencio clava su mirada en la grabadora. Calculo que aquí todo se acabó. Aprieta la mandíbula, me observa enfurecido y vuelve a sentarse, agitado.

—¿Quieres llevar la entrevista hacia ese lado?... Alguien va a tener problemas.

Desde niño, Jorge imponía su voluntad. "Era testarudo. Si no hacías lo que quería se metía la mano a la boca y decía: 'Si no me lo das, vomito'", cuenta su hermana mayor, Georgette. Los chavitos de la Narvarte, incluso mayores que él, acataban los mandatos de su líder. Era él, por ejemplo, quien decidía si armaban el "tochito" en la calle o se cruzaban hasta el Parque Las Américas, junto a su casa.

Su padre, también llamado Jorge Mondragón, cumplió su más viejo anhelo, un hijo varón, cuando ya tenía la edad de un abuelo, a los sesenta y un años. Por eso, quizá, optó por consentirlo como a ninguna de sus tres hijas.

—Mi papá decía que mujeres y hombres hacen cosas distintas —dice Georgette—. Nosotras íbamos a escuelas de monjas y a su hijo lo trató como un abuelo liberal. Llegaba del trabajo y a jugar con él. Yo cambiaba los pañales, sacaba al niño a la calle, le daba de comer.

Jorge Mondragón padre fue uno de los más prolíficos actores de reparto en la historia del cine mexicano. Al morir, en 1997, sumaba ciento veinticuatro películas y más de veinte series de televisión. Alguna vez intentó ser un galán del cine, pero su voz aguda y baja estatura no lo ayudaron. No obstante, conquistó hermosas mujeres del espectáculo. En 1927 se casó con la actriz española Pilar Mata, con quien tuvo a Isabel. Luego se unió a la bailarina cubana Flora Núñez, madre de su segunda hija, Georgette. Y de su tercer matrimonio, con Judith Coto ("Bonnie"), una hondureña casi treinta años menor que él, nació Jeannette. La espera del varón duró casi treinta y cinco años: el 15 de agosto de 1964, Judith, al fin, dio a luz a Jorge.

Jorge padre fundó con Arturo de Córdova la logia masónica de artistas Oasis 12, de la colonia San Rafael, donde alcanzó el grado 33, el más elevado. Desde su posición de líder vitalicio de la Asociación Nacional de Actores (ANDA), de la que fue fundador y secretario general, ayudó a su hijo a encarnar extras en novelas como *Bodas de odio*, *Senda de gloria* y *El maleficio*. Jorge, deseoso de ser actor, estudio en el Instituto Andrés Soler. Y las cosas no pintaban mal... Un día, vestido de norteño, bajó de su troca y tocó a una puerta. Una mujer de portentosos muslos tras una minifalda microscópica salió a recibirlo: Gloria Trevi.

—Epa, m'ija, yo así no la saco.

—¿Por qué?

—Pa'mi las mujeres deben tener la falda abajo de las rodillas.

La Trevi obedece: toma su minifalda y se la baja hasta los tobillos. La cámara muestra una porción desnuda de su pelvis.

El norteño se indigna:

—Epa, súbasela.

—Pues quién lo entiende...

—Súbasela y se me cambia. Ahí luego le hablo...

En el video *La papa sin catsup*, Mondragón insinuaba que la farsa no le iba mal. Pero dejó de insistir.

Las ganancias de Mondragón las conoce Mondragón. Sus artistas usualmente no son invitados a las citas para cerrar negocios con los empresarios. "Desconfiábamos de él —dice Ignacio Acosta, de Neón— pero era mejor ganar con Jorge 10 pesos que 2 pesos sin él, aunque se quedara con 30. Ignorábamos cómo negociaba. Él decía: 'No hubo dinero' o 'sí hubo'; y si había, repartía."

El surgimiento de Caifanes —al que Mondragón adoptó— modificó la relación del mánager con Neón. Los palenques de Provincia deliraban con *La negra tomasa* y las ciudades con *Mátenme porque me muero*. Neón, en cambio, seguía dependiendo del *Pa-pá-re-o*.

"Empezó a inclinarse por Caifanes, pero el pedo era que Jorge se vendía a él mismo y no a la banda —explica el guitarrista Santacruz—. Si había un evento con gente importante, hablaba de él. Él importaba más que nosotros. Al correrlo nos respondió: 'Ustedes se lo pierden'."

Con Caifanes, Mondragón consolidó su papel en el rock mexicano. Su amistad con Saúl Hernández derivó en un negocio que conjugaba arte y empresa. Pero su historia aún carecía de un antagónico. Hasta que llegó 1991. Ese año, la mánager Marusa Reyes convenció a Caifanes de huir de Mondragón. Marusa, una muy influyente representante de artistas, ha enfrentado a su rival con rabia: si detecta que busca entrar al camerino de unos de sus grupos, sus guardias lo impiden. Marusa se vende ante los músicos ofreciendo lo que Mondragón no puede: agradables oficinas, claridad en los contratos, estrategias comerciales precisas y un cuerpo de *personal managers* que auxilian a los grupos.

En un *e-mail*, le pedí hablar de su colega: "No creo tener nada interesante que contribuir a tu artículo. Seguro tendrás muchos testimonios importantes. A Jorge lo aprecia mucha gente y tiene mucha historia en el medio. Marusa Reyes".

Héctor Quijada, voz de La Lupita —uno de las bandas que vivió el pase Mondragón-Marusa—, explica: "Ella es 'la aplicada'. Se ve que en la escuela tenía muy bien sus apuntes y ordenadita su mochila. Jorge trabaja en su cama y ahí, con una mano en la panza y otra en el teléfono, cierra *deals* de un millón de dólares". Marusa, con su estilo, le arrebató a Caifanes, Víctimas del Dr. Cerebro y La Lupita.

La calle de Montealbán, casi en su esquina con Caleta, es un escenario histórico del rock mexicano. Durante años, la casa de Mondragón fue cada 15 de agosto (su cumpleaños) sede de las fiestas más desquiciadas. Jorge movía los muebles de la sala para colocar ahí las tablas de los palomazos. Llegaban modelos, *darks*, músicos, de lo más glamoroso a lo más lúgubre del *underground* capitalino. "A cierta hora sacaban del horno unos pasteles bien sabrosos, ricos en proteínas y minerales", cuenta Jorge "Chiquis" Amaro, ex baterista de Neón y Fobia. La noche avanzaba hasta la hora del "palomazo VIP". En una velada llegaron a tocar Soda Stereo (Jorge era amigo de Gustavo Cerati), Caifanes y Enanitos Verdes.

En la primera puerta, al subir las escaleras se encuentra uno de los máximos centros de negocios de la música (y, ahora, del cine) en México; un cuarto con un televisor, un modular y un "escritorio" para cerrar negocios: su cama.

Botas y zapatos de Dr. Martens AirWair están tirados por decenas en el closet, bajo la tele, en cualquier lado; la marca británica lo ha provisto de unos cien pares impresos en flores, piel de leopardo o cebra. Nada sugiere que Mondragón reúne aquí a su gente para concretar acuerdos; él sobre su cama, los demás rodeándolo. En ese mismo lugar dio refugio a músicos que comenzaban una carrera pero sin ingresos para una renta, como "Beto" Cuevas, de La Ley, Agustín Villa "Cala", de Rostros Ocultos o Jorge Amaro "la Chiquis", ex de Fobia.

"Se peleaba con su jefa: que por qué llegaba tarde, que 'ahí viene tu amigo el greñudo, el pacheco, el pedote' —recuerda Amaro—. Su mamá era cabrona en el buen sentido, pero Mondra 'managereaba' esa casa. Desde su cuarto gritaba a las mucamas: '¡Mireya, unos huevos!' Bajabas y todo estaba listo."

Del otro lado del baño compartido, su madre, alta y morena, ha atestiguado en silencio la creación de estrellas urdida en el cuarto contiguo.

"Mondra se levanta a las doce —dice su ex ayudante Graciela Contreras—. Si soñó algo, en la cama, rascándose los huevos y comiéndose un yogurt hace un negociazo."

—¿Cómo se trabaja junto a él?

—Un día llegué a su casa a las once. "Pázade Chedita, deja tedmino mi pedícuda", me dijo —Graciela imita el ceceo de Mondragón—. A los diez minutos me dice "espérame, voy a bañarme". Y era media hora más. Sonó el teléfono, habló una hora, se dio su churro y a las tres me dijo "Chela, ¿es muy importante? Mejor resuélvelo tú".

—¿Y cómo se ponían de acuerdo?

—Había cinco minutos en que sí me iba a pelar: cuando se bañaba. Le hablaba desde la puerta del baño y me oía, porque no había tele ni teléfono, ni un churro.

ME QUIEREN Y SOY NEGOCIO

La única vez que Mondragón pensó que un grupo al que apadrinaría no dejaría ganancias fue el día que Micky Huidobro lo convenció de ser el mánager de Molotov. "*Siempre en domingo*, los televisos, chinguen a su madre", decía la letra. La banda no prometía pesos ni amistades. Dije "no va a ser negocio pero será muy divertido incomodar a la gente", explica. En una de sus tocadas iniciales, en el Bulldog Café, el público los bajó. "¿Quién paga para que lo insulten?", justificó el gerente, "Pico" García, ante lo que casi deriva en trifulca. Molotov siguió empujando. Ganó un concurso de bandas de Coca-Cola y entusiasmó en el Mundial de Surf de Puerto Escondido. Así, Mondragón logró que Universal Music lanzara *¿Dónde jugarán las niñas?* La portada, con las piernas de una colegiala con las bragas abajo, avivó el escándalo. Buena noticia.

La radio y la televisión vetaron el disco, Sanborns y Vips se negaron a venderlo y el Auditorio Nacional optó por presentar Onda

Vaselina en una fecha reservada al grupo. Al estilo *Like a Virgin* de Madonna, las dudas sobre si Molotov sería un fenómeno comercial se disiparon.

Sin tiendas donde vender, Mondragón acordó con W FM usar el helicóptero de la radio de modo que desde el aire se anunciara que "los molotos" recorrerían la Ciudad de México para vender el disco y autografiarlo. La magnífica recaudación obligó a Mondragón a contratar un vehículo blindado de Serpaprosa para guardar el dinero obtenido en el *tour* por la Ciudad de México en el que el público se les entregó.

La primera tocada de Molotov en la era Mondragón se realizó en La Iguana Azul. Los 1.000 pesos recibidos se dividieron en cinco partes iguales: doscientos para cada uno de los músicos y lo mismo para el mánager. Meses más tarde, su primer concierto en El Palacio de los Deportes les dejó ingresos mil veces mayores.

—Ahí iniciaron las broncas —dice Graciela—. No les parecía que a Jorge le tocara lo mismo. Le dijeron: "Oye, como máximo un mánager se lleva el quince por ciento". Los conflictos por dinero aceleraron el rompimiento. De 2000 a 2004, sin Mondragón, Molotov padeció su peor crisis, de la que formó parte el CD *Dance and Dense Denso*, cuyo tema "No me da mi Navidad" dice: "Hay que llenar la pancita del cochinito del punketo, mas no confundir la alcancía con el marrano de Mondragón". Hace poco más de dos años, sin embargo, lo recontrataron.

—¿Qué razones hubo para volver a llamarte?

—Hay un lazo afectivo padre-hijo. Me quieren y soy negocio. Probaron con gringos y mexicanos y no funcionó.

—¿No importó que en su disco te denigraran?

—Me glorificó que me compusieran una rola como a Zabludovsky o Luis de Llano.

La noche de un sábado, Gael García, cuya única película conocida era *Amores perros*, se acercó a Mondragón para que lo representara: "No sé nada de actuación ni del negocio de los actores", le dijo Jorge. Gael le explicó que pretendía desarrollar un mánager nuevo: "Aprendes rápido, no hay ciencia", le dijo. El domingo sonó su teléfono:

—Jorge, supe que hablaste con Gael. Yo también quiero—. Era Diego Luna.

En un día, Mondragón asumió la carrera de dos actores quince años menores que él con una incipiente carrera. En los primeros seis años de trabajo conjunto Luna participó en veinte películas, dirigido lo mismo por Kevin Costner o Steven Spielberg. Y sus ingresos se diversificaron: fue imagen de American Express y condujo los MTV Video Music Awards Latinoamérica de 2002 a 2004.

Luego asomaron "sus niñas". Tras manejar a decenas de varones, Mondragón acordó representar a las chicas de *Ladies Night*, Ana Claudia Talancón y Ana de la Reguera. El paso al cromosoma X ha sido duro. En la revista *Loft*, de septiembre de 2004, De la Reguera aparece con el torso desnudo y el busto apenas cubierto. Encorvada, posa con un ligero rictus de incomodidad. La portada no dejó nada bueno. Los líos por los cuerpos de sus actrices son corrientes. En la fiesta de lanzamiento de *GQ* México, entre cientos de invitados atacó a gritos a un reportero que fotografiaba a Talancón —primera portada de esa revista— en el Centro Cultural del México Contemporáneo, en la Plaza de Santo Domingo. Antes de empezar a manejarla, Mondragón acordó con los padres de Talancón procurar un control férreo de su imagen pública.

Y hace poco, Teresa Suárez, directora de *Así del precipicio*, reveló que Mondragón exigió editar un desnudo de Ana de la Reguera porque a la actriz le molestó el resultado. Ante la negativa, Mondragón prohibió a su actriz participar en la promoción del film. "La ironía —dice Mondragón— es que sé manejar a todos menos a mí mismo."

A las doce del día de un lunes, Mondragón llegó con Ana de la Reguera y Ana Claudia Talancón al Hotel W. Ahí lo esperaban el peinador, la vestuarista y los fotógrafos. Además, el editor de foto de *Chilango*, José Luis Castillo, con el que Mondragón había acordado, tras aprobar un boceto, que ambas actrices posarían en *baby doll*, en una cama junto al mánager, para la portada de la revista.

—Niñas, ¿qué quieren desayunar?, aquí nos van a invitar a todos —dijo Mondragón al entrar a la suite donde se realizaría la sesión fotográfica.

Poco después se acercó a José Luis.

—Olvídate de los *baby doll* y los calzones.

—Pero eso acordamos.

—No, güey, ¿cómo crees? Son Ana de la Reguera y Ana Claudia Talancón. Nadie las ha encuerado y no lo vas a hacer tú.

—Va a ser una gran portada.

—No mames.

Descartados los *baby doll*, Luz María, coordinadora de moda, sacó dos sexys vestidos satinados. Alex Reynaga, el maquillista, las empolvó y les hizo peinados de divas de los 50. Las actrices se pusieron los vestidos dorados. Mondragón, acostado con zapatos —en cuya suela aparecía la imagen de James Dean—, aguardaba el inicio de la sesión: "Qué cagado, James Dean es mi ídolo y a cada paso que doy lo pisoteo". Las Anas, recostadas a sus costados, le acariciaban el vientre, en un gesto natural, como de dos niñas junto a su padre.

—¿Cómo ven?, este güey las quiere encuerar —les dijo Mondragón.

—Si me pagan lo que cobro no hay pedo —bromeó Ana Claudia.

—¿Ves? Si le pago se encuera. ¿Y tú qué dices? —preguntó José Luis a De la Reguera.

—Yo, aunque no me paguen —retrucó en burla la veracruzana.

Mondragón se puso serio.

—No insistas.

José Luis machacó.

—Hagámoslo, ¿quién no las quiere ver así?

El mánager se incorporó.

—Yo también, pero no en tu revista. A estas chavas las cuido como a mis hijas, las protejo y jamás haría algo que distorsione la imagen que busco: actrices finas. No putas encueradas.

Mondragón ignora los jeroglíficos del pentagrama. Pero por su intuición explota lo que, a ojos de un purista, no tendría perdón. En el Tianguis del Chopo escuchó, al iniciar los 90, a cuatro satelucos. Sin batería pero con jarana, tololoche y guitarrón producían un sonido peculiar. Mondragón, empleado de EMI, quiso firmarlo, pero le respondieron que sin batería no había potencial comercial. "Es lo que me gusta, que no tienen batería", insistió. Pero la armonía de Café Tacvba vagaba en un territorio nebuloso; no era rock ni pop, ni nada definible. ¿Quién se animaba a grabarlos? Mondragón llamó a Santaolalla que, seguro de la calidad de Joselo, Quique, Emmanuel y Juan se volvió productor del que hoy es el grupo más brillante de México.

Corre la leyenda de que Mondragón acarrea fortuna. Él y La Lupita se hospedaron en el Marriott Marquis de Nueva York para participar del New Music Seminar 93. En esos días, la banda acababa de grabar dos videos de las canciones *Contrabando y traición* y *Paquita disco*, de los que cargaban un par de videos. En un pasillo, Mondragón se topó al ejecutivo Alex Pels

—¿Adónde vas? —le preguntó.

—A una junta con la gente de MTV. Quiero convencerlos de abrir un MTV Latino. El problema es que no creen que haya suficientes bandas latinas que hagan videos —le explicó Pels.

—Ven a ver dos videos de mi grupo. Costaron 10 000 dólares.

Al rato, Pels convencía a los directivos de MTV: ese día de julio, tras proyectar el material que le había mostrado el mánager mexicano, nació MTV Latin America. Mondragón, de ahí en más, contó con la cadena para los videos de sus bandas. Trece años después del cruce con Pels, los MTV Video Music Awards Latinoamérica 2006 fueron más suyos que nunca: De la Reguera y Molotov fueron los conductores. La actriz, por órdenes de alguien, bailó frente al público una suerte de *table-dance* que delató sus nervios. Si el baile a ella no le fue muy fructífero, quizá sí lo fue para Jorge, que busca entrenarse en la pantalla chica para posicionar a su empresa de producción Mondra Media Corporation. Como ocurrió con MTV, un contacto, por escueto que sea, sirve a Mondragón para desplegar los tentáculos de sus relaciones públicas. Un contacto vale para múltiples cosas y él exprime hasta la última de esas cosas para salir ganando.

El rincón secreto de Mondragón se ubica a media hora de Acapulco: la Isla Mondragón. Su familia posee una paradisíaca residencia en un islote frente a la playa. Jorge acerca su auto hasta la costa y saca un par de espejos con los que hace señas de sol a los sirvientes. Ellos abordan sus lanchas y surcan el mar para recogerlo a él y sus acompañantes. En Isla Mondragón comes, bebes, juegas, oyes música. Es decir, gozas. Y los demás, a su lado, aprenden a gozar.

Y es que Mondragón da a la gente lo que la gente quiere. Seduce, embelesa, atrapa, te hace sentir el más especial del mundo tratándote como a un igual, aunque, en su mundo interno, él se sabe diferente. ¿Eres goloso? Te citará en su restaurante Filicori y te pedirá un rico Tiramisu. ¿Eres tímida? Te dirá "mi niña" dándote un abrazo de oso. ¿Sueñas en conocer a Diego Luna? Te llevará a Cafeína, el bar del que son socios ¿Te gustan las mujeres? Te rodeará de diosas en una larga noche. De ti depende confiar. O, como él mismo me dice, poco antes de abandonar el Condechi en su Audi, mientras juguetea con sus dedos de uñas con barniz negro y me muestra una sonrisa que no logro descifrar: "Si alguien te habló bien de mí, te mintió. Desconfía de esa persona".

10

SÚPER TARÍN, ÍDOLO DE LOS RECLUSORIOS

Súper Tarín acepta el encuentro:

—Veámonos el lunes en mi oficina —pide por teléfono.

—¿Me pasa la dirección?

—El McDonald's de Eje Central.

—¿No me dijo que en su oficina?

—Esa es mi oficina —aclara con su voz rugosa, se despide y cuelga.

Una semana después, a la oficina rojo-amarilla de Súper Tarín la engalana este mediodía un gran cartel que reproduce con sus potentes luces la hamburguesa Angus Tabasco: grueso medallón de brillante carne cubierto por lonjas de tocino sobre las que se derrama en olitas la salsa picante.

A la avenida de seis carriles la contorsionan los remolinos humanos del Centro Histórico de la Ciudad de México. Aunque ya pasó hace rato la hora del desayuno, esa fuerza empuja incesantes clientes que se entrelazan con boleros, vendedores de DVD's, accesorios para celular y otros ambulantes que apoyan su mercancía en los muros porque en este negocio, además de alimento, hallan silencio, frescor, colegas para platicar unos minutos, un baño no tan sucio.

Desde el ventanal del restaurante el paisaje es, básicamente, la ruidosa multitud agitada y un rancio edificio caqui, una especie de fósil de concreto cuya ruinosa fachada indica: DR ODILÓN GÓMEZ. DISFUNCIÓN ERÉCTIL, EYACULACIÓN PRECOZ, HONGOS, VENÉREAS, RIÑONES, GENITOURINARIAS.

Súper Tarín se ha demorado ya cuarenta minutos de la hora pactada y responde a su celular. "¿Ya llegaste? En diez minutos estoy ahí."

Una Nissan Rouge del año, blanca y radiante, frena sobre la avenida repleta de autos y en seco detiene el tráfico. Fastidiados, los conductores que circulaban detrás hunden el claxon, mientan madres, dan volantazos para esquivar la camioneta *crossover* que ocupa el emperador de estas cuadras de la Ciudad de México: Rafael Rojas Tarín según su acta de nacimiento, "Súper Tarín" para los amantes de la lucha libre, "el Padrino" para los cientos de ambulantes que controla en Eje Central y "Mamá Choncha" para miles de internos de las cárceles de la capital que ven al moreno de cincuenta y dos años como salvador de sus tormentos.

Super Tarín baja del vehículo y en medio de la avenida saca su *smartphone*; con la cabeza erguida que el sol golpea atiende una llamada. De playera verde con una calavera en medio, *jeans* y blanquísimos tenis Nike, cuelga, camina unos pasos con espalda recta y piernas arqueadas, altivo como *cowboy* pero con una marcada renguera en el pie izquierdo.

Justo cuando cruza la puerta del McDonald's aparece detrás su cortejo protector: el gladiador Skider, el réferi Mar-Allah Jr. y un luchador más, Dollar, aterrador rudo de ciento ochenta kilos, profundas grietas en su cráneo rapado y unos ojos hundidos que meten miedo.

En cuanto Súper Tarín entra, los comensales de tres mesas saltan de sus asientos, como quien va a reverenciar a un monarca. Un joven de polo naranja le dice "buenas, Padrino"; dos chavos de pelo relamido y playeras ceñidas bajan la cabeza respetuosos y uno más, de gorra azul con piedritas doradas, estira su mano para saludarlo. Pero "el Padrino" no extiende la suya: sin verlo le hace un gesto enfadado, en actitud de "ahora no puedo" y se acerca.

—Mucho gusto —me aprieta con su mano maciza el señor de bigote finísimo mientras sus acompañantes ocupan la mesa de atrás—, yo soy Tarín.

Cuando Eva Tarín dio a luz a Rafael, el 22 de noviembre de 1961, sus alumbramientos ya habían caído en tal descontrol que la chiapaneca asentada en Tepito podía formar una hilera de siete hijos. Y aún le faltaban dos. El día de 1968 en que Cornelio Rojas, el padre de familia, sumó cuatro niñas y cinco niños, supo que había llegado el momento para decir adiós a la querida vecindad de la calle Santa Lucía, imposible de pagar.

El matrimonio empacó las cosas, consiguió un flete y viajó seis kilómetros, desde el Barrio Bravo hasta la colonia Romero Rubio. El nuevo cuarto de la calle Esterlinas —donde vivirían los once— era un frijol, pero Cornelio podía pagarlo.

Y ahí arranca la memoria de Tarín, que en tres segundos dibuja esa etapa: "Los chamacos en cueros, con botitas del Taconazo Popis, y nada de dinero para la papa". A los ocho años su paciencia se agotaba; advirtió que para vivir no requería familia o, peor aún, que si seguía en familia no viviría.

Las proezas de Pelé en la Copa del Mundo de 1970 concluyeron y a la temible mancuerna del presidente Gustavo Díaz Ordaz y el regente Alfonso Corona del Rosal le urgía darle cirugía a su imagen porque el sexenio estaba a días de concluir y su legado a la historia no se podía limitar a la Matanza de Tlatelolco.

Por eso, en los medios de comunicación ambos cantaron a los cuatro vientos que en la Ciudad de México se extendería, con la Línea Azul, el moderno Sistema de Transporte Colectivo Metro. Al pequeño Tarín lo tenía sin cuidado que su ciudad pudiera ser surcada bajo tierra por los veloces vagones Bombardier, pero cuando supo la noticia se dio una vuelta por la estación Bellas Artes y advirtió que estaba construida con una boca de túnel techada. El pequeño abandonó su hogar, aventó ahí unos cartones y se guareció del frío y de la lluvia.

La estación frente al palacio porfiriano fue el hogar donde los tacones y mocasines que sonaban desde la madrugada le avisaban que era hora de trabajar. Al principio se ganó unos pesos por las buenas: limosneó, vendió chicles, limpió parabrisas y su boca arrojó fuego bajo la Torre Latino. Pero no le alcanzaba para cubrir su primer adicción, el cemento de contacto, y tampoco para comer. Hambreado, el niño de diez años se acercó una noche a un changarro del rumbo de Avenida Hidalgo y pidió regalado un taco. "El que atendía me lo aventó al piso insultándome. Con impotencia, lo recogí, me lo tragué, y ahí mismo me puse a llorar. Al rato me dije ¿y ora qué hago?"

Lo que hizo fue agarrar sus bártulos, caminar cinco cuadras y detenerse en Garibaldi. "Y pues me respondí: voy a robar."

Desde que Tarín llegó, la plaza siguió sonando a Mariachi, pero desprendió más que nunca ese aroma único que posee la sangre: a hierro.

—Explíqueme su trabajo en las cárceles.

—Alguien de la colonia Bondojito o la que sea me dice "¿usted es el señor Tarín? Apóyenos con nuestro interno, lo traen en la fajina (la limpieza de sanitarios y otras áreas)". Yo saco de la fajina, recibo en Ingresos, en Centro de Observación y Clasificación, en dormitorio. Protejo de a de veras. Me dicen "¿cuánto le debemos?", y les digo "no cobro". "Ah, jijo —se sorprenden—, entonces lo invitamos a comer." "El día que tenga tiempo, con gusto." Sin cobrar te apoyo en que no te golpeen, que vivas bien, que no te quiten tus tenis al llegar, que no te tusen, que no te vuelvan exótica (homosexual), porque te vuelven exótico esos cabrones, ¿eh? (se carcajea) A veces me dicen "ayúdenos con los de arriba, le pasamos el número de juzgado", y les aclaro: "Nunca dije que yo era licenciado". Me dicen "pues eso parece, lo sabe todo". "Bueno —explico— es por mi experiencia."

—¿Gente que estaba en la cárcel cuando usted era interno sigue ahí?

—Unos cien compañeros de mi camada ya murieron, por drogas o porque los mataron. Y otros cincuenta siguen ahí con sentencias de hasta ciento cuarenta años. Llegaron chavos y mataron a algún interno. Si matas dentro, compras la cárcel y te vuelves nada. Estarás ahí el resto de tu vida.

—¿Dentro de los reclusorios tiene apoyo para su vida exterior?

—De todos los internos. Un día llegaron quince a decirme que me iban a madrear. Los reclusos mandaron gente a apoyarme. Por eso somos carnales. Si alguien le hace algo al ídolo de los reclusorios no sabe en la que se mete.

En lo alto de su casa de tres pisos, recién bañado y peinado de raya con gel, Súper Tarincito Jr. se esfuerza por bajar las escaleras con sus piecitos al oír que lo llaman. De pie en la sala que sostienen columnas tipo romano, el niño de casi dos años alza las manos

—en una tiene un muñeco del Santo— pues su padre le empieza a quitar el suéter. Tarín concluye y mira al fotógrafo. "¿Cómo ves?", pregunta, abriendo los brazos ante su pequeño prodigio, vestido esta mañana con lo que Tarín ansiaba mostrar: una réplica miniatura del brillante disfraz del club de futbol América con el que en horas combatirá. "Trabajé duro para comprar esta casa", dice echando una gozosa mirada a los espacios con olor a nuevo. El centro de la estancia lo ocupa un armario repleto que contiene luchadores en miniatura, CD's, vajilla, un aparatoso modular LG, una botella de tequila con el escudo del América labrado y seis mini botellas vacías de Martell y Hennessy.

"Subamos arriba", pide Tarín y nos lleva hacia una torre con tres cuartos, aún en obra negra, donde promete crear un gimnasio y un salón de reconocimientos. "Entren", pide y pasamos a un salón que regurgita una montaña de cuadros —no hay un lugar para dar un paso— arrumbados con una bañera de bebé y trofeos. "Soy once veces campeón del Torneo de Futbol de Reclusorios", dice hundiendo su mano en el polvoso caos de fotos, láminas, diplomas. Extrae al azar uno y otro y otro y nos los entrega para que los leamos. Todos inician con el "se otorga el presente diploma". Hay de la Dirección General de Prevención y Readaptación Social "por el apoyo con despensas a las esposas de los internos", de la Fundación de Empresarios del Centro, de la Fiesta Patronal Culhuacán, de la hija de Pedro Infante, del Centro de Readaptación Social Tlalnepantla, de la revista *Box y Lucha*.

"Y 'ora chequen", exclama y alza una foto: en la cancha del Estadio Azteca, encajado en la imagen entre los futbolistas Cuauhtémoc Blanco, Adolfo Ríos, Gringo Castro y Pavel Pardo, Tarín se cuela, como si fuera parte del plantel. Nos reímos con el montaje, pero él, por las dudas, lo confirma con un "¡ya se la creyeron, es montajeee!".

Pasamos al siguiente cuarto. Cinco costales guardan decenas de pelotas amarillas, violetas, verdes, azules, con el logo negro de su organización, la Unión de Comerciantes Guillermina Rico. En los próximos días las repartirá en las funciones que el grupo de luchadores que encabeza, La Caravana de Súper Tarín, ofrecerá en barrios marginales de la Ciudad de México, donde desde hace ocho años lo veneran mujeres, hombres y niños de todas las edades que le piden fotos y autógrafos. "Ora que es diciembre vamos a regalar muchas cosas a la niñez", promete, levantando de una mesita un DVD que en la portada indica, con espectaculares letras amarillas, "Peleas de Súper Tarín. Edición Especial".

En la foto, delante de algo como hielo seco dorado, Tarín mira serio y cierra los puños. En el pecho de su traje hay un gran escudo, tipo Superman, con las iniciales "ST". "Se hicieron diez mil copias —precisa— y todas se agotaron. Ahora vengan." En las paredes de un vestíbulo, junto a un san Judas en yeso, penden una foto monumental de Eva Tarín ("esta es mi madre") y de la mítica lideresa de ambulantes Guillermina Rico ("y esta, mi jefa").

Tarín se irá a poner el traje de lucha para las fotos, pero antes nos lleva a su azotea. "¿Gustan un refresquito?", ofrece y nos abre dos sillas. "En esta área voy a poner una hamaca, una mecedora y un (cognac) Martellito, je, para disfrutar", cuenta, y al pronunciar "disfrutar" levanta la cabeza para que nos percatemos del paisaje que se divisa desde donde estamos, la cima de la Sierra de Santa Catarina.

A la distancia flota un vaho marrón por donde penetra el enorme puente de la Autopista México-Puebla en su cruce con la Calzada Ermita. Y si uno baja la mirada verá, al pie del cerro donde Tarín vive, una pintas callejera que anuncian a la banda grupera Buitres de Culiacán junto al Centro Moflero. Abajo, en la cuesta del cerro, se suceden las casas vecinas, en cuyos techos de lámina abundan varillas cubiertas por cascos, tabiques y antenas rojas de Dish. Encadenado en la azotea de junto, un perro no deja de ladrarnos y dos gallinas cacarean alebrestadas cuando su anciana dueña tiende la ropa.

"Se está bien aquí, ¿no?", dice Tarín entrando a la azotea con su traje luchístico de siempre, el de su amado Club América. Ahora posa con cara de guerrero, rodeado de su escenario íntimo: una enredadera de tendederos rojos, su calentador Calorex, una desvencijada aspiradora Ultravac y una cenicienta escoba. La cámara hace zoom en su rostro y descubre que en su mejilla viaja una cicatriz —como una flecha— desde la comisura de los labios hasta la oreja.

—Ora sí, vámonos —grita Tarín— porque antes hay que pasar por una barbacoíta.

—¿No le va a caer pesado antes de la función?

—¿Y eso qué? Aquí el patrón soy yo —revira carcajeándose.

Antes de salir carga una caja.

—¿Y eso?

La abre despacito, como develando un tesoro. Son seis botellas de cognac.

—Para después de la función, porque hoy cumple años mi suegro. Me la regalaron unos valedores de Santa Catarina. Yo tengo muchos valedores.

QUE LLOREN EN CASA DEL OTRO

El Hachita y El Cuadro, dos populares visitantes de Garibaldi, le enseñaron a Tarín cinco pasos para satisfacer tanto a la panza con comida, como al sistema nervioso con los vapores del activo. Uno, detectar al incauto. Dos, llegar por atrás y cruzar el brazo derecho hasta cerrar la traquea. Tres, palanquear con el izquierdo y torcer su cabeza. Cuatro, estrujar el cuello y obstruir las carótidas; bloqueado el riego sanguíneo al cerebro, la víctima se iría desmayando.

El "chineo" acababa en el quinto paso: dos de los tres amigos vaciaban en un chasquido los bolsillos de la víctima. Pero un instante antes de huir con el botín había piedad: "Le dábamos un cachetadón para que no se nos muriera".

Chaparrito, flaco, desgarbado, Tarín esfumaba sus límites físicos con un verbo escueto pero claro, sonrisa fácil y una sutil destreza para ganarse el respeto. Su principio simple se escurría lo mismo en el amplio Eje 1 Norte que en el minúsculo Callejón de La Vaquita: si me eres leal gozarás de mi afecto y mi protección. "El tiempo de antes era bien padre. Te aventabas un tiro chin-chín, con patadón, cabezazos, trompones y ya —puñetea al aire—. Ahora un muchacho saca el machete, te balacea o te avienta el carro. Eso no es un tirito."

Tarín amanecía en su casucha de lámina de "Las Milpas" —un baldío en Paseo de la Reforma y Violeta— y atraía colegas de todos tamaños y edades que bajaban para consagrarse a la noche de Garibaldi. La Banda del Negro Tarín, "unos treinta cábulas con los que yo me sentía muy acá", limpiaba sus culpas con un embuste moral que iba así: "El que tiene más dinero que nosotros nos quiere humillar. Yo decía 'robo a los ricos para darle a los pobres'. Y sí. En una hora robando con navaja, pistola o chineo repartíamos todo. Lo juntado lo gastábamos en una fondita junto al Hotel El Emperador, donde los menores podíamos chelear y, bajita la baisa (susurra), nos vendían. La señora nos dejaba drogarnos si consumíamos".

—¿Su banda apuñaló?

—A unos cinco. Gracias a Dios no le debo nada a nadie; ya pagué a la sociedad.

—¿Qué se siente clavar un puñal?

—Estás enojado. Solo te interesa salvar tu pellejo porque en un descuido te dan a ti. ¿Que lloren en tu casa o la del otro? Mejor en la del otro.

Camuflajeado en el enjambre de Garibaldi —entre mariachis, prostitutas, policías, mendigos, turistas, comerciantes y borrachos titulados— Tarín se escabullía para carterear. Y si para cumplir su trabajo necesitaba sacar una pistola o un puñal y la justicia acechaba, había una trinchera:

—Los vecinos me hacían el paro y por lo que yo había hecho caían otros pagadores.

Por ese "paro" se confió, y esa fue su condena. La plaza era una bacanal de Bacardí, guitarrón, pulque y trompeta una madrugada de 1973. Tarín divisó un señor de buen porte que sacaba un grueso fajo colorido de billetes dentro de un bar. Para pagar la cuenta de sus invitados contaba un billete, y otro y otro frente a su nariz, con una parsimonia obscena, como si cada papel desprendiera un soplo aromático. Tarín pensó "ya saqué mi noche" al ver que por el alcohol se tambaleaba.

El adolescente se acercó a la mesa y le soltó un puñetazo sólido y veloz como un latigazo antes de extirparle la billetera. Doblado por el dolor, el cliente sacó fuerza para pedir auxilio a la policía. En la persecución, nadie ayudó a Tarín. ¿Por?

—Yo había sembrado terror.

Hastiada, una noche la plaza lo dejó solo.

Los mariachis sonaban cuando, esposado, de Garibaldi viajó a la Delegación Cuauhtémoc, y ya sentenciado a la "Casa Amarilla". El señorío de la antigua residencia de Tacubaya se había ido degradando con los siglos; si en 1618 surgió como lugar de descanso de los padres franciscanos, para el siglo XX era un correccional. Y lo correctivo era tortura bajo los muros centenarios que se desplomaban.

—Fueron tres años de palazos tarde y noche —recuerda.

Eso sí, se acercaba la celebración del 20 de noviembre y el regente capitalino Octavio Sentíes los bañaba y disfrazaba de *boy scouts* para que la rozagante juventud mexicana marchara en el desfile de la Revolución del Zócalo ante la alerta mirada del presidente Luis Echeverría.

—¿Cómo le ha ido en el amor?

—He fracasado por mi desbarranquez. Andaba con una y otra. Mi hija más grande, Lupe, tiene treinta y seis años. Y el más chiquito es Súper Tarincito Junior, de un año nueve meses. Ya hizo su debut luchístico en Córdoba, Veracruz, y se ha ido ganando el cariño de la gente.

—¿Cuantos hijos tiene?

—Veintisiete.

—¡Veintisiete!

—Y con la misma.

—¿Con la misma?

—Con la misma. ¡No me la he cambiado! —se carcajea.

Antes de ser papá, Tarín abandonó el Correccional de Casa Amarilla, volvió a Garibaldi y en horas retornó a lo suyo, el robo, en cuanta modalidad había. Ejerció robo a mano armada con y sin violencia; a transeúnte y comercio; individual o tumultuario; famélico y calificado. Subido a un carrusel de ingresos y egresos permaneció en el Centro de Readaptación para Menores de San Fernando, en el Reclusorio Preventivo Varonil Norte (donde aprendió a leer), en el Penal de Barrientos, en el Reclusorio Varonil Oriente y hasta en el Centro de Readaptación Social de Guanajuato.

—Primero mi mamá me visitaba martes, jueves, sábado y domingo —señala—. Luego ya solo dos días, luego uno, y después me olvidaron.

Pero la estancia en las cárceles fue menos penosa que el preámbulo. Cada vez que lo arrestaba, la Policía lo hacía descender como a cualquier detenido a los célebres separos de la Delegación Cuauhtémoc, un calabozo formado por cuatro galerías y varias mazmorras donde se amontonaban los procesados.

Varios metros bajo tierra, en el ángulo de Diagonal 20 de noviembre y 5 de febrero, Arturo Durazo —jefe de Policía y Tránsito del DF— y su amigo Francisco Sahagún —titular de la Dirección de Investigaciones para la Prevención de la Delincuencia (DIPD)— instalaron un laboratorio de sadismo.

—Lo básico era "el pozole" —narra Tarín—: Metían tu cabeza en el agua puerca del escusado hasta que te ibas a ahogar. Luego, tehuacanazo: echaban en tus narices agua mineral con chile. Y venían los toques: descargas eléctricas en los bajos.

El mosaico de terror lo completaba el "bolsazo". Esposada la víctima, cubrían su cabeza con una bolsa plástica para impedirle respirar.

—Quedábamos como mártires —define Tarín—. Nos pegaban hasta hartarse y si ibas por un robo te inculpaban de cinco averiguaciones que no eran tuyas.

Su sólida resistencia al tormento menguó tras asaltar una joyería de La Lagunilla. Detenido, la DIPD le pidió revelar los nombres de sus "compradores de chueco", las personas a las que vendía las alhajas.

—Yo no era borrega, no delataba y me callaba.

Y entonces, otra vez toques, tehuacanazo, bolsazo.

—Pero a la hora del pozole ya estaba desesperado. Los policías acabaron y me acerqué a un cuate, El Diablomosca, para decirle: "Ya no aguanto". Me contestó: "Córtate las venas". Agarramos un jalador de agua con el que trapeaban, le sacamos la varilla de fierro y estuvimos afile, afile y afile contra el piso todo el día. "Ahora sí, pinche Negro Tarín —me dijo—, te vas a cortar las venas y verás que ya no te hacen nada y te dejan ir."

Tarín tomó la varilla y se hizo un profundo tajo en el perímetro del cuello, cuidando no dañar la vena yugular. Desangrado, fue trasladado al Hospital Gregorio Salas. En total, seis meses internado.

El método funcionó. En cuanto entraba a los separos se flagelaba, pasaba a Terapia Intensiva de un nosocomio y la Policía, para evitarse la monserga de seguir investigando a un enfermo grave, lo abandonaba. "El método me gustó; cuando me agarraban me cortaba todo para evitar torturaciones (*sic*). Primero estaba mi libertad."

El genio de Antonio Peña emanó desde sus días de luchador. Aunque muchos rieron cuando en los 80 injertó pelo a una máscara, la de Espectro, su propio personaje, a partir de entonces cientos de luchadores cosieron aditamentos a sus máscaras para robustecer su identidad. Retirado, en 1992 creó AAA, la compañía que se burló de la ortodoxia con gladiadores revolucionarios como La Parka, Konnan, Vampiro Canadiense u Octagón, y que desairó las reglas al meter jaulas al *ring*, impulsar las peleas a sillazos, desplegar luz, sonido y chicas desquiciantes.

Ocupado en reinventar su emporio, un día de hace diez años a Peña le brotó otra idea: introducir lucha libre a las cárceles capitalinas.

Sumar violencia a sitios de por sí violentos era riesgoso. Por eso debía localizar un "infiltrado", alguien que desde el exterior convenciera a las autoridades carcelarias de presentar los *shows* y, a la vez, influyera en los reos para que la excitación natural de los combates no se desviara hacia un ánimo criminal. Y entonces llegó a sus oídos un raro apellido con sonido de apodo: Tarín.

El ex prisionero de cuarenta y dos años, adorado por los internos, no solo era carismático y sagaz, sino que fungía como un puente entre el mundo libre y el confinado. Podía lograr algo nimio como un torneo de futbol, y algo complejo, como evitar que alguien sufriera abuso sexual. A Tarín la lucha libre le gustaba; de niño entraba de contrabando por la puerta de emergencia del Toreo y huía de los guardias hasta llegar a vestidores.

—Ahí le agarré la mano a mi héroe, el Perro Aguayo.

Por eso, el día que Peña le propuso organizar funciones en los reclusorios, dijo sí.

—Era darles diversión a los olvidados —justifica Tarín, que en los gimnasios Gloria, Arcano y Nuevo Jordán persuadió a gladiadores de luchar en cárceles sobre un cuadrilátero móvil y no fruncirse ante la atemorizante muchedumbre de beige.

El éxito fue estruendoso. Tarín observaba en calma los enfrentamientos mientras a su alrededor todo era gritos, injurias, albures, insultos. Hasta que una tarde de hace ocho años un mosco despertó a la fiera de Garibaldi.

DÉJESE DE ROBAR

La lideresa de los ambulantes Guillermina Rico vio por años vagar en el corazón de La Merced a un joven con fama de pillo que por periodos se desaparecía. Por la información que llegaba a su puesto de televisores de la calle Corregidora, si el muchacho no estaba en la calle, estaba en la cárcel.

En 1993 volvió a salir del Reclusorio Oriente, luego de varios encierros que, con la suma de la pedacería, alcanzaban la década. Guillermina, esta vez, mandó a llamar a Tarín, un hombre de ya treinta y un años. Sin protocolo, le arrojó una propuesta que fue más un mandato: "Déjese de robar". Segundos después, la señora le cambió la vida. Necesitaba que la ayudara a calmar la rebeldía de los ambulantes de Venustiano Carranza y Uruguay y le pidió apoyo. "Vio que era famoso —explica Tarín—, bueno en los trompos y que nadie me agarraba de su barco."

Así, se volvió el alfil de la "zarina" del ambulantaje capitalino dentro de la Unión Cívica de Comerciantes de la Antigua Merced. Con la muerte de ella, en 1996, Tarín se fue desligando de esa organización para crear la suya bajo el nombre Unión de Comerciantes Guillermina Rico.

Cada año, Tarín encabeza una procesión de su gente a la Basílica cargando un estandarte de Guillermina. "Aunque no me trajo al mundo, fue mi jefa. A ella le debo todo."

Guillermina es su santa.

Rodeado de prisioneras, Tarín observaba sereno el desempeño de sus muchachos. El patio del Reclusorio Femenil de Santa Martha Acatitla era un caldero del que el promotor de lucha libre se mantenía ajeno, hasta que todo cambió porque su garganta reclamó alguna acción al Mosco Stream.

Furioso, el Mosco volteó a ver a su propio patrón para lanzarle un "¿por qué te metes?". Tarín respondió y luego de una esgrima de insultos trepó al *ring*. "Me aventé como el Borras —relata—, a ver qué Dios decía."

El rencor de aquel duelo activó en segundos a la muchedumbre femenil que se unió en una voz, "¡Ta-rín Ta-rín!". La trifulca concluyó entre jadeos y sangre, y por varios minutos se percibió en el aire esa tensión espesa de una rivalidad naciente. En medio del encordado, el acuerdo fue instantáneo. La siguiente semana, Mosco Stream y Tarín se jugarían la cabellera.

Llegó el gran día y Tarín subió al cuadrilátero con un traje de su equipo, el América. De esa lucha en el abarrotado patio del reclusorio, el 8 de septiembre de 2005, Tarín conserva dos escenas. "Las internas yendo a defenderme cuando me pegaban y el grito que todas repetían sin parar ¡Tarín, no te dejes!"

Así, vitoreado frente a un Mosco Stream cuya cabeza iba trasquilando la rasuradora, nació Súper Tarín, el ídolo de los reclusorios.

—¿Usted es duro como líder de ambulantes?

—Si me sacan de onda me enojo. Definitivo. A veces le digo a uno nuevo que llega: "Aquí no te puedes poner. Levántate y anda". Si en una calle tengo a cincuenta vendiendo, no meto doscientos porque la autoridad me los levanta. Esta organización no se enriquece con cuotas, sino con buen corazón. Apoyamos enfermos; regalamos despensas y juguetes; enterramos reclusos. ¿Se te murió alguien? Unión de Comerciantes Guillermina Rico te lo entierra. Que no vengan a decir: "Tarín tiene casas, carros". Y si un viejito viene a decirme: "¿Te acuerdas, Tarín, que te daba de comer?", yo no olvido: le doy hasta 3 000 pesos. He ayudado con dinero a doce viejecitas del Centro que piden limosna. Se me murieron siete —pagué su funeral— y me quedan cinco. Cada sábado llevo a cada una 500 pesos.

—¿Cómo torea a la autoridad?

—Si te arrestan, pagas la multa de 150 pesos para que no te encierren. Les digo (a los funcionarios del Gobierno de la Ciudad de México): "Licenciado, recuerda: éramos delincuentes y ahora queremos ser gente de bien. Échanos la mano". ¿De qué nos sirvió readaptarnos en un reclusorio si no nos dejan trabajar? Mira a ese —me señala un vendedor a través del ventanal del McDonald's—, está ahí luchando con sus piñitas; no asaltando. Los internos que salen en libertad conocen mi teléfono. Tengo cincuenta ex internos trabajando.

—¿Y por qué no volverse comerciantes formales?

—Ganamos 50 pesos. Lo único que logran es que el ambulante diga "váyanse a la goma, por un pinche asalto gano más".

Mete su mano en el pantalón, saca un grueso fajo de billetes y antes de partir a la función entrega un par a Alfonso Lois, su suegro —un hombre de su edad—, que pasó a verlo un momento.

—Tenga, para su gasolina.

—Gracias, yerno —le responde.

Tarín aborda su Nissan y no le da tregua a su *smartphone* Samsung. Mientras serpentea en los callejones de Iztapalapa habla con el réferi Mar-Allah Jr., con los luchadores Dollar y Black Warrior y con un tal "Super Boggie" para acordar la logística del almuerzo. "Ya verás qué barbacoa", promete, abre las ventanas y mete un CD. El salsero Ray Sánchez canta: "A una mujer yo conocí, / en el parque yo la vi con una rosa en la mano en época de verano, / tenía labios de rubí y cabellos carmesí, / yo me le fui acercando y sus ojos me miraron".

Estaciona sobre la rampa de un garage, y como un monarca pide al encargado de la Fonda Toño's que saque de inmediato sillas para los diez que lo acompañan. "¡Consomé para todos y un kilo de barbacoa!", grita. De pie, sin sentarse un segundo, se echa sorbos de consomé intercalados con dentelladas a sus tacos. Uno, dos, tres, cuatro, cinco, seis fluyen a su estómago.

De pronto, llega un gigantón de unos cuarenta años, cerca de dos metros, ciento cincuenta kilos de peso y un viejo telefonito Nokia rojo que, colgado sobre su pecho enorme, parece una grajea. Se sienta y le entra con sus manazas como tentáculos al trozo de carne que todos picotean. "Sírvete, mi Boogie", lo invita Tarín con calidez, como un padre preocupado por la nutrición de su hijo.

—¿Eres luchador?— le pregunto.

—Luchador social —aclara con una sonrisita Súper Boogie—, yo apoyo operativamente a Tarín en el ambulantaje.

Tarín ya se soba la panza.

—Ahora sí, échenme a quien sea —festeja con una sonrisa satisfecha, saca otra vez su fajo de billetes, paga todo a todos y deja una barbaridad de propina—. Ora sí, vámonos —exclama, y arranca.

Esta vez, las ventanas abiertas descargan unas cumbias.

—¿Hace ejercicio?

—Nunca

—¿Cómo es su alimentación?

—Taquitos, quesadillas, tostadas y verduras.

—¿Verduras? ¿Su mujer le hace ensaladas?

—Qué va, se la pasa durmiendo —se carcajea— y tengo que atenderla. Me echo unos Corn Flakes y mi cognac —sonríe—. Duré diez años sin tomar. Por eso, ahora tomo tres meses seguidos para que no se me quite el vicio. Puro Martellito, para que no me haga daño, y luego me la curo yendo a Chalma.

—¿Ha aprendido llaves de lucha libre?

—¿Para? De todos modos se me olvidan. La gente quiere sangre. Para eso están los lamparazos y guacalazos. Lucha extrema, para que digan "Tarín no sabe de lucha pero es rifado, no se vino a hacer tonto".

—¿Cómo se ve en el futuro?

—No me interesa la fama ni aunque me ovacionen cien mil en una arena. A mí me interesan mis reclusorios.

Cuando comenzó a atraer fama, en su debut en el ring de Santa Martha, desató un fervor que de a poco se contagió en otros reclusorios capitalinos. Tarín integró a unos cincuenta luchadores que cada mes, bajo el nombre de Caravana de Súper Tarín, se enfrascaban en agarrones de máscaras, sangre, músculo, albur, sudor. La influencia de sus diez años en prisión se catapultó al erigirse estrella del pancracio en los penales.

"Quiero que escuchen, señores, este corrido de un hombre valiente, / lo apodan El Tarín y brinda ayuda a los delincuentes / sin importar el delito ni que sean devotos de la Santa Muerte. / Es amigo del amigo, pero si la haces la pagas de veras."

Torbi, Porras, Mosco y Araña organizaron en la cárcel la batería, el bajo, la tarola, el acordeón y el tololoche que el dirigente ambulante les compró, y en sus ratos libres compusieron ese tema, el *Corrido de Tarín*. Desde entonces varios músicos reos, como DJ Perro Fuentes y Sonora Candente, se inspiraron en él para componer. Los preceptos de Tarín corren en las celdas no con rumores, sino con música. Al llegar, la estampida beige se le arroja con palmadas, abrazos, peticiones, recados.

Tarín es poder y fama, y en el Penal Femenil de Santa Martha Acatitla el poder y la fama seducen.

—Apenas lo ven llegar se le acercan —cuenta Verónica Lois, la joven esposa de Tarín y madre de Súper Tarincito Jr.

—¿Y cómo vives su *sex appeal*? —le pregunto.

—Soy celosa controlada —admite seria—. Ya sé como es esto.

"Muchas quieren andar conmigo —reconoce él—. Pero debo tener claro si voy por mujeres o por una labor social. Nunca he andado con ninguna interna, aunque luego inventen 'Tarín es mi novio'. ¡Que voy a ser!"

Pero fue en la cárcel donde el amor lo sometió el 30 de abril de 2010. En una función para niños de hijas convictas, se acercó a su amiga interna Susana Lois. La joven había recibido la visita de su hermana mayor Verónica. "Pensé, ¿esta chimoltrufia qué pex?", relata Tarín, que quizá por orgullo no movió un pelo para buscarla. Cinco meses después, ella lo llamó para pedirle trabajo. "Y al paso de los días me enamoré —admite Verónica—. Me encanta y lo admiro."

NOS VEREMOS FUERA

Tarín se reúne en la explanada del Penal de Neza Bordo con la veintena de gladiadores que se presentarán ahí este miércoles decembrino.

Verónica López, guapa y exuberante psicóloga del reclusorio, que ha organizado la función para los internos, lo detecta y sale a su paso.

—¿Tarín?

—El mismo.

—Buenas tardes. Le pido que me entregue las identificaciones de sus luchadores y vamos a pasar lista —pide la joven.

Tarín organiza a su gente. ¿Yuriko? Presente. ¿Shangó? Presente. ¿Johnny Villalobos? Presente. ¿Dollar? Presente. ¿Payaso Loco? Presente.

Ansioso, prende un tabaco.

—Vero, ¿puedo pasar cigarros?

Ella hace una mueca cómplice y le pide anotar unos datos. Tarín saca un marcador negro.

—Está bien negro —dice ella.

—¡Qué llevada! —revira Tarín riendo, y su Caravana se carcajea.

—¡Me refería a su marcador! —se ruboriza la psicóloga.

EL CIELO PERDIÓ UN ÁNGEL PERO DIOS ME ENCONTRÓ, reza en la espalda la playera plateada de Tarín, que dirige a los catorce luchadores que entre albures y bromas pasan una puerta de hierro, y otra, y otra, basculeados por policías, analizados por escáners en pasillos helados, sellados en sus brazos con tinta indeleble. Después de veinte minutos de controles, acceden a un módulo policial con un cartel que indica COMPAÑERO, ESTO NO ES UN WC. NO ORINES, cables que brotan como tarántulas de las paredes y una mesa de cemento destrozada donde los luchadores estampan su firma de ingreso.

Ahora sí, Tarín y su gente acceden al patio. Una marabunta beige ha esperado dos horas bajo el sol la llegada de la Caravana, que ya atraviesa el patio con un cuadrilátero en el centro. Tarín saluda agitando su mano a los trescientos internos que descargan gritos, chiflan, reclaman la demora y piropean a la juguetona Yuriko, luchador-travesti de melena rubia que le balancea el trasero a la masa lasciva. "Deja embarazarte", grita uno; "mami, aplícame una llave", otro.

Los internos han improvisado una valla con sillas y globos para que la aparición de los luchadores tenga cierto *glamour*. Tarín la cruza y entra al salón de clases de los reos, habilitado esta tarde como vestidor. Aclamado tras aullar un "¡Que viva la delincuencia!", el imponente Dollar lo secunda.

Los luchadores se desvisten en el aula donde los internos aprenden ingles. Sobre el pizarrón, alguno escribió: "When I was in Toluca I meet two men. Each men had two wives. Each wife had a lot of children".

Tarín estira sus piernas en el piso. Al instante, Payaso Loco, gladiador de rastas moradas, se arrodilla para quitarle pantalones, camisa, tenis. De un frasco extrae un líquido de intenso olor a eucalipto que sus manos ágiles untan y masajean sobre muslos, pantorrillas, hombros. “Es un bálsamo regenerador”, explica Payaso Loco frente al cuerpo relajado de su patrón, que semidesnudo deja a la vista decenas de cicatrices en el torso legadas por las torturas.

La lucha de la semana pasada en Azcapotzalco le dejó el hombro izquierdo luxado por enésima vez, varios “nervios paralizados” y la tibia adolorida. “No importa, yo en el *ring* me la parto”, suelta al aire.

Dentro del salón, la seguridad corre a cargo de los internos. “Ponle en tu reportaje que este penal lo controla la Mexican Mafer de Pancho Ruvalcaba, Pancho Tripié y Nopo —me solicita un reo que no cesa un instante de vigilar la puerta—. Ponle que nosotros controlamos cualquier rebeldía.”

Tarín sale cojeando del vestidor. Carga dos enormes costales que abre sobre el cuadrilátero. Avienta paletas Tutsi Pop, palomitas de maíz, caramelos y decenas de ejemplares de la revista *Box y Lucha* con una nota de su última actuación. Desesperados, los internos se abalanzan sobre los obsequios como víctimas de guerra. Se empujan, atropellan, pisan. “Pásenme los CD’s”, demanda ahora Tarín a su gente, y recibe un bonche que va distribuyendo entre los reclusos. “Mis corridos, mis corridos, échenle oído”, repite, y las manos lo rodean para arrancarle la música que habla de él. Con los presos insolados por la espera, ansiosos y molestos, Tarín pega un grito a sus muchachos: “A ver a qué hora, hijos de la chingada”.

Arlequín Morado, Johnny Villalobos, Shangó, Dollar, Toscano, Yuriko, León Dorado, Black Warrior, Payaso Loco y el resto ajustan apurados sus máscaras, aceitan sus cuerpos, acomodan sus trajes, calientan, flexionan, se acicalan.

Tarín, listo ya con su uniforme del América, se saca una foto alzando los puños con dos chicas cuyas batas verdes indican PSICOLOGÍA CRIMINAL. “Llamen a sus otras compañeras”, ofrece Tarín generoso y vuelve a salir al patio.

Los prisioneros se le acercan en tropel. “¿Te acuerdas de mí? Jugábamos juntos en el Deportivo Comerciantes”; “Tarín, estuvimos en Santa Martha cuando yo tenía como veinte. Tengo cuarenta y tres y ya voy a salir"; "Tarín, necesito que me hagas un paro"; "Tarín, a darle en su madre a los rudos", "Tarín, soy el Patas, ¿te acuerdas de mí?", y Tarín contesta: "Claro, cómo no, carnalito". Carnalito por aquí y allá. Todos son carnalitos. Reparte palmadas, choca manos, platica discreto al oído y se va confundiendo en la marea beige que lo absorbe.

A las cuatro de la tarde inicia el combate. Tarín sube al *ring* y manotea a León Dorado, recibe una patada de Black Warrior, sufre con Yuriko que a toda costa lo quiere besar, se cae, sangra, se levanta, desciende de la lona, Toscano lo ahorca, el público le grita "Tarín, Tarín", un discapacitado le presta sus muletas y entonces reparte muletazos a Dollar o al que sea. Y luego saca un garrafón vacío de quién sabe dónde y revienta cuantas cabezas puede.

León Dorado le muerde el cráneo: hecho un Jesucristo, Tarín está por desmayarse. Al fin, llega la hora de la resurrección cuando en la tercera caída el ídolo de los reclusorios suspende su saber callejero y extrae de su repertorio una cruceta exquisita. León Dorado, su enemigo, se le rinde acobardado, doblado del dolor. La victoria es técnica, Tarín alza los brazos bañado en sangre y el gentío lo aplaude y ovaciona.

De uniforme militar, botas y lentes oscuros, un guardia se aproxima a la multitud. "¡Todos a sus dormitorios, órale, que no se quede aquí nadie!", vocifera.

Con el sol por caer, Tarín se va del penal. Los internos lo llaman con las caras untadas a la reja perimetral y él, con el residuo final de su energía, los despide sudoroso con rumbo al mundo de los libres. "Un día nos veremos fuera", le grita uno. Tarín se voltea y le dedica el pulgar de la victoria: "Claro, carnalito".

—Ya ves —me dice viendo al piso—, por mis reclusorios soy lo que soy.

II

CATRACHOS: LA ÚLTIMA "MANADA" DE MIGRANTES

A los muros de la antigua Estación de Trenes del pueblo de Huehuetoca le ha sido trepanado el yeso a violentas cuchilladas. La casucha rojiblanca con techo a dos aguas, abandonada, cubierta de limo y telarañas, desde hace décadas no recibe a nadie ni vende un solo boleto a ningún destino pese a que en lo alto, un viejo cartel para los pasajeros de otro tiempo aún informa: 47 KILÓMETROS A MÉXICO-1.243 KILÓMETROS A LAREDO. Sin embargo, las múltiples grietas abiertas a navajazos forman palabras: El Racha, Valle de Siria-El Siolo, Cuchilla Sapa-Melungo, Agua Blanca Sur-Noel y Mario Acosta, El Guantillo-Juan, El Pedernal-Marvin Suárez, Zúñiga de Cedros-Johana Cruz y Alex, Agua Blanca. Como si esas paredes fueran un libro de visitas, los hondureños que en este punto del Estado de México suben al ferrocarril que los acercará a la frontera norte registran rigurosamente su nombre y el pueblo del que provienen.

Si nadie sabe de ellos, si los Maras los matan, si los Zetas los secuestran, si mueren deshidratados en la Ruta del Diablo o ahogados en el Río Bravo, si se disipa su identidad en la ilegalidad de Estados Unidos y si alguien un día los busca, se sabrá por los surcos de estas paredes mexicanas que cuando pasaron por aquí eran mujeres y hombres libres y estaban vivos.

Con unos *pants* de niño que apenas le llegan a las espinillas y una mochila ocupada por el gran hocico dientudo de Taz, El Demonio de Tasmania, el hondureño Diego Vargas recibe unos pesos que un locatario del Mercado de Huehuetoca le da por haber descargado en su puesto unos costales de azúcar.

Abandona la plaza del kiosco donde quiso dormir tranquilo dos días antes de reiniciar su travesía y subir al tren. "La manada de catrachos dormimos chilo (*sic*) en parquecitos, arriba de los árboles, y también muy chilo tirados en el campo, siempre y cuando el clima no esté helado y la lluvia no nos perjudique", dice Diego. Pero desde hace días, en el pueblito mexiquense la lluvia no cesa y ahora el joven de veintiséis años trae la ropa húmeda y pesada. Y entonces anda muy desvelada la "manada de catrachos", como Diego llama a las y los hondureños que merodean esta zona para iniciar la segunda parte de su travesía por México y llegar a sus destinos soñados: Miami, Nueva Orleans, Nueva York, Houston, Los Ángeles, Las Vegas.

—¿Y además de hondureños, no viajas con otros centroamericanos?

—Antes, en el tren La Bestia había, póngale, seiscientas personas: salvadoreños, guatemaltecos, nicaragüenses. Ahora hay máximo cuarenta y todos-todos catrachos.

—¿Por qué todos catrachos?

—Mejor no hablemos de eso —guarda silencio unos segundos.

—¿No puedes hablar?

Se queda pensando.

—Vivimos amenazados y perseguidos por gente malvada.

—¿Y de otras nacionalidades por qué no vienen?

—La raza no está viniendo porque han tenido mucho problema en el camino. Mire esto, nada —abre los brazos ante la llanura despoblada de Huehuetoca que se extiende a los lados de las vías—. Antes se llenaba, ahorita con tanto que ha pasado, la gente tiene miedo de viajar, aunque quieran.

—¿Y a ti no te preocupa el peligro?

—Sí, pero no: uno ya viene arriesgado, uno como catracho ya sabe que uno llega hasta donde Dios quiera.

"En los países de origen deben darles condiciones y seguridad para que no salgan", clama en el diario hondureño *La Prensa* el histórico defensor de los migrantes, el sacerdote Alejandro Solalinde.* Pero

* Acerca de la obra de Alejandro Solalinde se puede ahora leer *Solalinde: los migrantes del sur*, publicado también por Lince Ediciones y escrito por él mismo con Ana Luz Minera.

su ruego se disuelve en el vacío: el temor a los caminos mexicanos es menor al de vivir en Honduras. Las pandillas y el grupo criminal de Los Maras se apropian de ciudades y pueblos. No hay gobierno ni policía que logre frenar el avance de su imperio, controlado por extorsiones semanales o mensuales ("impuestos de guerra") a comerciantes, familias, choferes de transporte público, bajo la amenaza de matar a quien incurra en desobediencia.

Solo del 28 de septiembre al 10 de octubre, los días que han transcurrido desde que Diego abandonó San Pedro Sula, dos jugadores de futbol fueron acribillados en una cancha del sector El Cacao; tres muertos dejó un tiroteo en la colonia Las Brisas; el comerciante Bayron Fiallos fue ultimado a tiros dentro de un autobús en el Barrio Medina; la casa del vocero de la Fuerza Nacional de Seguridad Interinstitucional José Coello fue embestida a tiros por un comando armado de veinte sujetos; el reggaetonero y locutor radial Dorian Argenis fue asesinado en un taxi; fue acribillada la coordinadora de la Fiscalía de Delitos contra la Vida, Marlene Banegas, y la misma suerte corrió la Fiscal de Protección al Ambiente, Olga Eguiriano. A los asesinatos de personajes conocidos hay que sumar los de personas sin exposición pública. Todo ocurrió en San Pedro Sula, "la ciudad más violenta del mundo", según el Consejo Ciudadano para la Seguridad Pública y Justicia Penal. Su tasa de homicidios en 2013 fue mayor que ninguna otra en los cinco continentes: con una población de 754 mil personas, fueron asesinadas 1411. Es decir, hubo 187 homicidios por cada 100 mil habitantes, lo que encumbra a San Pedro Sula por tercer año consecutivo como la ciudad número uno en peligrosidad del planeta. La guerra por la disputa entre la Mara Salvatrucha (o MS-13) y la pandilla Barrio 18 es un correr de sangre en las calles y nada lo detiene.

Diego Vargas —el muchacho de los *pants* cortitos que duerme "chilo" hasta en las copas de los árboles si no llueve ni hiela— no era desempleado, analfabeta, ni soñaba dejar su país para ir tras el Sueño Americano. Mecánico industrial titulado en el Centro Educativo Héctor Guillén, fue un trotamundos de las Zonas Industriales de Procesamiento para Exportaciones (Zip): desplegó su destreza en Zip San José, Zip Búfalo, Zip Villanueva. Con su sueldo podía dar una vida de cierta comodidad a Nora, su esposa, y Esther, su pequeña hija de tres años.

Hasta que un día en el tormentoso barrio de Chamelecón, al sur de San Pedro Sula, tocaron a su puerta. Abrió y los rostros tatuados le dieron a elegir: comenzaba a dar su cuota mensual o trabajaba para ellos. Diego eludió la primera propuesta de Los Maras con los modos suaves y respetuosos que tanto le han servido en la vida. Y la segunda propuesta, unirse a ellos, no era opción: "Mi papá, que tuvo quince hijos, me aconsejó: si te haces una mancha perderás para siempre el respeto". Diego no se iba a "manchar", no iba a arruinar su destino con un tatuaje que lo volviera "Marero" hasta el día de su sepultura. A las semanas de su doble negativa, el grupo delictivo le aclaró al octavo hijo de la familia Vargas que no iba a negociar: "Va a morir tu hermano".

No hubo tiempo de nada. Edwin, su hermano mayor, desapareció de inmediato. La búsqueda solo duró dos días: la Policía sampedrana lo halló en un plantío de caña de azúcar. "Lo torturaron con alfiler (navajas) y le dieron mucho plomo. Apareció muerto en unas cañeras a la orilla de un camino", recuerda Diego sentado en las vías de Huehuetoca donde en horas pasará el tren que lo llevará a San Luis Potosí. El asesinato de Edwin no sació la ira de los delincuentes. Aunque Diego se mudó con su familia a otro punto de San Pedro Sula, una nueva amenaza llegó a sus oídos. Seguía él. "Mi santa madre —que es mi abuela porque ella me crío— me dijo: vete lejos, hijo, te prefiero lejos de estas tierras antes de irte a remontar muerto a una carretera. Le hice caso: no quería ser malo, no quería cometer lo mismo que ellos, decidí desaparecerme y avisé a mi esposa que me iba".

—Vamos a ir contigo —le dijo ella.

—Me voy solo, no las voy a arriesgar.

—Si te vas solo me vas a perder.

"Cuando dijo eso le respondí: mujeres hay muchas", recuerda.

—¿Por qué le dijiste eso?

—El enojo: yo no andaba tatuado (no era Mara) ni era delincuente. Si me iba era para que no se metieran con mi familia ni conmigo.

—¿Cómo fue el momento en que te fuiste?

—Mi esposa me dijo "vete, pues", despedí a mi morrilla y agarré mi mochilita.

Diego cruzó la frontera con México y abordó La Bestia junto a trescientos centroamericanos. Entre la masa detectó a una chica "diferente" de unos veinte años. "Desde que subí vi a esa paisana bonita que viajaba con su novio". Poco después de Coatzacoalcos, mientras el tren hacía una pausa, oyó los zapatos de una decena de hombres armados irrumpiendo por los estribos de los vagones. "La muchacha no se quería ir, pero la jalaban del pelo. Me tocó ver cuando la violaban, yo no podía ni mirar lo que pasaba."

—¿Y el novio?

—No pudo hacer nada, si se oponía se lo llevaba la chingada. Acabaron y a la chava se la llevaron. A ellos no les importó: querían algo y lo agarraron.

—¿La gente que iba en La Bestia no supo nada más de ella?

—No. Con suerte las dejan vivas y si uno las vuelve a ver cuentan su historia.

—¿Cuál es el tramo más peligroso de México?

—Bandidos hay en todas partes.

—¿Vale la pena el riesgo?

—En México puede que haya gente mala, pero mi tierra es peor. Póngale que mi tierra es el extremo —dice Diego juntando el pulgar y el índice como si escribiera en el aire—. Honduras es el país donde la vida no vale nada.

SOMOS ESTATALES

El joven antropólogo Jorge Andrade abre la cajuela y retaca de víveres la camioneta Yukon gris con que su brigada ayuda a centroamericanos en el Estado de México. Fatigados, hambrientos, andrajosos, los migrantes que han descendido en la colonia Lechería —a donde el tren se detiene y emprende el viaje de regreso al sur de México— suelen caminar unos treinta kilómetros hasta Huehuetoca, donde abordan un nuevo ferrocarril. Y entonces merodean los alrededores terrosos de las vías férreas de este pueblo del Estado de México en espera de que un tren de Ferronales baje su velocidad en su trayecto hacia el norte y puedan trepar. En sus pausas de uno o dos días "charolean" (piden limosna) y agarran chambitas para sumar unos pesos destinados a los polleros, que les prometen protegerlos en el camino y cruzarlos a Estados Unidos.

Dentro de la camioneta Yukon que surca la deshabitada y verde planicie sobrevolada por calandrias, Jorge mueve la cabeza a los lados, como un radar, para detectar su objetivo: migrantes solitarios o en grupo que deambulan taciturnos en el campo o que retozan bajo las sombras de pirules o ahuehuetes. "Desde hace años esta zona es paso obligado de centroamericanos y ellos son un negocio para la delincuencia organizada —asegura Jorge—. Por eso ya hay Maras que se mudaron a Huehuetoca. Solo salen en las noches." Protector de los migrantes, enorme fuente de dinero ilícito, el dirigente del colectivo Ustedes Somos Nosotros lleva dos amenazas de muerte este año. Por eso, detrás, en este instante, la patrulla 06710 de la Policía Estatal escolta la camioneta que transporta a los activistas.

Los migrantes tienen de tres. Una, usan a Huehuetoca como trampolín al norte a través de la Ruta del Diablo (como la llaman por su elevadísimo clima) que pasa por San Luis Potosí, Celaya, Guadalajara, Nayarit, Altar y Mexicali. Dos, de San Luis Potosí se dirigen a Nuevo Laredo. Tres: de San Luis Potosí viajan a Monterrey o Reynosa. Aunque el municipio donde estamos representa otra desgraciada opción. "En el Cementerio de Huehuetoca hubo que crear una fosa común para enterrar a los migrantes que mueren por acá", revela Jorge.

Bajo un par de estampitas de la Virgen de Guadalupe que cuelgan del techo de la camioneta, Adrián "la Polla" Rodríguez, decano benefactor de migrantes en México, exclama "¡un tejón, un gavilán!", si su mirada alerta descubre uno de esos animales pasando frente al parabrisas. Por su emoción infantil parece que es su primera vez en Huehuetoca. Pero no: el rubio de gran melena, cordial y apacible como un monje, desde hace diez años entrega en este mismo lugar ropa, agua, comida y primeros auxilios a los migrantes, cuyas historias quizá conoce como nadie en México. Adrián oye que Jorge menciona la fosa común y suelta su propio recuento: "Desde que yo trabajo aquí, he visto treinta migrantes muertos. Casi todos por violencia." Pero Adrián, médico, psicoterapeuta y cocinero autodidacta, ha sabido prolongar la vida.

—Relata dos historias inolvidables— le pido.

—Traje un bebé al mundo en estas vías. Una hondureña de La Ceiba tuvo contracciones al bajar el tren y la ayudé a dar a luz. La chava de diecisiete años me dijo: "Le voy a poner como tú: Adrián". Y hace nueve años, Josué, otro muchacho hondureño, tocó los cables de alta tensión del tren con los pies y se le "reventaron". Los médicos del Hospital Regional de Tula se los querían amputar, pero me hice pasar por su hermano y me negué. En mi casa, donde vivió, lo curaba, lo limpiaba, lo cambiaba. Ocupó primero silla de ruedas, andadera y luego bastón. A los tres meses volvió a Honduras por su propio pie—, dice.

De pronto, tras diez minutos de viaje, Jorge detecta a veinte metros de las vías cuatro jóvenes dormitando bajo un árbol. Wilson, el chofer —hondureño que hace cinco años en su viaje a la frontera norte optó por quedarse a vivir en México— se detiene y Adrián baja la ventanilla. "¡Perdieron contra México!", les bromea sobre el partido de futbol entre México y Honduras, y los cuatro morenos abren los ojos, amodorrados sin entender qué pasa. "¿Hondureños?" "Sí", murmuran poniéndose de pie. Asustados, observan la patrulla de la Policía Estatal. "Vengan, somos gente de bien", los tranquiliza Adrián. "¿Quieren comer?", les pregunta Jorge. Los migrantes asienten inmóviles sin quitarle la mirada a la policía. "La patrulla nos acompaña, somos defensores", aclara Jorge y los catrachos se acercan despacio.

—Hijos, vengan, tengan agüita —insiste Adrián—. ¿De dónde vienen?

—De Puebla —responde Rafael, uno de los catrachos—. Ahí unos policías nos pidieron papeles y como este cuate no tenía —señala a un hondureño que viene con él— lo tiraron y le pegaron muy duro. Tiene calentura y dolor de cabeza.

Jorge se dirige al enfermo, un adolescente que se mueve lerdo, apaleado.

—Flaco, ¿quieres denunciar? —le pregunta Jorge.

—Sí —susurra el hondureño y de inmediato el activista marca a un funcionario de la Comisión de Derechos Humanos estatal.

—Renato, estoy con cuatro migrantes que fueron agredidos por policías. Levanto el testimonio y denunciamos.

Jorge busca en su celular la aplicación para grabar y explica:

—En el sur del país, todo lo que les pasa se lo callan: saben que podrían encontrar al mismo policía, al mismo Mara que los agredió. En Huehuetoca ya aceptan darme su testimonio, con el que yo denuncio a la autoridad.

Ahora sí, Jorge enciende *rec* y acerca su grabadora al joven hondureño golpeado que dice: "Me llamo Tinito". En segundos, Tinito explica quién es (diecisiete años, natural de Las Lajas, departamento de Comayagua; campesino cañero, menor de nueve hermanos. Busca llegar a Houston, donde desde hace quince años vive su hermano, empacador de manzanas; salió de Honduras porque junto a su hermana está amenazado de muerte por los Mareros: "Me fui por la tremenda maldad que hay en Honduras, me forzaban a entrar y no quería que me hicieran daño"). Y entonces suelta lo ocurrido en Puebla: "Queríamos agua, pues hacía dos días que no bebíamos. Bajamos del tren y a las nueve de la mañana, de buena manera, preguntamos dónde había agua a dos policías de negro que estaban junto a una garita; nos pidieron papeles y nos sacaron la pistola. Les dije: 'No nos hagan nada, no los estamos agrediendo y soy menor'. Me dijeron: 'No te pongas tan pendejo que te vamos a dar una buena putiza' —yo no sabía qué era una putiza—. Me senté, pero me llevaron hasta una zacatera. Llamaron por telefono y dijeron 'vengan otros tres'. Cuando ya eran cinco policías me golpearon la nuca y me tiraron de pecho en el lodo. Los cinco me pateaban y caminaban en mi espalda. Estuve tirado diez minutos sin que pararan de golpearme. Decían: '¡Somos estatales, con nosotros no se metan!'. Cuando acabaron de pegarme dijeron '¡sáquense, no queremos verlos!'. Abrieron nuestras mochilas y tiraron nuestra ropa en el campo".

El testimonio acaba y Jorge apaga su grabadora.

—¿Cómo te sientes, Tinito?— pregunto.

El muchacho se quiebra, solloza unos segundos y responde cuando se calma.

—Ni tan bien ni tan mal.

—¿Tienes esperanza?

Asiente en silencio.

—¿Sabes leer y escribir?

Niega en silencio con la cabeza.

Tinito gira con sus dedos un santito dorado en miniatura. Mira el muñeco de plástico, ya no hace contacto visual con ninguno de quienes lo rodean y habla por última vez antes de callarse por completo.

—Un señor de una iglesia —dice— me lo dio en la Ciudad de México para que me proteja.

La Mara controla el campo y la ciudad, y para salvarse de sus ataques y extorsiones los amenazados deben pasar por México. Y en este país son las víctimas perfectas del crimen: sirven cuando son obligados a unirse a sus filas o porque tienen familia en Estados Unidos y al ser secuestrados pueden pedir rescate. El 2 de mayo de 2014 se produjo uno de los ataques más brutales a La Bestia, pese a que el caso no atrajo gran atención de los medios. Un grupo de delincuentes agredió sobre el tren a cientos de centroamericanos que viajaban cerca del paraje veracruzano Las Barrancas. El número de muertos y heridos nunca se aclaró.

—¿Qué supiste de lo ocurrido?— pregunto al activista Jorge Andrade, que cada semana lleva comida, agua y ropa a los migrantes que se topa en las vías.

—En el tren había unas seiscientas personas —responde—: Se subieron a dispararles, machetearlos, cortar cabezas y manos, aventarlos. (El gobernador de Veracruz, Javier) Duarte salió a minimizar y dijo que todo había sido un pleito entre seis hondureños borrachos. La Marina, el Ejército, la Cruz Roja acordonaron la zona, observaron los muertos y (dada la magnitud de los hechos) Duarte debió desmentirse. Me enteré del ataque, calculé el tiempo de traslado y vine a Lechería. Un sábado encontré a esos migrantes y me dijeron: "Pagamos los 100 dólares que pedían (los delincuentes), pero como una señora no tenía dinero le quitaron a su hija de nueve años, la aventaron a las vías y después cortaron cabezas". La violencia en las vías es terrible.

—¿Es el caso que más te ha impactado?

—El primero que me impresionó fue otro. En Lechería vi a un chavo muy lastimado a punto de subir al tren de la empresa Kansas City Southern. Le dije: "No te subas, los garroteros te van a bajar y golpear". "Ando sin comer y golpeado", me respondió. El hondureño me contó que venía con su esposa y por Orizaba se subieron los Maras a cobrarles la cuota. Como no traía dinero, la aventaron a ella a las vías y el tren la deshizo. A él también lo aventaron, pero cayó a un lado. Vio unas patrullas de la (Policía) Federal y les dijo lo que acababa de pasar. Los policías lo golpearon. Recuerdo bien sus palabras, me dijo: "Metieron los pedazos de mi esposa a una bolsa, la subieron, se fueron y me dejaron golpeado". Yo le pedí: "Denuncia". Tenía miedo, pero denunciamos ante la (Comisión) Nacional (de los Derechos Humanos) y siguió su camino. Como hubo una denuncia sigue la pesquisa.

—¿Por qué lo golpearon?

—Para que no denunciara, esto es una estructura: Los Zetas tienen a los Maras, los Maras a los polleros, y los polleros a su vez están coludidos con las autoridades. Y cuando hay un ataque a los trenes, los delincuentes recogen los cadáveres para no dejar evidencia.

—¿Si logran superar la travesía mexicana, qué les queda a los migrantes?

—Si vas solo, para "usar el desierto" tienes que pagar (al crimen organizado) 300 dólares. Sin dinero, solo pasas si te vuelves "burrero" y cargas a los Zetas o al Cártel del Golfo una mochila con droga: por eso a muchos los acusan de narcotráfico. Y si vas con pollero, sale unos 700 dólares, aunque a veces los polleros, cuando llega el crimen organizado, entregan a los migrantes: "Llévenselos, no me importa". Para migrar debes tener una red, hay una derrama que antes incluyó las extorsiones de las policías. El viaje muchas veces lo patrocinan familiares en Estados Unidos vía Western Union. Depositan a las casas de migrantes y los migrantes van retirando.

—¿Cómo viajan?

—Dentro de las góndolas que llevan chatarra, carbón, arena. Y también en un pequeño hueco que existe en los vagones. Viajan en cuclillas pero se cubren del frío y la lluvia. Y arriba de los vagones vienen tan cansados que se amarran para no quedarse dormidos y caerse en las vías. Si no te amarras, es imperativo no quedarte dormido: los veo con las cuencas sumidas de hasta tres días sin dormir, deshidratados, con hambre. Y en el invierno, a la altura de Cumbres de Maltrata (Veracruz), suelen morir por hipotermia.

Rafael, un migrante con una petaca con la foto de Messi gritando un gol y una gruesa casaca industrial que lo protege del frío, termina de escuchar el relato de Tinito, su compañero de viaje golpeado en Puebla por policías, y añade: "A mí me da lo mismo irme de Honduras". Quiere aclarar que en su travesía hacia el norte no hay un gramo de nostalgia. Con los otros tres hondureños se mete a la boca el arroz blanco que les entrega Adrián. Dan grandes y veloces bocados. "Yo me fui hace trece años a (el estado de) Nueva York —relata Rafael—. Trabajaba puliendo pisos de concreto en (la ciudad de) Northport y soy profesional en piscinas: miro qué le falta al agua y le echo los líquidos. Hacía de dieciséis a veintiocho piscinas al día y mandaba dinero a mis padres. Pero hace dos años asesinaron a mi hermano en Honduras por cualquier cosita. Entonces decidí volver a mi país para ver a mis padres después de años y vivir con ellos. Llegué a mi pueblo, Morazán, y como tenía algo ahorrado me compré un cochecito. Nada lujoso, de 6 500 dólares. Crecí, trabajé, agarré experiencia en Nueva York, y eso les cayó mal a los malos, les vino la envidia desde que llegué. En Honduras, si andas en la calle te enfrentas a esos perros: me vieron y me dijeron 'nos tienes que pagar'. Yo les dije 'ando sin dinero' y me respondieron: 'Te chingas, pagas'. Me enojé y les dije: 'Todos tenemos güevos'. Lo que dije llegó a oídos del mero jefe, que me mandó a decir: 'Ahora sí te vamos a dar vuelta'. Me empezaron a seguir en un carrito verde y mi hermano me dijo: 'Váyase, no puede vivir con nuestros padres ni volver a verlos a porque si (los Maras) lo ven con ellos los van a matar'. No había nada que hacer: en Honduras la Policía le tiene mucho miedo a los malos y entonces me tuve que ir a vivir a Siguatepeque: hacía ya cinco meses que no veía a mi madre ni a mi padre. Un día mi hermano me dijo: '¿Ya para qué está en Honduras?'. Esa misma noche agarré mi mochilita, metí dos pantalones, tomé un bus y me fui. Por eso me da lo mismo irme de Honduras."

Rafael baja la cabeza, llora unos segundos, pero se recupera. Sonriente, toma aire y vuelve a su plato de arroz.

Las casas de migrantes desperdigadas en el país —y que financia la Iglesia Católica— mitigan el drama hondureño.

En la oaxaqueña Ciudad Ixtepec, desde 2007 el Albergue Hermanos en el Camino del cura Alejandro Solalinde da alojamiento, comida, servicio psicológico y médico, así como apoyo legal, hasta a veinte mil personas al año. Y en Huehuetoca, Diócesis de Cuautitlán, el joven sacerdote Horacio Robles dirige la Casa del Migrante San Juan Diego Cuauhtlatoatzin, que recibe de seiscientas a ochocientas personas al mes con derecho a quedarse un máximo de cuarenta y ocho horas. En ese periodo tienen prohibido salir: "Si sales a comprar algo o hablar por teléfono no puedo dejar que reingreses. Simple: no sé qué saliste a comprar y qué pretendes introducir". En la entrada cerrada con candado, dos agentes armados de las policías Estatal y Municipal vigilan escrupulosamente el ingreso y egreso de los centroamericanos. Una manta en la fachada advierte: IMPORTANTE: PRESENTAR LA IDENTIFICACIÓN OFICIAL DE TU PAÍS. PROHIBIDO INTRODUCIR ALIMENTOS, ARMAS, NAVAJAS, CIGARROS, ALCOHOL, DROGAS U OTRO ESTUPEFACIENTE. QUEDAN DETENIDOS TU CELULAR, ENCENDEDOR, CIGARROS, MEDICAMENTOS (SE TE DEVOLVERÁN AL SALIR). En su diminuta oficina de la Casa del Migrante, bajo una tira adhesiva en la que han quedado atrapadas decenas de moscas, el cura Robles explica por qué no hay concesiones: "Tengo que cuidar que aquí solo entren migrantes, no personas que vienen a observar el funcionamiento de la Casa o cuántos migrantes tenemos. Entre quienes recibimos se nos pueden infiltrar Maras o polleros. Además, este tramo de la vía es una zona roja en el trafico de mariguana". Las organizaciones religiosas justifican en pasajes de La Biblia su apoyo a los peregrinos que vienen desde Centroamérica. El refugio del presbítero Solalinde recuerda un pasaje de Mateo 25:35: "Tuve hambre y me dieron de comer, tuve sed y me dieron de beber, fui migrante y me hospedaron". Y frente al sacerdote Robles, una ilustración del quinto libro del Nuevo Testamento muestra a Jesús diciendo a sus discípulos migrantes: "Recibirán poder cuando el Espíritu Santo llegue sobre ustedes, y serán testigos de mí tanto en Jerusalén como en toda Judea, y en Samaria, y hasta la parte más distante de la Tierra".

Tras el asesinato de su hermano secuestrado, Diego —el hondureño amenazado que tuvo que dejar a su esposa y su hija— llegó hace cerca de tres años al límite norte de Baja California y sin dinero se animó a cruzar solo el desierto. Optó por largas travesías nocturnas, para "aprovechar que a esa hora el aire fresco cansa menos". Extenuado, a los tres días llegó a la pequeña ciudad californiana de El Centro, donde se volvió lavaplatos de la fonda Antojitos como en Casa. El sueldo de 400 dólares semanales bastaba para rentar una pequeña casa en la agradable calle Alameda y compartirla con otros cuatro hondureños. Al año de arribar, con buenos ahorros y confiado en que su estancia en Estados Unidos se prolongaría, cometió un error. Cerca de medianoche salió del Tommy's Casino tras una velada de apuestas y alcohol con amigos y decidió volver a casa caminando.

Tambaleándose, vio venir un vehículo blanco con las torretas encendidas. "Los agentes me vieron muy pedo, bajaron y me sintieron olor a alcohol. Me pidieron documentos y me agarraron porque no tenía." Detenido en la US Immigration and Customs Enforcement de Imperial County, Diego evitó la deportación inmediata con una solicitud de asilo político por las amenazas que le asestó la delincuencia organizada hondureña. El proceso legal implicaba que las autoridades migratorias lo retendrían indefinidamente. Es decir: prisión. Ingresó a la Imperial County Jail, una cárcel con grandes y limpios galpones atestada de literas donde dormían latinos que purgaban penas menores. "La cárcel gringa estuvo chila —sonríe Diego—: Mucha raza catracha, comida, juegos, ropa limpia, deporte, TV. Como en casa." Un año y medio después de iniciar su confinamiento, el gobierno de Estados Unidos rechazó su petición de refugio. "Conseguí pruebas y no me creyeron (que había sido amenazado), me mandaron a la fregada. Dios sabe lo que hace." Para que el proceso se revisara y permanecer en prisión, debía pagar 30 000 dólares. "¿Quién puede dar esa fianza machina? —se queja—. Me mandaron a mi tierra en avión."

A inicios de 2013, Diego pisaba ya San Pedro Sula, la ciudad que tres años antes lo había expulsado con una amenaza de muerte. Tomó un autobús y tocó el timbre de la casa que había ocupado con su hija y su esposa. Ella abrió la puerta. "La miré de pies a cabeza y me dijo: 'Ya no podemos seguir'."

—¿Qué pasó?— le pregunto.

—Ella se casó con otro por andar yo en este camino. Fue duro, habíamos compartido muchos años y la perdí.

—¿Y tu hija?

—Me vio, le dije "soy tu papá", y cuando me abrazó le explique por qué no había estado con ella varios años.

—¿Qué le explicaste?

—Le dije: "No estuve contigo por cierto motivo".

—Activistas denuncian que la Embajada no apoya a sus migrantes— pregunto al embajador José Mariano Castillo.

—Nos basamos en la ayuda de la Iglesia, las casas de migrantes, el gobierno mexicano y su pueblo generoso. Carecemos de capacidad.

La Embajada de Honduras en México reconoce que se ha quedado corta para atender a los cerca de cien mil hondureños que, según sus cifras, cruzan México cada año y los casi veinticinco mil que en un promedio anual son "asegurados" por el Instituto Nacional de Migración y devueltos a su país.

Desde 2010, la Embajada se volvió una especie de empresa de mensajería de cadáveres, muchos de los cuales viajan desde la Ciudad de México a Tegucigalpa despedazados. El día de la entrevista, el embajador Castillo acababa de firmar los papeles fúnebres de tres hondureños muertos en su travesía. Solalinde, nuevamente, acaba de alzar la voz: "La cifra de hondureños cruzando México se dispara", alerta a la prensa de ese país.

—Los migrantes ya son casi todos hondureños. ¿Qué pasa? —pregunto al diplomático.

—Ha sido así. Huyen del narco y de sus sicarios extorsionistas: los Maras. El ochenta por ciento de los asesinatos en Honduras son por narcotráfico. Hay mucha violencia en Tegucigalpa, San Pedro Sula y en el occidente, donde operan con intensidad los Zetas y el Cartel de Sinaloa. México los aprieta y los carteles se mudan al sur. Ya están entre nosotros.

—¿Se está agravando la violencia en Honduras?

—Sí. Hay muchos crímenes, la gente tiene miedo y escapa. Nos estamos desangrando, se nos esta yendo la juventud. Los Maras te cobran por vivir en tu casa, por tener un negocio, por pisar un suelo, por usar transporte público.

—¿Cuántos hondureños han muerto en México a manos del narco?

—Más de trescientos en los últimos cuatro años (2009 a 2013): están las masacres de San Fernando (2010 en Tamaulipas, setenta y dos muertos, veintitrés de ellos hondureños) y Cadereyta (2012 en Nuevo León, cuarenta y nueve muertos, once de ellos hondureños), los muertos que han aparecido en Lechería. Mueren deshidratados en el desierto, en accidentes, ahogados en ríos, asesinados por el crimen organizado y por policías locales. Hoy mismo firmé documentos de tres personas muertas cerca de San Luis Potosí, ahogadas y deshidratadas. Solo en el último mes envié a Honduras once cuerpos. Una mujer de treinta y dos años víctima de la masacre de San Fernando acaba de ser identificada y diez más de la espeluznante masacre de Cadereyta: los criminales descuartizaron a los hondureños. Estamos enviando ataúdes con pedazos de cuerpos. Si la migración baja es porque ven que sus compatriotas vuelven en cajones— considera.

—¿Cuántas hondureñas y hondureños han sido secuestrados en México?

—No hay una estadística porque los secuestros no se reportan. Y muchas veces los criminales son policías (mexicanos).

—Entonces está involucrado el gobierno mexicano...

—No. El gobierno mexicano no viola derechos humanos, no roba, no secuestra. El gobierno protege y le estamos muy agradecidos.

UN TRISTE RECUERDO

Diego —el hondureño que vivió un año en la cárcel de Estados Unidos sin lograr asilo político— juega a hacer equilibrio sobre las vías de Huehuetoca, mira atento desde sus lentes el riel metálico y unos segundos después, al caer sobre los durmientes, se ríe abriendo su boca sin dientes frontales. Apenas el año pasado, soltero, ya sin esposa e hija con quien vivir, intentó empezar de cero su vida en Honduras. Lo consiguió poco más de un año, pero la Mara no olvida. El ultimatum volvió.

—¿Cómo te amenazaron?

—De eso no puedo hablar.

Era septiembre, en los días en que a su patria vuelven los vientos frescos luego del cruel verano. "Otra vez tuve que salir a la fuerza, como la mayoría de mi raza: amenazados, extorsionados". Se metió al bolsillo mil lempiras (610 pesos), puso en su mochila una muda de ropa, un paliacate y una Biblia.

En la Terminal de Buses de San Pedro Sula compró un boleto a Ciudad de Guatemala. Desde ese lugar viajó en aventón al pueblo de Santa Elena, y del mismo modo hasta El Naranjo, el pueblo fronterizo con México. Y ahí, a lidiar en la Aduana: "Todos (los agentes mexicanos) quieren mordida". Cuando la fila avanzó y le llegó el turno, el oficial le preguntó cuánto ofrecía. "Saqué cien quetzales (250 pesos) y como que no (le bastaba), pero le dije: 'Déjeme ir, oficial, para no quedarme sin nada'. Me dijo 'sobres' y pasé."

Desde El Martillo, el primer pueblo mexicano, Diego caminó cerca de treinta y cinco kilómetros durante cerca de doce horas a través de una serrana brecha selvática que lo dejó en Tenosique, el punto de partida tabasqueño de La Bestia.

—Caminé día y noche —recuerda—. Cuando llegué a Tenosique estaba tan cansado que sentí que había llegado a casa, y tenía mucha esperanza.

El Programa Frontera Sur, que dirige el Instituto Nacional de Migración junto a las policías estatales y Federal, ha ido vaciando de migrantes el sureste del país. Ese plan gubernamental, al detonar las travesías de los centroamericanos ya no en tren, sino a pie, ha causado "una cacería indiscriminada de migrantes, aumentando los riesgos del camino", señala Solalinde.

Retenidos en masa en Estaciones Migratorias, son luego regresados a sus países. Los efectos de los patrullajes son evidentes en la baja de flujos humanos, salvo cuando se trata de hondureños: en ellos no se frena la "diáspora". A las acciones de gobierno que ahuyentan a los migrantes se une el miedo:

—La Bestia viene casi vacía por tanta maldad: secuestros, violaciones, robo de niños para venderlos. Solo quedamos hondureños —dice Diego.

El lomo del ferrocarril que surca el Golfo de México se ha ido vaciando de las víctimas de la miseria y el desempleo, mas no de la violencia. Si hasta 2013 un migrante viajaba con seiscientas personas más, ahora se enfrenta a una realidad como la que vivió Diego: un majestuoso ferrocarril ocupado por cuarenta hondureños, casi todos amenazados. Subió al lomo de uno de los vagones de Ferronales y en la noche se amarraba para evitar que su cuerpo, aflojado por el sueño, se desplomara hacia las vías.

—Comí vainas de algarrobo, plátanos, mangos verdes con tortilla, maíz crudo, una iguana, una gallina y tacos que le regala a uno bonita gente mexicana. Mi señor Jesucristo me puso todo eso en el camino —narra.

Todo era calma y La Bestia parecía dormida. Pero en un punto cercano a Coatzacoalcos oyó, a plena luz del día, el caos de furiosos gritos mexicanos y hondureños.

—Siete de la mafia llegaron y empezaron a robarnos. Se llevaron mi mochila, los zapatos, mi ropa: me dejaron en boxers —se ríe.

Con los bolsillos vacíos, días después se repitió la escena cerca de Orizaba: "Oí gritos de la raza, los estaban golpeando. Me alcé y aunque era de noche vi un grupo de diez que subieron armados al tren. Muchos de la manada (*sic*) reaccionamos". A Diego le inquietaba que, sin objetos de valor que entregarles, los delincuentes se llenaran de ira y no lo perdonaran. "Me aventé y me escabullí por la montaña. Corrí unos quince minutos hasta que paré y me dormí en medio del monte, sin agua, sin comida. Orizaba es helado, caía hielo y los labios se me rajaban". A la mañana siguiente, con el retorno de la calma, volvió por el mismo camino y esperó a que un nuevo tren pasara.

De Tierra Blanca fue a Córdoba, a Orizaba, luego a Apizaco y Lechería. Al fin, llegó a Huehuetoca. Aún le quedan varias semanas para llegar a Baja California, donde pretende repetir la nocturna travesía desértica de tres días. "Si me encuentro a la Border Patrol, a correr", suelta sereno y sonriente, como si la Border Patrol no fuera más peligrosa que un perro malhumorado.

—¿Y ahora, cuál es tu sueño?

—Las Vegas, me encanta la apuesta. Lo que sea pero Las Vegas: mesero, lavaplatos.

—¿*Croupier* de casino?

—¡Claro, yo quiero hacer historia! —se carcajea levantando triunfante su vieja botella plástica Bonafont llena con agua de la llave.

—¿Y si haces dinero, cómo te gustaría vivir?

—Si hago mi ahorrito, me vengo a México, ¡Simón! Dicen que está bonito Mexicali. Me voy a ir a Mexicali porque quiero al mar cerca, y desde ahí le mando dinero a mi morrita.

—¿Y qué tienes ahí dentro?

Diego abre la mochila del Demonio de Tasmania.

—Solo una chamarrita —dice.

—Y tu Biblia…

—No, también me la robaron.

—Uy.

—No importa, ¿eh? Me acuerdo de una parte en que nuestro señor Jesucristo nos dice: "Aún dejando familias, bienes, casas, hijos, trabajo, dinero, aún siendo extranjeros en otros caminos, siempre estaré con ustedes", recita el hondureño. Diego se despide y queda de frente a las vías que conducen rumbo al Basurero de Tequixquiac. Ahí, dormitará bajo el cobijo del árbol que da protección a los centroamericanos, "el Pirul de los Migrantes". A las siete de la mañana oirá la bocina del tren que, al frenar en la curva, le permitirá subir. Si tiene suerte, pronto llegará a San Luis Potosí en uno de los ferrocarriles como el que pasa en este instante, el Tren Ferromex Mexica 4012, tres de cuyos vagones tienen las siguientes pintas: "Aquí le metí la verga a Roberto López y Armando Gutiérrez por rateros", "Aquí le metí la verga a Ángel Osobampo el 9 de diciembre por unos costales de mochote para su familia", "Aquí le metí la verga a Natividad de Maseca".

Diego se despide y empieza a irse caminando sobre las vías, llenas de señales de los migrantes que como él han pasado por aquí: tubos vacíos de pasta de dientes, vasos de tergopol, botellas agua, un empaque de Panditas Ricolino, un bote de shampoo Sedal, una vieja camisa azul, una suela de tenis blanca.

Metros adelante, en la misma senda que el joven hondureño va a recorrer, está tirada una vieja sobaquera de cuero con capacidad para dos pistolas.

De pronto, veo en el anular de Diego un anillito dorado que se ilumina con el implacable sol de mediodía.

—Mi anillo de matrimonio —me explica mirándolo.

—Cuidado, eso ahuyenta a las chicas— le digo.

—No te creas —se ríe— se acercan porque les explico que es un triste recuerdo.

Tres semanas después de que este reportaje fue publicado, Adrián "la Polla" Rodríguez, quien me ayudó a hacer el recorrido por Huehuetoca, fue asesinado. Este texto póstumo sobre él fue publicado en el diario *Más por Más*.

> "Mataron a Adrián", me avisaron el lunes por teléfono. No podía creerlo. Días atrás nos vimos. Lo noté contento, entusiasta. Con la melena rubia revoloteando por el aire que entraba a su camioneta, Adrián "la Polla" Rodríguez me llevó al punto de Huehuetoca donde deambulan los migrantes en espera de que un tren, al bajar la velocidad, les permita trepar al techo y viajar a USA. Hondureños casi todos, que en su travesía sufren la violencia de los cárteles y huyen de su país amenazados por la Mara y otros grupos.
>
> Desde 2004 hacía tres recorridos al día para detectar centroamericanos sedientos bajo la sombra de los árboles o caminando junto a las vías. Les daba agua, comida y ropa.
>
> Ese año, Ana, una amiga restaurantera, le pidió ir con él a Huehuetoca para dar víveres a los migrantes. Desde entonces fue un "santo" anónimo de los desamparados. A eso dedicó el resto de su vida en el colectivo @ustedesomosnosotros.
>
> —He visto aquí treinta migrantes muertos, casi todos por violencia —contó cerca del panteón local, donde hay una fosa de centroamericanos.
>
> Aquella mañana de octubre subí a su camioneta, donde también viajaba Wilson, hondureño al que había ayudado. La historia de la acción humanitaria con él fue diferente. Aunque Wilson partió al norte, se enamoraron. Por eso volvió a México para ayudar en las faenas a su pareja.
>
> El domingo, Adrián y su novio fueron a dar de comer a los migrantes, pero a las cinco de la tarde del 23 de noviembre de 2014 fueron interceptados y acribillados.

12

YO YA ME VOY A IR

Con el oído al teléfono, el pequeño Iván oyó esa mañana las palabras que su padre le había repetido desde sus cinco años, la misma frase que lo condenaba a no conocerlo, o a conocerlo solo por la voz lejana que llegaba por el auricular un par de domingos al mes hasta Tlaltepango, su pueblo.

—Hijo, si sigo en Estados Unidos es para que no les falte de comer a ti y a tus hermanitas.

Esta vez la respuesta del niño tlaxcalteca no fue un "sí, papá", ese "sí, papá" resignado más que comprensivo, con el que siempre quedaba sepultada no solo la plática, sino cualquier ilusión.

—Por mí ya no trabajes más —fue lo que le contestó Iván— porque yo ya me voy a ir.

En algún lugar del Nueva York primaveral del 29 de mayo de 2011, Salvador Cote Blas oyó la respuesta de su hijo y se molestó. Hacía siete años que el albañil había cruzado el río Bravo huyendo con pavor de la justicia de Tlaxcala y su único hijo varón jamás lo había confrontado.

Por eso no le mandó un beso ni le pidió que se portara bien y tampoco le dijo "adiós". El castigo fue un "pásame a tu mamá". Iván extendió el teléfono a Ángeles Mora, su joven madre, que oía la plática junto a sus tres hijas: Alejandra, Mariana y la menor, Vanesa, una niña de siete años con discapacidad intelectual.

Iván ya no dijo nada más. En instantes en que Ángeles escuchaba a su marido quejarse por la conducta de Iván, el pequeño subió en silencio a la azotea. El matrimonio cruzó comentarios sin importancia. Pasaron cinco minutos antes de que Salvador, quizá afectado por algo cercano a un presentimiento, pidiera a su esposa: "Pásame de nuevo a Iván".

—Hijas, busquen a su hermano allá arriba —pidió la mujer.

Mariana y Alejandra subieron a la azotea. Ahí, en efecto, estaba su hermanito de once años. La cinta de una bata de baño amarrada al tendedero estrujaba su cuello. Las niñas vieron a Iván desvanecido, con la piel violeta, los ojos cerrados y la cabeza suspendida.

Por el teléfono descolgado, sin entender qué ocurría, lo último que Salvador escuchó fueron los gritos desesperados de su esposa y de sus hijas.

EL REMEDIO ERA ANTES

La mañana del lunes 30 de mayo apareció una pequeña nota interior en la sección Estados del diario *Reforma*: "Se suicida menor por *bullying*".

En realidad, el periódico hacía eco de la suerte de juicio sumario de la Procuraduría General de Justicia del Estado de Tlaxcala, que en el boletín 100/2011, señaló: "El niño tomaría esa drástica decisión porque era objeto de burlas y malos tratos de parte de sus compañeros de clase. La madre del hoy occiso mencionó en su declaración ministerial que su hijo Iván N. era víctima de acoso escolar, cuyo problema podría haberlo orillado a tomar la decisión de quitarse la vida colgándose de los tendederos del patio".

Según la Dirección de Prevención del Delito de la PGR, el 2010 hubo ciento noventa suicidios por *bullying*. Pero todos a partir de los doce años, con el inicio de la pubertad. El hecho de que un niño de solo once años se quitara la vida, más allá de la razón para hacerlo, podía marcar un hito en México. Sobraban motivos para averiguar qué había ocurrido.

El mapa de Tlaxcala en el que Tlaltepango aparecía como un pueblito que retoñaba tímidamente en las faldas de La Malinche, sugería agradables postales de pueblo mágico, con calles empedradas, techos de dos aguas y fachadas de adobe.

Pero la bienvenida que ofrece Tlaltepango es muy diferente. Al *boulevard* que lleva hacia la población lo invaden negocios de *block*, bovedilla, viguetas, cacahuatillo, tepetate, piedra, grava, arena. Expenden sobre una calle atestada de vehículos de carga, desde estaquitas hasta tráilers.

El plomizo vestíbulo de la comunidad anticipa el escenario que se repetirá en cada calle: muros repletos de grafitis, bloques toscos de tabique que sirven de casas y milpas sucumbiendo bajo cerros de ladrillo o cascajo que los hombres de aquí usan en su oficio.

—Disculpe, ¿sabrá dónde ocurrió la muerte de un niño? —pregunto al primer viejo que veo en el pórtico de su casa.

—¿El que se mató?

—Sí.

—Uuh, hasta el canal —añade don Modesto Sáinz e indica algún punto remoto de la comunidad.

La Calle del Canal se anuncia con una gran cruz blanca de cemento alzada sobre el asfalto. Atrás de ella está el canal de Tlaltepango: lecho de podredumbre y basura del pueblo. Y a sus flancos, los hogares donde las mujeres hacen nixtamal para vender en Puebla. Pasos adelante surge la casa con el número 51. Un moño blanco cuelga en la fachada. De no ser por esa discreta cinta de luto, uno pensaría que esta familia vive días prósperos: la construcción de un segundo piso casi concluye, la entrada acaba de ser pavimentada y dos columnas nuevas esperan lo que será el techo de un cobertizo.

Toco y no hay respuesta. Por el filo del portón se divisa una pila de ladrillos que hace de cama para una muñeca de greñas rojas. En el patio gris reposan costales de cemento. Un vecino dice con recelo que Ángeles Mora, madre de Iván, salió hace rato de la mano de su hija menor, "la enfermita". No sabe a qué hora volverá.

Minutos después, una anciana delgada —después sabré que es Alberta, su suegra— abre la casa de Ángeles.

—Yo hago el aseo. Ni los conozco, no sé qué pasó —miente y cierra.

Cruzo al otro lado del canal, donde vive Verónica, una vecina.

—Ángeles nunca fue una persona de hablar, no dice nada a nadie y menos desde lo del niño —advierte, justo en el instante en que señala—: Es ella, ahí está.

Me apuro, pero cuando la pequeña mujer de cuerpo encorvado me observa a veinte metros, entra y cierra el zaguán. El que sale, poco después, es un sonriente regordete: Francisco, primo de la mamá.

—No conozco a ninguna Ángeles y tampoco sé nada de eso que usted me habla (el suicidio).

—La mamá del chico acaba de entrar, déjeme hablar con ella.

—Aquí no entró nadie. Le pareció —refuta y se mete.

Decido esperar sentado en la banqueta. En media hora no pasa nada, hasta que de golpe surge del zaguán una voz femenina que reclama:

—Si el niño ya está "guardado", el remedio era antes, no ahorita.

—Solo quiero saber por qué Iván hizo eso —explico.

—Haga justicia en la escuela. Averigüe ahí, no aquí.

SU PAPÁ MATÓ A ALGUIEN

En la Calle del Canal solo suenan los ladridos de los tropeles de perros callejeros y de uno que otro auto que va a San Pablo del Monte, cabecera municipal. Sus pobladores, cientos y cientos de albañiles, van y vienen cruzando la autopista para laborar de lunes a sábado en la ciudad de Puebla. El domingo es la paz de sus músculos extenuados.

Por eso, cualquier grito, el que fuera, hubiera sido un desgarro en esa mañana apacible. Pero aquellos gritos eran aún más que eso. Eran un vendaval de desdicha. Los hermanos Artemio y José Luis Blas salieron espantados a la calle y alzaron la vista: los lamentos provenían de un par de casas a la derecha, la número 51, hogar de Ángeles, la sobrina de ambos.

—Cuando entré, ella bajaba en brazos a Iván —dice José Luis—. Aún respiraba.

Cerraron el paso del primer auto que cruzó. "Se nos está muriendo", imploraron al conductor, que hundió el acelerador para llegar en dos minutos al Hospital Comunitario Vicente Guerrero. Artemio corrió a Urgencias y entregó a los médicos Alberto Corona y María Pérez Zecua el lánguido cuerpo, de una tibieza que daba esperanza. Sobre la camilla, los médicos buscaron vida. Revisaron en Iván las frecuencias cardiaca y respiratoria, la presión sanguínea, la dilatación capilar y la temperatura. No encontraron un solo signo vital.

—Llegó muerto —aclara la doctora Zecua.

Sin oxígeno, su cerebro había perdido la circulación. Iván había fallecido por asfixia.

Poco después de las diez de la mañana, el doctor Corona pidió que el niño fuera trasladado al mortuorio.

—Estábamos conmocionados —recuerda.

Ángeles se quebró cuando el médico legista de la procuraduría estatal consignó frente a ella, en el acta de defunción, que su hijo de once años se había suicidado. Aunque con el llanto encima, la ama de casa tuvo la firmeza para declarar a un agente ministerial que en la escuela había niños que hostigaban con saña a Iván.

Trato de obtener información oficial. Seledonio Capultitla, alcalde de Tlaltepango, no quiere sospechas.

—El *bullying* está descartado —dice, y lanza su hipótesis sobre el origen del suicidio—: La TV enseña esas cosas a los niños.

En busca de rastros de ese supuesto acoso localizo a dos madres cuyos hijos eran amigos y compañeros de Iván. Piden omitir sus nombres.

—Es que Iván no sabía la historia de su papá —dice M de entrada.

—¿Cuál historia?

—Hace un tiempo su papá se juntaba en banda —cuenta S— y en una riña mató a un muchacho. La policía quería atraparlo y por eso se escapó a Estados Unidos. Un compañerito le dijo cruelmente a Iván que su papá había matado. Y que por eso nunca iba a volver.

—Por eso —añade M—, los niños rechazaban a Iván.

LA CUEVA DEL OSO

"¡María, párate, a tu hijo lo mataron!"

La violencia del alarido que la despertó esa madrugada de domingo fue tal que las palabras que el propio grito contenía no significaron nada por un instante. María Sánchez Román saltó de la cama como si experimentara un ultraje y, cuando se repitió en silencio lo que estaba oyendo, sacudió a su marido para arrancarlo del sueño. Florencio abrió los ojos y se enteró de la desgracia.

Pablo Román, su sobrino y vecino, acababa de llegar, agitado y sudoroso, y les dio la noticia. Huía de una pelea que terminó en una golpiza mortal para Pedro, su primo de diecisiete años, hijo menor del matrimonio.

Tres horas atrás, cuando el sábado perecía, los dos jóvenes albañiles habían deambulado por las calles de su pueblo, San Sebastián de Aparicio, en busca de cervezas para celebrar que ya acababa el año. Pero todas las tiendas estaban cerradas.

—Vamos a la Cueva del Oso —propuso Pablo, y Pedro aceptó. Esa noche del 20 de diciembre de 2003, el único bar de Tlaltepango, el pueblo aledaño, estaba a tope. Las veinte mesas y la barra eran un hervidero de gritos, palmadas, insultos y bromas refrescados por cientos de caguamas que saciaban la sed de fiesta de los albañiles venidos de los pueblos del municipio de San Pablo del Monte.

Los primos entraron al bar. Y ahí surgen sucesos confusos, reconstruidos en el Juzgado Cuarto de Tlaxcala con base en dichos que fueron y vinieron con la misma ligereza con que los parroquianos jugaban baraja española esa noche.

Pedro y Pablo coincidieron en una mesa con dos personas: el hoy fallecido Guadalupe Marcelino y su hermano Ascensión, identificados por pobladores de la región como miembros de Los Huaraches, una célebre y ya desaparecida banda delictiva local.

—Estaban todos juntitos, cotorreando —recuerda Concepción Romero, dueño del bar.

Al calor del alcohol, los cuatro comenzaron a interactuar con los ocupantes de una mesa vecina. Según la versión de los hermanos Marcelino, en ella bebían Salvador Cote Blas, albañil de veintidós años, padre de tres niñas y un niño, Iván, que en nueve días más, la víspera de la Nochevieja, cumpliría tres años. Según otros alegatos, incluido el de Salvador, él ni siquiera se hallaba en La Cueva del Oso.

—¿Quién estaba en esa segunda mesa?

—No me acuerdo —comenta Concepción Romero, el propietario del bar.

Un hecho sin discusión es que los ánimos entre ambas mesas se calentaron. Romero guarda recuerdos frescos.

—Se retaban de una mesa a otra: "Yo te invito", "no, yo", "yo invito dos", "yo otras dos". Como pedían cerveza tras cerveza, le dije al de la barra: "Ya no les despaches, se están picando a ver quién tiene más dinero". Hasta que el que se llamaba Pedro me dijo "dame tres cervezas" y quiso pagarme 200 pesos. Le dije: "No te voy a despachar. Termina eso y te vas". Al final los saqué a todos: "¡Váyanse fuera!".

Pero eso no impidió que a las dos de la mañana la disputa degenerara en una riña.

—Otros seis entraron al bar para participar en la golpiza. Vinieron a lo que vinieron: a desmadrear.

—¿A una persona llamada Salvador Cote lo vio ahí?

—Como no sé quién es, no sé si estaba —responde Romero.

La aún inexplicable furia se descargó contra Pedro.

—Se le fueron con una botella, lo patearon entre todos y con un banco de fierro lo remataron en la cabeza —cuenta Irma, su hermana mayor.

La averiguación previa sostiene que le fracturaron la nuca de ese modo. Pero el dueño del bar —quien asegura desconocer la identidad de los agresores— lo niega:

—Fueron tres patadas a la cabeza contra el filo de la banqueta. Se la apachurraron.

El dueño de la cantina, quien asegura no conocer a los agresores, observó a Pedro tirado en la calle:

—El golpe le dejaba ver los sesitos. Y dije "esto no está bien".

Lo subió a su auto y lo llevó al Hospital Comunitario Vicente Guerrero.

—¿Quién es? —le preguntó el médico.

—No sé, lo encontré tirado en la calle. Me retiro, para no tener problemas.

Mientras Concepción dejaba a Pedro en el hospital y volvía a su bar, en el pueblo colindante, San Sebastián de Aparicio, los Sánchez Román vivían una zozobra.

Pablo alegó que estaba traumatizado, se encerró en su casa y se negó a contar a Florencio y María dónde habían dado la golpiza a su hijo. Los padres optaron por buscar el cuerpo en las calles y pidieron a Irma, su hija mayor, ir al Hospital Vicente Guerrero.

Ahí, un médico le dijo que hacía un rato habían llevado a un joven inconsciente y que por su grave estado lo trasladaron al Hospital General de Tlaxcala. Mostró a Irma la ropa con la que el herido había llegado, para que la identificara.

—Me entregaron unas botas, un pantalón y una playera. La cartera y el reloj se los habían robado.

—Todo esto es de mi hermano —confirmó Irma al doctor.

Dos kilómetros arriba, Concepción ya estacionaba su auto junto a La Cueva del Oso. Pese a que el bar había cerrado, afuera aún bebían seis hombres.

—Eran los que habían madreado a Pedro —detalla el propietario.

Cuando Guadalupe y Ascensión Marcelino, compañeros de mesa de Pedro, estaban retirándose del lugar, llegó una camioneta de la Policía Municipal.

—Mientras se iban gritaron a los policías: "¡Ellos fueron los que pegaron!".

Acusaron a los que estaban tomando —agrega el dueño.

Los agentes obedecieron a los Marcelino y arrestaron a seis: Juan Romero, Arturo y Antonio Galindo, Miguel Serrano, Gregorio Rosas y Salvador Cote Blas, papá de Iván.

Los Marcelino, en cambio, regresaron esa noche a casa. Desde entonces, sin embargo, el pueblo tuvo sospechas.

—Cuentan que quienes golpearon a mi hermano fue la banda Los Huaraches, de la familia Marcelino —confía Irma, hermana del difunto—. Ellos lo negaron. Yo no lo sé.

ESTAMOS TRISTES PORQUE NOS DEJASTE

Las familias Cote y Mora eligieron un ataúd infantil blanco de pino tallado por el que tuvieron que pagar 6 000 pesos. Y, para abreviar el duelo, pidieron a los empleados de la funeraria San José no dar ningún tratamiento al cuerpo.

—Fue triste ver que un niño murió así —opina Germán Pisen, el gerente, quien se ocupó de que, como se lo solicitaron, el féretro tuviera cristal corrido para que se viera la angulosa cara morena de Iván.

El cortejo fúnebre, de treinta personas, fue tan discreto que apenas se percibían los sollozos y las pisadas pedregosas que accedían al Panteón de Tlaltepango. En el sepelio, Ángeles le contó a Araceli Guevara, maestra de su hijo, que la semana previa al suicidio, su hija menor, Vanesa, sufrió graves convulsiones epilépticas. Mamá e hija habían viajado hasta el Hospital Infantil de Tlaxcala, donde pasaron muchas horas. El niño se quedó en casa con sus otras dos hermanas.

El martes en que se cumplen treinta y cinco días del entierro busco el lugar donde descansa el cuerpo de Iván. En este pueblo ceniciento con aire cargado de pesadumbre el panteón es el único estallido de colores. Pero este mediodía solo visitan las tumbas floridas los zanates que revolotean entre moscas. Entre tantos sepulcros resulta difícil ubicar el de Iván.

Dos albañiles construyen el techo de una de las tristes casas con vigas saltadas que rodean el cementerio. Acompañan, alegres, a José Alfredo Jiménez, que en un radiecito canta: "Yo te abandono pa' estar parejos, / yo, yo que tanto lloré por tus besos". Al fondo, en el área de niños difuntos, destaca un sepulcro con flores que hace poco debieron estar rozagantes. AQUÍ DESCANSAN LOS RESTOS DEL NIÑO SALVADOR IVÁN COTE MORA. NACIÓ EL 30-12-2000 Y FALLECIÓ EL 29-05-2011 A LA EDAD DE ONCE AÑOS. RECUERDO DE SUS PADRINOS Y FAMILIARES.

Hay seis botes oxidados con claveles blancos, una cubeta azul con una rosa solitaria y un bote grande de champú Caprice con veladoras y gladiolas blancas. Un pequeño Cristo dorado yace en medio de la cruz, abrazada por un tallo verde de una blanca flor plástica. Ahí, escrito en negro, su epitafio: ESTAMOS TRISTES PORQUE NOS DEJASTE, PERO SENTIMOS CONSUELO AL SABER QUE ESTÁS CON DIOS.

¿Qué tanto puede escribirse ante la muerte de un niño? Leo los epitafios de los tres pequeños vecinos de Iván. El de Lilia Medina: DIOS BUSCABA UN ANGELITO Y SE FUE CONTIGO, SEÑOR. El de Karina Ximello: DIOS ME DIO LA VIDA, DIOS ME MANDÓ A LLAMAR, NO SE QUEDEN TRISTES, YO DESCANSO EN PAZ. Y el de María Gómez: PUDISTE SER UN AVE, UNA ESTRELLA, UNA FLOR, Y AHORA ERES UN ÁNGEL DE DIOS. Sobre los entierros, sus familias dejaron una paleta Tutsi, un payaso de bonete rosa, un Quico de juguete.

Antes de partir, María, la chica que atiende la tiendita frente al panteón, cuenta cómo fue el día que inhumaron a Iván:

—Fue un sepelio silencioso. Demasiado.

CABAÑAS

Iván cargaba con la pelota a donde fuera. A la tienda, a la escuela, a casa de su amigo Freddie. Tac tac tac, se le iba el día con la manía de golpetear el balón en actitud distraída, como quien va por la vida silbando. Jugaba a viajar con la mente hasta el estadio Azteca para imaginar que era Salvador Cabañas. Aunque su América nunca le dio el gusto de verlo campeón, el paraguayo le alegraba el domingo.

—Y cuando llegaba octubre, todos los días con su papalote —recuerda su tío José Luis.

Iván aprovechaba el viento que dejan correr las casas bajas de Tlaltepango para volar junto al canal de aguas negras los papalotes que él hacía y que contemplaba absorto cuando se suspendían en lo más alto.

Iván dormía mal. Desde que tenía un año, su hermana Vanesa, dos años menor, padecía crisis epilépticas que en la madrugada arrancaban a todos del sueño. De chiquito veía con pánico cómo su madre luchaba por calmar a la niña, que carece de habla y juega como un bebé de meses. Pero la edad lo cambió.

—Iván ya ayudaba a su mamá casi todas las noches en los ataques que le daban a Vanesa —dice su abuela Alberta—. La quería: la alimentaba, le compraba galletas.

Quizá ese cansancio crónico del sueño entrecortado le impedía reír lo que debiera un niño de su edad. En contraste, lloraba mucho.

Hace un tiempo, Luis —un compañero suyo— jugaba en el patio de la escuela. Un movimiento hizo que se le rompiera la bolsa del pantalón y se le cayeran unas monedas. Iván se agachó, tomó un par y se las llevó al bolsillo.

En la salida, Esteban Sánchez vio a su hijo Luis llorando.

—¿Por qué lloras?

—Iván me quitó mi dinero.

El papá se acercó a Iván y le dijo:

—Devuélveselo.

—Iván me contestó "yo no le quité nada" y empezó a chillar desesperado, como si lo estuviera golpeando —recuerda Esteban.

Y hace meses, Angélica y su hijo Freddie —otro compañero de la primaria— vieron a la salida un niño que lloraba.

—¿Qué te pasó? —preguntó Freddie.

—Mi tío no me quiso llevar a la casa —contestó Iván.

—¿Dónde vives?

—Hasta el canal

—Vivimos por allá. No te asustes, amigo —añadió el chico, dos años mayor—, te vas con nosotros.

Freddie empezó a patear las piedras del camino y animó a Iván a que hiciera lo mismo. El juego lo fue tranquilizando.

—¿Qué imágenes guarda de Iván? —pregunto a Angélica, la mamá de Freddie.

—Días antes de morir me contó: "Mi hermanita se puso mala a las dos de la mañana y la llevaron al hospital. Me preocupa mucho, yo la amo".

Desde aquel día en que se conocieron, Iván y Freddie se encontraban en un punto del canal e iban a la escuela y volvían juntos. Su amigo recuerda haber escuchado en esas caminatas una frase reiterada: "Me preocupa dejar a mis grandes amores: mi mamita y mi hermanita enferma. Porque yo ya me voy a ir".

SE BURLAN DE MÍ

El *Waka Waka* de Shakira hace bailar a la Primaria Vicente Guerrero con una alegría explosiva, vigorosa, física. Está por concluir el ciclo escolar más triste en la historia de este colegio del municipio de San Pablo del Monte, al sur de Tlaxcala, y quizá por eso en las decenas de ex compañeritos de Iván que ensayan la coreografía de fin de curso se descargan en risas, saltos y bromas, como si un deudo se descubriera a sí mismo pegando una carcajada tras un luto penoso y largo.

En el enorme patio repleto de niñas y niños de uniforme azul y rojo vuelan balones, hay corretizas, gritos exaltados, resbaladillas repletas, columpios que se alzan como misiles. En este patio, Iván tenía una diversión solitaria que extrañaba a los maestros: giraba sobre su propio eje.

Subo las escaleras para entrar en el 4º A, el grupo donde hasta hace poco tomaba clases Iván. En el trayecto al salón me ataca la idea de que Araceli, su maestra, no dará la entrevista: la procuraduría estatal, *Reforma*, *El Sol de Tlaxcala*, *ABC Tlaxcala* y decenas de medios electrónicos replicaron la noticia de que Iván se mató por *bullying*.

Pero quien abre la puerta del salón es una mujer de sonrisa suave que oye atenta las razones para entrevistarla.

—Claro —acepta, e invita a este salón verde con un cartel que indica: PARA SER SABIO HAY QUE LEER DIARIO.

Las paredes están rebosantes de mapas, afiches de dinosaurios, caballos, elefantes. En las repisas descansan libros y matrioskas de colores elaboradas por los alumnos con papel maché. Y sobre los pupitres, los compañeritos de Iván celebran con sándwiches, refrescos y risas el fin de curso.

—¿Cómo recuerda a Iván?

—Travieso, distraído, alegre y dejado de las tareas: no cumplía. Lo atribuí a que se preocupaba por su hermanita epiléptica. Un día me dijo: "Maestra, se burlan de mí por mi hermanita".

A la otra mañana, la maestra se paró frente a los niños. "Nada tienen que decirle. Iván es afortunado: su hermanita es el ángel de su casa."

—¿Lo siguieron molestando?

—No, ahí acabó —asegura esta profesora de unos cuarenta años que señala un cartelito sobre una puerta: NO PEGAR, NO GRITAR, NO INSULTAR, NO EMPUJAR. Una especie de manual exprés *antibullying*.

—La procuraduría estatal dice que investigan si Iván aquí sufrió *bullying*, y que por eso no puede mostrar la averiguación previa. ¿Ha venido alguien a investigar?

—Nadie.

—¿Y qué piensa de las acusaciones de *bullying* que hace la familia?

—No tengo nada que decir.

YO NO FUI

El sol despuntaba ese domingo 21 de diciembre y Salvador no llegaba a casa. Ángeles, preocupada, indagó entre vecinos el paradero de su esposo. La noticia no tardó: se encontraba detenido por participar en una riña. La familia viajó hasta la procuraduría estatal.

—Cuando llegamos —cuenta Alberta, su madre— mi hijo ya estaba hundido en el Cereso.

El joven albañil declaró que llegó al bar cuando la golpiza había acabado. José Luis Blas repasa las primeras palabras que oyó de su sobrino preso:

—Lloraba diciendo: “Yo no fui, tíos. Cuando llegué ya ni siquiera estaba el chavo al que le pegaron, Pedro Sánchez. Llegó la patrulla y nos agarraron a los que estábamos ahí”.

Según datos de la averiguación previa, quienes lo incriminaron fueron los hermanos Marcelino.

—El líder de Los Huaraches, Guadalupe Marcelino, tenía cuates y relaciones en la procuraduría. Por eso hacía y deshacía y no le hacían nada —revela un ex funcionario estatal que pide omitir su nombre.

Los seis detenidos cayeron en prisión pero solo imputados por el delito de lesiones. Y es que Pedro, aunque inconsciente, con traumatismo craneoencefálico y conectado a un respirador, sobrevivía.

Al paso de los días —según consta en la averiguación previa a la que parcialmente se pudo acceder— la abogada Lourdes Romero Méndez ayudó a liberar a Juan Romero Méndez (su propio hermano, por cuya fianza pagó casi 100 000 pesos), a Antonio y Arturo Galindo, a Miguel Serrano, a Gregorio Rosas y a Salvador Cote Blas. A cambio de 54 000 pesos de fianza, el papá de Iván logró la libertad tras permanecer cinco días confinado.

—Toda la familia le prestó: le dimos aguinaldos, rayas de la semana, ahorros —confía su tío José Luis.

Salvador pudo volver a casa. En cambio, Irma e Ignacio acompañaban a su hermano menor, Pedro, en el Hospital General de Puebla.

—Era como un muerto que respiraba —recuerda ella.

Amiguero, alegre, seductor, en su agonía Pedro convocó en el área de terapia intensiva a muchas amigas. Murió el sábado 27 de diciembre, a seis días de ser atacado en el bar.

—No podíamos creerlo —cuenta su hermana Irma—: Era joven, tierno, cariñoso con sus sobrinas. Y no se metía en pleitos.

Cuando Pedro murió, el caso pasó del delito de lesiones a homicidio. Se abrió entonces el proceso 348/2003. A inicios de 2004, la juez María Avelina Meneses Cante dictó orden de aprehensión contra tres personas, a quienes encontró culpables del asesinato: Arturo Galindo, Miguel Serrano y Salvador Cote Blas, el albañil nacido el 10 de octubre de 1981.

Ante la sentencia, la abogada Romero (quien no respondió a varias solicitudes de entrevista) se reunió con la familia de Salvador, su cliente.

—Ella nos dijo: "Sálvese quien pueda: pueden esconderse ahorita" —narra Alberta, madre de Salvador.

—¿Ustedes qué hicieron?

—Salvador se escondió unos días —reconoce su tío.

Arturo Galindo fue aprehendido el 23 de febrero de 2004. Miguel Serrano escapó de la justicia y aún es prófugo.

Salvador huyó de Tlaxcala el martes 20 de abril de ese año. Primos de Estados Unidos lo ayudaron a contratar un coyote y cruzar la frontera. Dejó en México a su esposa, a su hijo Iván y a sus tres hijas; la menor, Vanesa, una beba de pecho que ya manifestaba epilepsia.

—Salvador escapó por miedo a caer en la cárcel sin haber cometido el crimen —asegura su tío.

Desde entonces no ha vuelto a México.

—Igual que Miguel Serrano, Salvador se desarraigó del estado y no se ha vuelto a saber de él —señala Teresa Ramírez, jefa de la Unidad de Comunicación Social de la Procuraduría General de Justicia de Tlaxcala—. La averiguación está abierta. Hay que detenerlos porque el delito de homicidio no prescribe.

Uno de los tres inculpados, Arturo Galindo, salió de prisión después de tres años, al parecer por falta de pruebas.

Pese a que la sentencia se dio hace ya más de siete años, la procuradora Alicia Fragoso rechazó entregar una copia de la averiguación previa, solicitada para conocer los testimonios que inculparon a Salvador y las bases del fallo.

Su familia jura que es inocente.

—Los que agredieron a Pedro fueron los mismos que avisaron a la patrulla —insiste el tío del albañil—. Pegaron y, obvio, se largaron. ¿Cómo es posible que agarraran a gente inocente que llegó al bar cuando ya había pasado el acto?

Según el testimonio del dueño del bar, el gobierno estatal incurrió en una omisión clave: la procuraduría nunca estudió la escena del crimen y pese a ello encontraron culpable a Salvador.

—¿Fue algún policía al bar tras el homicidio?

—No —afirma Romero.

—¿Nunca?

—A los ocho días, pero vinieron a clausurar. Checaron la entrada.

—¿Usted ya había limpiado la escena del crimen?

—Sí, ya no había nada.

Proveedor de todo el dinero con que vive su familia, en siete años Salvador no ha vuelto a México.

—Mi sobrino piensa "si regreso, a la cárcel" —justifica José Luis.

Tampoco vino a sepultar a su hijo.

LÁZARO RESUCITADO

Desde el fondo de la iglesia veo cruzar el portón a Ángeles Mora Ximello. La tengo enfrente a ella, la madre de Iván. Escuálida, castigada por las ojeras y jorobada, la joven que aún no cumple treinta años camina hacia la pila de agua bendita de la Parroquia de Cristo Resucitado con la actitud decaída de una anciana. En la mano izquierda lleva un ramo de gladiolas; en la otra, a Vanesa, su hijita, una espiga hecha niña con la frente cruzada de cicatrices, huellas de siete años de convulsiones.

Es 29 de julio, se cumplen dos meses de la muerte de Iván. Al templo de Tlaltepango han acudido unas treinta personas. Entre ellas, diez niños, amiguitos y primos que guardan un respeto adulto en la ceremonia.

El sacerdote José Luis Díaz ha elegido un breve fragmento del Evangelio según san Juan para leerlo a los fieles y a Ángeles, que lo escucha atenta en la primera fila de bancas. En ese pasaje, Marta de Betania llora en su casa la muerte de su hermano Lázaro y hace un reclamo a Jesús: "Señor, si hubieras estado aquí, mi hermano no habría muerto." Y Jesús respondió: "Tu hermano resucitará." Y resucitó.

Pero el pequeño Iván no es Lázaro. Por eso los dolientes no tienen más que rezar el rosario para difuntos y murmurar el "te rogamos, Señor", cuando el cura lanza el doloroso "te rogamos el descanso eterno de Salvador Iván Cote Mora, que goce tu presencia eternamente".

La misa termina. Ángeles me mira de reojo. Apura el paso con sus tres hijas y niega con la cabeza cuando busco hablarle.

Pero Alberta Blas, abuela de Iván, y José Luis Blas, su tío abuelo, aceptan platicar en una banca en la plaza central del pueblo.

—El niño no se veía acongojado, ido, cabizbajo —aclara su tío, como descartando indicios de su decisión.

—Pero era muy apegado con su mamá —matiza la abuela Alberta—. Nunca la quería dejar. Si iba a la tienda era "¿mamá, adónde fuiste?".

—¿Qué motivos creen que tuvo para quitarse la vida?

—Asumimos que se desesperó por no tener a su papá y ver así a su hermanita. ¿Pero a quién culpamos? —dice él.

—¿Supo que su padre estaba acusado de un asesinato?

—No. Se mantenía en secreto para no herir al niño —responde Blas.

—¿En la escuela alguien se lo dijo?

—No sabemos.

De pie, silenciosa atrás de la banca en que están José Luis y Alberta, la abuela materna Guadalupe Ximello interviene por un instante en la plática:

—Unos niños de la escuela golpeaban a mi nieto.

Le hago un par de preguntas pero se niega a abrir la boca. Al tercer intento, musita:

—Mi hija fue a reclamarles a las mamás de los niños.

José Luis pierde la mirada en el piso, murmura:

—Él ya traía eso —alarga un silencio y recapitula—: En la azotea, donde siempre andaba, decía "me puedo aventar y rápido me muero".

Ese jugar a morir amenazaba dejar de serlo. Meses antes de ahorcarse, se resbaló de la escalera que da acceso a la azotea y quedó colgando de la marquesina —con un vacío de unos tres metros—, de donde hubo que bajarlo.

—Al final nunca se aventó —dice José Luis y me mira frío a los ojos—. Pero ahí mismo se mató.

CÓMO ES POSIBLE QUE UN NIÑO HAGA ESO

La mañana del lunes 30 de mayo, la maestra Araceli Guevara entró al plantel y recibió la noticia más dura en sus veintisiete años de servicio: su alumno de 4º A, Iván Cote, se había suicidado.

—Fue un golpe tremendo. Pensé "¿cómo es posible que un niño haga eso?". Aún no lo creo, no sé si fue un accidente.

Estremecida, se confesó sin fuerza para dar la noticia al grupo.

Al lado de ella, las maestras Irma y Gloria se encargaron de informar a los niños. No dieron detalles.

—Varios lloraron, otros estaban en *shock* y otros no lo creían porque lo vieron el sábado en la Central de Abastos —relata la maestra, que les pidió escribir un mensaje de despedida a su compañero. "Ya estás con los ángeles", "te voy a extrañar en el recreo", "ya estás en lo azul", escribieron algunos.

Araceli hurga en la conducta del niño.

—Distraído sí era: estaba sentadito con la mente en otro lado.

—¿Había sospechas de que podía hacer algo así?

—Claro que no, fue completamente inesperado.

Iván acudió en abril de 2011 a un campamento escolar en el Centro Vacacional La Malinche. Se arrojó de la tirolesa, quemó bombones, echó porras.

El guía de los niños en ese viaje, el profesor de educación física Enrique Alarcón, muestra en su cámara varias fotos digitales: Iván, muy alegre, aparece a punto de deslizarse en la polea y riendo con amigos.

—Se la pasó muy divertido —confirma el maestro con gesto incrédulo. No obstante, en la clase de deportes era caso aparte—: Quedaba agotado luego de cada ejercicio y tenía que dejarlo descansar, algo que no me pasaba con nadie: Iván estaba desnutrido y la prueba eran los jiotes de su piel.

El maestro, preocupado, mandó un recado a su mamá.

—Simple: le pedí que a su torta le pusiera queso, frijoles y aguacate.

Los alumnos con problemas de agresión, distracción y/o atraso son canalizados a un "grupo especial" de treinta niños. El rezago de Iván, cuyas calificaciones iban de 6 a 7, no ameritaron integrarlo.

—Nunca fue reportado con problemas de aprendizaje —aclara la maestra de educación especial Irma Sánchez—. Escribía, leía, lento pero aprendía.

—¿Y en su grupo hay niños que ejercen *bullying* y pudieran dañarlo?

—Aquí no ha habido *bullying*. Ocurre lo normal, nada que pase de un pelotazo.

En el último año que cursó, Iván había dejado de hacer tareas.

A la vez, su mamá ya no asistió a las juntas de padres. Por eso su maestra citó a Ángeles para saber qué pasaba.

—Su respuesta fue "no tengo con quién dejar a mi hija". A su mamá, una señora tímida que hablaba poco, le pedí estar más pendiente del niño, que hiciera las tareas. Me dijo que platicaría con él.

—El papá de Iván está acusado de un asesinato. ¿Alguien en la escuela se lo dijo?

La maestra hace un gesto de absoluta sorpresa.

—No en mi clase —responde.

SE FUE PELÓN EL CABRÓN

Busco a la familia de Pedro, el joven asesinado, una tarde después de una tromba. San Sebastián de Aparicio es un espejo de riachuelos grises con piedras rodantes. Toco en una casita de lámina. "¿Qué necesita?", pregunta Florencio, padre del albañil asesinado, un enjuto señor de gorrita que frunce el ceño cuando oye qué investigo. "¿Ya para qué?", responde en seco.

En silencio, oye a su esposa, María, que sale a atender en la vereda. Bajo la llovizna enlaza recuerdos que pintan a Pedro como un muchacho bueno.

—Me decía todo el tiempo "mi reina", "¿qué hace usted, mi reina?". Llegaba de trabajar y se picaba su huachinanguito, sus frijolitos y decía "le pongo limón para que me sepa mejor mi comida".

Ignacio, hermano de Pedro, dos años mayor, hace memoria con la mueca desorientada de quien busca salir de una nebulosa y cuenta el capítulo más reciente: hace cerca un año, un agente apellidado Mejía les pidió que vieran varias fotos para ayudarlo a identificar a los culpables.

—Si no estuvimos en el bar, ¿cómo podíamos saber? —pregunta Ignacio y niega con la cabeza, aturdido por la sandez judicial.

Y al instante, pegando una carcajada, comparte un recuerdo de su hermano.

—Perdió su América y apostó. El cabrón se nos fue pelón.

Antes de partir, cuento a la familia que en Tlaltepango, el pueblo vecino, se suicidó un niño de diez años, el hijo de alguien que la justicia halló culpable del homicidio. Ninguno reacciona.

—¿No les suena el nombre de Salvador Cote Blas?

Los tres hacen el gesto del que no tiene idea de qué le hablan.

—No —atina a decir Ignacio—, a nosotros ni siquiera nos dijeron que hayan encontrado un culpable. Ese nombre jamás lo habíamos escuchado.

EL AMOR DE MIS AMORES

Ya sin Iván, la casa junto al canal adquiere cada amanecer una nueva normalidad. Alberta, la abuela viuda, carga su masa hasta Puebla para vender gorditas en Villa Las Flores.

—La casa está muerta —dice la anciana—. Mi hijo está lejos y por Iván llevo un dolor como si un hijo se hubiera muerto. Estoy desolada. —Luego susurra una plegaria—: Salvador no era pandillero, solo era un albañil. Que Dios me lo traiga. —Y antes de decir adiós, hace una pregunta—: Que regrese y se aclare esto. ¿Cómo le puedo hacer?

No sé qué contestar.

Alejandra y Mariana, hermanas mayores de Iván, caminan solas hacia la escuela. Ángeles, su madre, sale y cierra con llave. De la mano de Vanesa, que camina a trompicones, tomará una combi que las dejará en el Hospital Infantil. Esta mañana la casa ya ha quedado sola.

Lo último que Iván vio desde su hogar después de subir las escaleras fue el Popocatépetl: el majestuoso volcán puesto ahí, en el paisaje de su azotea, como un Dios protector único testigo de su muerte.

Horas después de los gritos sin consuelo del domingo 29 de mayo, apareció en la casa un dibujo póstumo. Dentro de un corazón y en un campo lleno de flores coloridas, Iván pintó a su hermana enferma. Y en un costado, escribió: “Para Vanesa, el amor de mis amores”.

13

LAS COCINERAS DEL HAMBRE

Los cientos y cientos de acezintles y otros árboles secos hacen que la imponente ladera del cerro estalle en tonos dorados. Volúmenes infinitos de hojas muertas, rocas y polvo crean un tapiz uniforme que complica la labor del cazador. Por eso Saúl se pone serio: entrecierra los ojos, evita pestañear y desplaza horizontalmente la horqueta. Ni su corazón palpita: actúa como si tuviera en la mano un rifle de asalto y no una resortera, y como si él no fuera un chico mexiquense de trece años, sino un diestro francotirador.

Al fin, un bulto rojizo del tamaño de una naranja baja del cielo azul, se posa en un ciruelo y mueve sus alas. Saúl frena el arma y estira la liga. Fijo su objetivo, se concentra. En el paraje serrano del pueblo de Ahuatzingo se produce un segundo estático, como si la naturaleza, en alerta, también se hubiera detenido.

Y ahora sí, Saúl suelta el proyectil.

Surge otro instante de silencio: el viaje fugaz de la piedra que trazará una recta vertiginosa antes de desplomarse en una línea perpendicular luego de impactar al ave, o que fracasará y se perderá en el campo. Saúl baja la resortera, mira y aguarda.

Desesperadas, la alas se baten hacia lo alto: la tortolita salva su vida. Saúl hace una mueca molesta y camina unos pasos hasta la cocina de casa: su abuela Teodora le mira las manos vacías. Otra vez, ni ella, ni él, ni su hija Ignacia ni su nieta Gisela comerán carne.

La anciana le da la espalda a su nieto y se alista a preparar la comida.

EL LEÓN

Una brecha se abre desde la carretera a Tenancingo. En el cruce de caminos, un chavo con gorrita del Toluca eleva el brazo para mostrarnos la dirección hacia Ahuatzingo sentado en una piedra cúbica.

—¡Es por allá! —exclama.

Su índice señala un camino sinuoso que asciende violento entre cuatro o cinco cerros estériles tapizados por colosales cantidades de rocas grises, como si a este punto desolado al sur del Estado de México lo hubiera abatido una lluvia de meteoritos. Entre los recovecos de piedra brotan mechones secos de maleza y árboles pelones como fósiles sobre los que vuelan zopilotes.

El sol, a las doce del día instalado a mitad del cielo, azota a los primeros mamíferos que surgen en quince minutos de viaje: dos vacas negras y flacas que hurgan entre la piedra para succionar forraje.

Al fin, tras veinte minutos, Ahuatzingo se anuncia con sus casas grises encajadas en los barrancos: son una victoria humana sobre la gravedad.

El pueblo más hambreado del municipio de Zumpahuacán, a su vez uno de los cinco municipios con más hambre del Estado de México, no tiene nada que hacer este mediodía de abril: en su pequeño Zócalo, diez mujeres, entre señoras y ancianas, platican a la sombra de un kiosco minúsculo. En su interior funciona Diconsa, la más importante tienda del pueblo, en cuyo aparador hay unas latas de elotes y chícharos, bolsitas de arroz y un refri con Pepsi y Manzanita Sol.

"¡Aquí no hay hambre, no hay hambre, si acaso hay sed!", claman, se ríen y arrebatan la palabra las damas con mandiles al oír que mi intención es entrar a sus cocinas, ver qué alimentos tienen y cómo los elaboran. A su lado, unos diez niñas y niños aún en vacaciones observan con atención silenciosa: dos forasteros con cámaras de fotos son para ellos un *show*.

Sonrientes y pasmadas por la exótica visita, las mujeres se sacan la curiosidad.

—Aquí no vienen periodistas —ríe incrédula doña Tomasa.

—¿De qué revista? Yo solo miro *TV Notas* —bromea Juana, joven mamá con su bebé en brazos. Y otra vez se mezclan los gritos alegres. De pronto, volteo a mi izquierda: a la somnífera paleta marrón-gris que domina cada metro de la comunidad la altera una esquina de la plaza: ahí, chispeante frente a la calle principal, yace recostado un insólito león pintado de rojo y amarillo con pintura al aceite.

—¿Y ese león?

—Es la atracción del pueblo—, dice Tomasa.

Silencio...

—¿O no lo ve atractivo? —insiste.

—Sí, lo más bonito del pueblo es el león —la apoya la señora Elena.

—¿Y cómo se llama?

Pues "León", dicen al unísono, se matan de la risa y piden fotos: "¡Sáquenos con el león, sáquenos!" y niños y grandes corren a montar al felino, en realidad una roca que hace años un pintor trajo y decoró con esmero para colorear este pueblo oculto de trescientos cincuenta habitantes.

Suena una y otra vez el obturador de la cámara y Teodora, abuela de cabello cano recogido y ojos nebulosos por algún padecimiento, se acerca.

—Vivo en medio de las piedras. Tengo ahí mi casa, gracias a Dios —dice y nos pide seguirla a ella y a su nieto Saúl.

SABEN A POLLO

Desde el sendero elevado que tomamos, Ahuatzingo alcanza a divisar los pueblos de San Pedro Guadalupe y San Andrés Nicolás Bravo como dos puntitos negruzcos. En cambio, desde allá y desde cualquier otro lugar del Estado, Ahuatzingo resulta invisible. Es un enigma la razón de su existencia: pero el enclave de origen indígena surgió en la cima de un cerro infecundo, sin ríos o arroyos que dieran una mínima ilusión de prosperidad. No es ruta de paso a un ningún sitio relevante, no hay oferta de empleos ni el león amarillo llega a ser atracción turística.

A nuestros costados, sobre la pendiente, se encadenan casas con muros de ramas de chapulixtle y techo de palma.

—Mire —me dice Teodora, señalando en nuestra caminata

una especie de alberca triangular en la que el agua no es más que un charco de unos tres metros cuadrados: la Presa del Caulote.

En el líquido espeso como chapopote flotan botes de Clarasol y refrescos entre los que revolotea un ejército de guachichiles, una suerte de avispa grande y roja. Apoyadas en un paredón de la presa, tres lavanderas suben y bajan cubetas, y tallan prendas que extraen de sus bultos.

Delante de mí, Teodora —mandil y zapatillas de plástico— murmura frases para sí y a veces se detiene a explicar.

—Aquí hay acezintles —dice frente a una cuesta de árboles secos—. Abrimos sus vainas y de ahí sacamos una almendrita que se tuesta y se le echa a la tortilla.

Su nieto Saúl, un chavo alto y flaco, se va quedando atrás: siempre vigilante con una resortera que le cuelga al cuello, mueve la cabeza para husmear entre el follaje algún movimiento animal. De improviso detecta algo: agarra la resortera y presuroso coloca la horqueta frente a sus ojos.

—¡Cuishi, cuishi! —exclama.

—¿Qué hay ahí? —le pregunto.

—Una iguana, pero ya se fue. Ay, chin... mi abuela las cuece en la olla. Están grandes, son buenas en salsa roja o verde —lamenta relamiéndose por dentro.

Satisfecha, Teodora nos avisa:

—Ya llegamos, la mía es la última casita.

Después de su hogar de madera, adobe y palma, ya solo queda loma virgen.

La bienvenida nos la da Albino, un burro gris con el que todas las mañanas Saúl busca en el cerro ramas que sirvan de leña al fogón de la abuela. En realidad, eso ya no ocurrirá: ayer se le enredó el lazo, cayó y se arrancó el casco de una pata. Ya no podrá caminar.

—Pobre animal —suspira la abuela mientras cruzamos la valla que delimita su casa: la estructura de resortes oxidados de una inmemorial cama matrimonial.

—Y bueno, esta es mi cocinita —nos dice la mujer, viuda desde 1978, para que ingresemos a la oscuridad del antiguo redondel de maderos y palma.

Aquí la abuela guisa bajo condiciones de limpieza y orden de una cocina gourmet: cucharones de peltre, platos, vasos de vidrio, tasas de barro, ollas y cubetitas de colores que cuelgan del techo. Todo separado e impecable, pero, ¿y los alimentos? Se aproxima la hora de la comida y por ninguna parte se divisa nada.

—¿Hoy qué comen?

—Frijoles —dice Teodora.

—¿Y luego?

—Frijoles. Puro frijol.

Me llama con la mano. En el fogón hay una cacerola. Levanta la tapa y alcanzo a ver flotando en el agua los frijoles de la olla. En el temporal del verano, su familia, como todas las de Ahuatzingo, aprovechó los surcos de tierra entre las rocas para plantar frijoles y maíz, y obtener semillas y granos que almacena desde noviembre, en época de cosecha. Por eso el resto del año, hasta el temporal entrante, no hay modo de que una casa de Ahuatzingo carezca de esos dos elementos. Aunque nadie tenga trabajo.

Teodora desgrana el maíz, lo cuece, le echa cal y humedece para llevarlo a la tortillería del pueblo. Ahí muelen la harina que al rato se volverá las tortillas blancas y gruesas con las que los Madariaga sentirán la panza llena. Al molino le pagan un peso.

—¿Y de dónde sacan ese peso? —pregunto.

—Frío chicharrones de harina y los vendo en la plaza. A peso la bolsita.

—¿Y comen carne de res o cerdo?

—Recuerdo que este año comimos el 25 de marzo —responde precisa—. Es que está cara: 25 pesos el cuartito.

—¿Los hombres no ayudan con dinero para comprar carne?

—Los hombres de este pueblo ya se fueron a Cuernavaca a fabricar cerámica o a Chalma a vender lo que sea a los peregrinos y ya regresan muy de vez en cuando. Si siguen en Ahuatzingo están tirados mirando la tele. Ande, vaya a donde quiera y los verá. A veces no me aguanto y les digo: "Bueno, ¿ustedes no trabajan?". "No, señora —me dicen— no hay trabajo. Para eso compramos tele, para andar mirando películas."

—Tiene coraje...

—No. Mejor que vean tele. Con la mala vida que nos dan los señores: toman mezcal y pierden el juicio.

—¿Su familia ha sentido hambre?

—Tengo setenta años y desde que era niña es lo mismo. Pero nos acostumbramos: no sentimos nada, nada nos duele.

Teodora no me lo dirá, pero la solución a la proteína animal está en el patio. De guaraches y playerita roja, su nieto Saúl da vueltas y más vueltas escudriñando las ramas de los árboles.

—¿Qué tanto haces? —le pregunto.

—Busco pájaros.

—¿Qué pájaros?

—Copetones, tortolitas, huilotas.

—¿Los matas por matarlos?

—Por comerlos.

—¿Y cómo los preparas?

—Se despluman y cocinan en el comal, con sal y si se puede con aceite.

Saúl me da una clase exprés.

—Tienes que buscar un fondo clarito sin tantas ramas. Cuando veas al pájaro pon la horqueta en medio y tírale, mejor en el ojo para que se muera rápido.

—¿Están sabrosos los pájaros?

—Buenos como pollo —dice Saúl—. Y ya si les echas salsa Valentina...

Hace cara de quien paladea un manjar.

Al instante afianza la resortera, se aleja y vuelve a su jornada de cacería.

LO QUE DIOS NOS PONGA ENFRENTE

Teresa González abre los brazos para mostrar el lugar al aire libre sumergido entre cerros donde cocina para sus cinco hijos y su esposo. Su sonrisa es tan vistosa que uno podría esperar una gran instalación: pero lo que hay son diez tabiques que integran un fogón, en cuya boca entra la leña que su esposo, Alfonso, trae del campo en yegua. Un tubo de aluminio es la chimenea y en el piso hay dos sillitas verdes. Nada más.

Esta mañana, la mujer de cuarenta y cinco años se quedó sola: su marido y su hijo de seis años, Jesús, fueron al campo a limpiar la tierra para la siembra ahora que se acercan las lluvias.

Sobre el fogón hay dos comales. Teresa explica la diferencia: en el comal grande, de fuego intenso, cuece las tortillas; en el otro, pequeño y de fuego ligero, las mantiene calientes durante la comida. Le molesta que la pobreza de Ahuatzingo empeore con tortillas frías.

—¿Y en esta casa qué comen?

—Frijol y maíz.

—¿Y no cansa?

Teresa abre los ojos y la boca, atónita por el atrevimiento.

—Uhhh, nooo —contesta riendo—. Le explico: escogemos lo más bueno del frijol para que se vaya a la olla. El que sobra, más fierito, da para tres cosas: gordas de frijol, tamales de frijol o frijol machacado para untar a unas ricas tostadas de maíz. En esta casa el frijol nunca aburre.

A los costados del fogón no hay casi nada, pero eso poco está ordenado con prolijidad. Sobre el tabique hay un bote con mazorcas desgranadas y secas para prender la lumbre; una piedra redonda para molcajetear la salsa de chiles serranos, tomates, jitomates y vainas del árbol de guaje; una escobeta de hojas de maíz para limpiar los comales; un puño de semillas de ajonjolí para enriquecer las salsas. Y, además, una misteriosa bolsita con cientos de redondeles negros.

—¿Y esto?

—Dentro de las vainas de los guajes están los guajesquites: unas semillas que parecen moneditas y que saben a almendra.

Teresa abre la bolsa. "Debo probar uno", pienso, pero de inmediato siento que masco una piedra.

—¡No no no, así no! —se asusta—: Se cuecen en el comal y al esponjarse bien esponjaditos los echo a un plato con sal, agüita y limón.

La carne es un problema. En Zumpahuacán, cabecera municipal, el gobierno estatal entrega cada cuatro meses una despensa con productos que equivalen a 400 pesos. Incluye una latita de sardinas. Teresa transforma esa dádiva en un banquete de magnitud navideña. Extrae los pescados y los pone en el sartén para guisarlos con jitomate, epazote, rajas.

—¡Y a comerlos! —dice— Si viera cómo se lo comen mis niños.

Sus cinco hijos, de seis a veintiséis años, también buscan carne fuera de la dieta materna. Teresa no tragaría un solo bocado de pájaro, pero acepta que durante horas ellos deambulen por los cerros con sus resorteras.

—Mis hijos se reúnen con sus amigos y se van todos con su sartencito y su aceite. Cazan y eligen un lugar para hacer una fogata en el campo y ahí guisan a gusto sus pájaros.

Oigo "guisan a gusto sus pájaros", hago algún gesto al imaginar pajaritos humeantes, y eso confunde a Teresa.

—Usted ve preocupante que ellos se vayan solos. Es porque usted ve los robos de niños de la ciudad. Yo le aseguro que aquí no pasa nada: por donde quiera mis niños se me escapan y no pasa nada.

—¿Alguna vez sus hijos le han dicho "tenemos hambre"? —pregunto en el patio de la casa, lleno de plantas, por el que corren dos pollitos flacos.

—Nunca me han dicho eso, gracias a Dios. Busco la forma de que no sufran y les digo: en esta casa se come lo que Dios nos ponga enfrente.

SE APESTABA LA TIERRA

La humareda que descarga la cocina de doña Margarita saca a patadas a cualquier intruso: la fumarola azul pica los ojos hasta despertar ataques de desesperación o de risa a cualquiera que lo intente, y solo ella aguanta revisar la olla con los frijoles que se cuecen cerca de las dos de la tarde. Ya va por los setenta y nueve años y nunca tuvo para un fogón que atenúe esa brutal salida de humo y convierta el hacer la comida no ya en un placer, sino en una actividad tolerable: en este momento parece que la cocina se incendia.

Pero ella no se acongoja. Antes que ilusionarse en juntar dinero para un fogón, desde su 1.60 metros se pone de puntitas y arranca un fruto del árbol del guamúchil: una vaina gruesa y retorcida de color verde—rojizo que abre con sus dedos gruesos. Separa la semilla negra, retira la cáscara y muerde con sus dos o tres dientes frontales, pulverizados de caries, esa pulpa carnosa cuyo sabor recuerda a la jícama, pero con un toque dulzón y de textura áspera.

Si su hija María de Jesús o su hijo Severiano se van a trabajar a Chalma en el colectivo que sale a las seis de la mañana, al otro día todos comerán los nopales, quelites o calabazas que traigan. Si no se van, lo de diario: frijol, maíz y frutos silvestres.

Hoy Margarita agradece que en los cerros del pueblo se reproduzcan como plaga los ciruelos, pero paladea con nostalgia sabores antiguos. Si tuviera que elegir un episodio pasado serían los días de Manuel Ávila Camacho, a sus ocho años: no porque el presidente fuera galante y cortés, sino porque jura que en esos días la tierra de Ahuatzingo era próspera: "Cuando era niña había hartas frutas: nanches, guachipotes (*sic*), guayabas. Era tanta que se apestaba la tierra y uno agarraba el sobrante para venderlo en Morelos y otros pueblos. El clima estaba siempre fresco y todo se vestía de hojas. Pero ahora hasta se nos secó nuestro único un árbol de uvas (*sic*)".

—¿Qué pasó con esos árboles?

—Dieron menos frutos, luego todavía más poquitos. Hasta que ya más no dieron. Ahora aquí está bien seco todo.

Falta poco para la comida del miércoles y Margarita se sincera con buen humor.

—Les voy a dar puro frijol; no hubo para otra cosa —y libera unas risitas juguetonas. Pero la anciana se sorprende: Ricardo, su nieto de diez años, sube la cuesta y entra a casa callado cargando un meloncito. Aunque del tamaño de una manzana grande y con la cáscara corrugada como trapo viejo, la fruta los va a endulzar con su jugo.

Ahí al lado, en una pendiente pronunciadísima, dos burros negros devoran el zacate de la milpa de la cosecha de hace medio año.

—¿Qué cosa van a comer? —justifica Margarita—; aquí no hay nada de pasto verde. En Ahuatzingo nada se echa a perder: hasta la cascarita que le brota al frijol cuando lo aireamos se la damos a los burros.

—¿Qué hace si acaban de comer y alguien dice "me quedé con hambre"?

—¿Y explíqueme por qué habría de pasar eso? —contesta extrañada— ¡Con tortilla de maíz uno queda satisfecho!

—Dígame un platillo se le antoje más que cualquier cosa.

Margarita se queda pensando.

—Qué le digo: una carne, unos pescados. Estaría de lo más bien...

TODO SE HACE DEL DÍA

Un cartel en la puerta de una casa de uno de los extremos del pueblo reproduce un fragmento de La Epístola del Apóstol san Pablo a los Gálatas como aviso al visitante: MAS SI AUN NOSOTROS, O UN ÁNGEL DEL CIELO, OS ANUNCIARE OTRO EVANGELIO DIFERENTE DEL QUE OS HEMOS ANUNCIADO, SEA ANATEMA.

Atrás de esa puerta, Antonia González, con el pie convertido en una bola gigante por un piquete de guachichil, renguea en el trayecto de la sala a la cocina: lleva en la mano una bolsita de Arroz Tía Cata.

—Bájame el aceite m'ijaaa —grita a Verónica, la mayor de sus cinco hijos, que en segundos le entrega el bote. Toña, de mandil azul florido y largo pelo lacio, saca de un garrafón del patio un poco del agua que la pipa del gobierno estatal le vendió.

—Vamos a preparar un arrocito —dice en la penumbra de la cocina que ella misma construyó con cemento, ladrillo y roca del pueblo.

Con lentitud, como si cada paso pesara una tonelada, la mujer de treinta y nueve años vacía el arroz en una sartén sobre el horno de leña repleto de ceniza gris y lo tuesta. Recoge de una canastita dos tomates, un diente de ajo, un trozo de cebolla, los licua y vierte en el sartén. El caldo rojizo va espumando mientras hierve. Ella observa en silencio.

La brisa de la tarde se cuela entre los muros y el techo de lámina.

Su hija Verónica, guapa y delicada morena de veinte años, recibe las órdenes de su madre y las cumple en silencio como un soldado: mete y aprieta la masa en la tortillera, dora las tortillas en el comal y licua avena para hacer "agua de horchata".

—Quedó muy rico —dice dándome un vaso.

Luego trae un puñado de pepitas de calabaza, las remoja con sal y las avienta al comal para que su madre las vaya asando.

—Aquí todo se hace del día —advierte Toña—: No come usted nada refrigerado. Si hago poquito arroz, mañana hago otra cosa; por ejemplo, frijoles calientes.

La mesa está puesta: en un mantel verde con flores de colores, el arroz rojo, las pepitas y las tortillas están listas. Al ratito llegará desde Chalma su marido y Toña servirá a él y sus cinco hijos la comida.

—Por favor, por lo menos pruebe una tortilla —solicita, y cuando la abro y le echo salsa nos hace una promesa—: Otra vez que vengan no sé como pero yo consigo unas gallinitas y les preparo su mole verde en semilla de calabaza. No es por nada, pero qué rico me queda.

14

LOS INQUILINOS DEL MURO

¡Diez, nueve, ocho, siete, seis, cinco, cuatro, tres, dos, uno, cerooo! Arrodillados sobre un sillón, apoyados los brazos en el respaldo, como quien juega a despegar al espacio los niños de la familia Mosqueda dan cuenta regresiva a una escena muchas veces vista desde su patio encajado en la ladera de una barranca: una camioneta de la Border Patrol asciende por una verde loma, se detiene en el límite más sureño del territorio de Estados Unidos y en su techo despliega con enigmática lentitud un gran platillo blanco de cara a donde estamos: una casa de Tijuana.

La antena parabólica se va alzando bajo el griterío alegre de los tres niños morenos que observan que el aparato apunta hasta donde viven, la colonia Libertad.

Colonia vecina de Estados Unidos, pero distante. Frente a los pequeños, del lado norte, se extienden las silvestres praderas californianas del hermoso y apacible Pacific Gateway Park. En medio, sobre la avenida Internacional, el oxidado muro fronterizo, lámparas de halógeno y la malla metálica con alambre de púas que combaten el pase de indocumentados. Y al sur, el borde de México, callejuelas serpenteantes con casas de tabique, pendientes de fango con escaleras de llantas, gallinas, gente en andrajos, perros callejeros, señoras de mandil que se ocupan del quehacer. Todos rodean el arroyo Pachuli cuya fauna son botes de Clarasol, empaques de Sabritas y una espumosa agua verde con volutas de desechos químicos.

Estos son México y Estados Unidos. Frente a frente, divididos solo por la férrea doble valla que el gobierno de Bill Clinton colocó en Tijuana en la primera mitad de los años 90. El cercado se amplió sobre Arizona, Nuevo México y Texas hasta alcanzar los novecientos treinta kilómetros. Es decir, cubrió el veintinueve por ciento de esta frontera de tres mil doscientos un kilómetros.

Cuando ya es mediodía en esta ciudad de Baja California, un vehículo blanco y verde de la Border Patrol se estaciona junto a la camioneta de la antena. Dos agentes bajan y miran curiosos hacia México, como buscando algo.

Al parecer, la parabólica ya hace su trabajo.

—¿Saben para qué sirve? —les pregunto a los pequeños.

—Como un sensor —dice uno.

—Es una cámara —añade otro.

—No, es una antena gorda —corrige la niña, que desvía el tema para informarme—: Somos cristianos, adoramos a Dios.

Su tío, el cholo veinteañero Pedro Martínez, surge de la desvencijada casa de lámina del callejón Ignacio Ramos donde vive junto a los niños y trece familiares más. Quiere que comprenda por qué importa lo que me dijo la nena.

—En esta casa, de 2008 para atrás todos éramos adictos: ese año Dios hizo grandes cosas. Si no, estaríamos fumando cristal. Con un foco, todos aquí.

No quiere que piense que son un caso único.

—Lo que se mueve en la frontera es droga —explica—: Familias con picaderos en casas frente a los niños. Mis dos hermanas eran prostitutas en La Cahuila. En esta colonia se para un carro y se oye: "Ya llegó el trabajooo", y de volada a desmantelarlo. A eso nos dedicábamos hasta que un día Dios tuvo misericordia: cada semana nos congregamos en la iglesia del Calvario; desde aquí se mira —señala la cima de la barranca y veo el templo—. Varón —me dice—, esta es la boca del diablo.

A Pedro lo distrae lo que ocurre del otro lado: desde Estados Unidos el plato cóncavo nos apunta. El joven vuelve a la duda original:

—Esa antena es para saber el clima —me aclara.

—¿Y de qué que les sirve a los agentes migratorios saber el clima?

—El día del clima (*sic*) es cuando más pasa gente (ilegales). Aprovechan, es tremendo.

O sea, "el clima" es niebla y lluvia, grandes aliados de los migrantes.

¿Un nuevo muro, con el que ha prometido el presidente Donald Trump detendría la migración ilegal?

Pedro sonríe:

—El mexicano tiene mañas.

El viejo muro de más de tres metros, la malla ciclónica que la acompaña y el ondulante alambre de púas no han detenido el flujo ni en el tramo más vigilado de la frontera, custodiada por patrullas, cuatrimotos y helicópteros que llenan de ruido el día y la noche. El catálogo para vencer los obstáculos físicos y llegar a California se renueva siempre. Si el muro es alto, para eso están los túneles, como el que nace junto al arroyo Pachuli y trepana desde el lado mexicano el cerro gringo Las Canelas.

—Lo atraviesa de punta a punta —precisa.

Si el resplandeciente y afilado alambre de púas lastima solo de verlo, están "las palas".

—Las ponen arriba, cubren el alambre y lo brincan como trampolín.

Y si la malla ciclónica es poderosa, lo es mucho más el "soso", una sierra para cortar metal que en las ferreterías tijuanenses es parte de la canasta básica.

—Lo que hacen estos tremendos es agarrar el soso y perforar un hueco en medio. ¡Fuuu! —Pedro junta los dientes y saca aire como si su boca fuera un "soso".

—¿La valla no está electrificada?

—Sería el colmo. Y si lo estuviera (los mexicanos) avientan primero un perro para checar —se carcajea y levanta la mirada—. ¿Y ya viste eso?

Arriba de nuestras cabezas hay una torre de unos veinte metros contigua al muro en cuya punta hay cuatro cámaras móviles dirigidas a tierra mexicana.

—Esa cámara ya te tomó fotos, ya tiene todo tu perfil, ya averiguaron quién eres —sonríe Pedro.

David, su hermano, da detalles:

—Güero, saca una moneda y ya vieron de cuánto es —bromea el hijo de Pedro Martínez, legendario pollero —guía de ilegales—. Muerto hace unos años, ese hombre fundó la colonia Libertad junto a otros polleros míticos.

Pedro Jr., el chavo experto en "sosos", túneles y palas, de tanto mirar ilegales en acción quiso emular a su padre: fue discípulo de pollero.

—¿Cómo le entraste?

—Empecé a trenearme (*sic*) de aprendiz. Un día subimos a ocho migrantes a una perrera, como se llaman las Tahoe que cruzan. Ya del otro lado nos vieron. En la oscuridad corrimos, nos corretearon y me escondí en unas ramas; oía que en el *walkie-talkie* le decían (al agente): "Izquierda, derecha". Nos torcieron. Las patadas de los migras, ¡olvídate, amigo! A varios les quebraron las costillas de las patadas voladoras. Varios estaban llore y llore en el corral de san Isidro donde nos tenían. Me regresaron a la Garita de Otay y ahí dije: "Esto no es para mí". Me dio miedo.

—¿Cómo crees que nos ven a los mexicanos?

—Peor que animales. Pero te doy mi teoría: hay un tiempo que aquí abajo es desfile, desfile de gente, los dejan pasar a todos. Y el día que se les da la gana los migras los agarran a todos. Los dejan pasar según los necesiten —conjetura.

Albañil del estadio de los Xolos, José Cuarenta va a contarme algo. Me acerco al sillón que comparte con sus primos, los tres niños que siguen narrando lo que ven del otro lado como ante una pantalla.

—Mire —dice José, de diecisiete años— ahí donde están los migras llegan tráileres llenos de gringos. Sacan sus de'stos (hace la forma de unos binoculares) y nos toman fotos viendo para acá. Son turistas.

—¿Cómo que turistas?

—Sí.

—¿Como si ustedes fueran una atracción turística?

José asiente.

"¡Bertaaa!, ¿qué fue lo que plantaste enfrente?"

Don Jesús Navarro, dueño de la tiendita La Frontera, en su mostrador oye extrañado que le pregunto qué hay en ese jardincito coqueto que crearon enfrente, justo a la sombra del muro fronterizo, de cara a su negocio y su casa de la ciudad de Tecate. Se queda pensando en silencio, suelta un dudoso "mi doña plantó malvas y varias cosillas", y lanza el grito a Berta Rivera, su esposa doce años mayor.

La señora de casi setenta años sale despacito a responder.

—Geranios, rayitos, sábila y té de limón que consumimos para los nervios, para tranquilizarlos.

Aunque no hay mucho de qué angustiarse: en Colinas de Cuchumá, el apacible barrio fronterizo cercano a Tijuana donde les tocó vivir, no hay miseria. Ni delincuencia ni ruido (lo poco que se escucha son las cuatrimotos de la Border Patrol) y, para colmo, los habitantes han adaptado a su vida el violento muro fronterizo. Algunos instalaron al pie de las láminas las casitas de sus mascotas, otros construyeron a su lado hornos de piedra para hacer panquecitos, y otros, como Berta y Salvador, crearon un jardín botánico lineal que aprovecha la sombra del muro que, de un día para otro, hace un cuarto de siglo, colocó el ejército de Estados Unidos.

—Pusimos plantitas para que se mire bonito, pues. Si no se mira refeo. Para que no se vea pelón y dé una vista mejor —dice ella.

Y si embelleció el muro en 2009 es porque quiso dignificar lo que siente como el robo de una tierra suya. Cuando hace veintiocho años llegó a este paraje desierto con su esposo y sus hijos para alzar su casa, lo que tenía delante eran unos palitos de madera con un alambre extendido que le llegaba a la cadera. Si bajaba con un dedo los alambres y daba un paso, ya estaba en Estados Unidos, ya era una indocumentada no perseguida. Lo sabía porque frente a su hogar había (y hay) un antiquísimo poste blanco que indica: LÍMITE REPÚBLICA MEXICANA. TRATADO DE 1853, REESTABLECIDO POR LOS TRATADOS DE 1882 Y 1899. LA DESTRUCCIÓN O DISLOCACIÓN DE ESTE MONUMENTO ES UN DELITO PUNIBLE POR MÉXICO O LOS ESTADOS UNIDOS.

—¿Cómo era esta frontera cuando había esos palitos?

—Nos íbamos a lavar de aquel lado porque sale un arroyito y no teníamos agua. Íbamos a la leña a caminar hasta por allá, a buscar conejos. Uno se distraía: se veía puro campo, íbamos a recibir el oxígeno. De aquí a diez minutos a pie hay un rancho habitado. Los rancheros americanos de ahí ya no nos querían: venían a asustar con balazos a los mexicanos. Las balas pegaban en las piedras e iluminaban.

—¿Y los migras?

—Me iba a caminar y me decía la patrulla: "Hey, *¿ride?*". Les decía: "No". "*¿Ride to San Diego*?" "No, no, no." Les respondía:

"Solo ando viendo el panorama". Me decían: "Oh, qué bien. *Bye*". Eran muy atentos —asegura.

Pero esos días de la pacífica Border Patrol concluyeron en 1994. Soldados e ingenieros estadounidenses llegaron, tomaron medidas y empezaron a instalar la valla y a robarle el paisaje a ella y sus hijos.

—Deje, le traigo unas fotos.

Berta se mete en su casa, y su esposo aprovecha para contarme que por aquí no hay mexicanos que quieran cruzar.

—Cada quince días pasan, pero grupos de cinco o seis chinos, y ellos quieren que los agarren. A veces les digo: "¡Hey, los van a agarrar!". Los chinos se ríen y me hacen esta señal (cruza las manos como si estuviera esposado). Pasan caminando tranquilos, la patrulla los agarra y ellos contentos. Yo creo que la ley los ayuda.

Berta regresa y saca unas imágenes amarillentas que tomó cuando los gringos llegaron.

—Mire —me muestra—. Soldados con material, carros, maquinaria, escarbaron para hacer los hoyos y poner postes. Mírelos aquí trabajando con sus uniformes y sus cascos.

—¿Usted nunca les dijo nada?

—Les dije: "¿Por qué hacen eso?". Me dijeron: "No por ustedes, sino por los que pasan sin reportar lo que traen"; muchos carros pasan con cargamento y no declaran a la garita. "Es orden", así me lo dijeron.

Berta se queda callada y mira atenta una foto donde está ella sin una sola cana, junto a su nieto Guti, un niño.

—Esta fue la foto de despedida —dice mirando la imagen de hace veintitrés años donde ya no está la tierra en que tomaba oxígeno, sino una barda metálica gris. Se había quedado para siempre sin el Cerro del Cuchumá que conocía sus pasos.

—¿Qué sintió?

—Muy feo. Nos quitaron algo precioso.

La mujer se acerca al jardín bajo el muro.

—Mire —me pide— es una plantita de albahaca.

Berta acaricia unas hojas.

El muro que cubre la tercera parte de la frontera México-Estados Unidos es también hábitat de almejas. Por miles, pequeñitas, abigarradas, como una envoltura negra se prenden con energía amorosa a las vallas de protección que acuchillan las aguas del Océano Pacífico, como si hubieran encontrado a su madre.

La parte del muro que invade el abierto mar arrebatado es un mal crónico para Estados Unidos, y las secuelas físicas de la enfermedad son visibles: en un tramo de cincuenta metros se mezclan tubos redondeados, cúbicos, negros, azules, retorcidos, combinados con malla ciclónica ensortijada, oxidados, con alambre de púas y sin él. La desesperación que causa un pequeño rincón fronterizo que muchos migrantes superan se palpa en esa histeria de estructuras distintas, superpuestas, como injertos inútiles e improvisados del gobierno vecino para resolver un problema técnico: no hay modo de que los sensores de movimiento detecten a quienes deciden llegar a su territorio metidos en el agua helada, y no es sencillo distinguir humanos que avanzan de Tijuana a San Diego si lo hacen por la noche o con neblina en las partes bajas del mar.

El anuncio que del lado estadounidense avisa la prohibición de cruzar es una broma: NO TRESPASSING AUTHORIZED VEHICLES ONLY BEYOND THIS POINT. Cada año, al "no trespassing" lo burlan multitudes que no necesitaron las penurias del desierto, sino que retan al agua.

La amurallada esquina superior izquierda de México —rincón donde si uno tomara un barco hacia el poniente llegaría a Japón— es tierra de moluscos, gaviotas que van y vienen entre ambos países y descansan en la punta de la valla sin el molesto escrutinio de la Border Patrol. Y también es hogar de Jesús Ariano. Dos sarapes, dos gorras sobre su cabeza, desodorante OnDuty Avon y agua de toilett Classic Match, la ropa que lleva puesta y ya.

—Desde que me deportaron yo aquí duermo, con el frío; aquí paso la noche, junto al agua —dice el flaco de cuarenta y cinco años, mendigo de Playas de Tijuana que me detiene para pedir limosna.

—Dime qué te pasó.

—Mi amigo Rolando Madrigal se metió en una tienda en San Diego y robó cosas. Vi que no pagó, le dije "¿ya pagaste?", y por culpa de él me arrestaron y me deportaron. Él se quedó allá porque es ciudadano americano. "Go home", me dijeron a mí.

—¿Qué robó?

—Dos cajas de veinticuatro cervezas.

La tragicómica causa de su vuelta forzada a su país, donde no viven sus tres hijos y su esposa, Verónica Ortiz, engendró en Ariano una obsesión por Estados Unidos que lo fuerza a dormir bajo el muro: el delirio no le deja buscar trabajo, ni rehacer su vida. Desde la valla, en la noche mira la hermosa bahía gringa iluminada donde está su familia: "San Diego", repite a cada rato en la entrevista, como un suspiro.

Ariano intentó cruzar el muro, pero se niega a relatar su fracaso.

Delante de nosotros, una camioneta de la Border Patrol aguarda sobre la arena a los osados, y vuelan cuatro helicópteros grises de esa agencia: monstruos estridentes que pasan cerca de la cabeza de turistas tijuanenses jóvenes que toman cerveza en los bares de la costa.

Ariano sonríe, acepta una foto y se despide con la mano en alto, justo frente a una casita de unos que como él sueñan con el otro lado, pero que no están dispuestos a volverse mendigos.

Me abren. Don Román es la autoridad, el jefe de los verdaderos "espaldas mojadas" porque quien pretenda hacer el cruce aquí más vale que sepa nadar. Cuando alguien en la playa me sugiere "hable con don Román", imagino a un viejo patriarca con un saber curtido a golpes. Pero no, al entrar en las penumbras de su albergue para migrantes veo a un hombre paralizado de las piernas, en huesos, enfermiza mirada cristalizada y hablar con balbuceos por algún grave padecimiento. Sobre su cama, rodeado de migrantes, dice que sí cuando le pido conversar. De niño sembró maíz en el pueblo jalisciense Ahualulco de Mercado, del que se fue a San Francisco en 1987. Ahí conoció a su esposa, tuvo tres hijos y maquiló tres décadas colchones en la planta Simmons, hasta que por la denuncia de "una mujer" fue deportado.

—¿Cómo que "una mujer"?

—Así como lo oyes.

—¿Dolida del corazón?

—Yo pienso.

Deportado hace tres años luego de un cuarto de siglo en Estados Unidos, se volvió administrador del albergue. En solo tres cuartitos un promedio de treinta migrantes le pagan 20 pesos el día. A cambio, comen, duermen, cocinan, se bañan ("con agua fría", aclara) y platican en este tugurio olor a cebolla atestado de ropa revuelta, bolsas, envases y un silencio religioso entre camas. Todos murmuran, como si desde aquí la migra pudiera oír las estrategias que Román lanza con su garganta agonizante para superar el muro en el mar y la arena. Le pido al hombre de treinta y nueve años que me explique cuándo es bueno hacer el cruce.

—La mayoría está esperando una neblina. Con neblina no ve bien ni el lente de la migra. Muchos pasan nadando, muchos se ahogan.

—¿Se le han ahogado?

—Unas diez personas en estos tres años.

—Es muchísimo.

—Tal vez más: mexicanos, hondureños, salvadoreños.

—¿Se va a complicar la labor de su albergue con Trump?

—Viejo loco, racista, quiere su país solo de gringos: quiere el mal, no el bien. No tiene consideración con las familias, con los niños. Mire —pide.

Miro. Una niña de diez años oye desde un sillón las declaraciones del hombre que con sus consejos podría hacer que vuelva a reunirse con su madre, que ya está en Florida. Maggie, como llamaremos a la menor, salió con un amigo de la familia, su madre, su hermanito y su papá, Bartolomé, del pueblo salvadoreño de Auachapán el 5 de enero. Su mamá, acomodadora en un súper, y su padre, pintor de casas, no lograban subsistir.

—Falta de empleo, cierre de fábricas, no hay créditos y pandillas y policías que hostigan —enumera el papá, Bartolomé, pero prefiere no entrar en detalles. Había de dos: una miseria oprobiosa o esperanza. Optaron por lo segundo, que obligaba a los niños a dejar la escuela. Llegaron a Talismán, frontera con México.

—¿Y de ahí cómo fue el viaje?— pregunto a Bartolomé.

—Llegamos a Tapachula. De ahí combi de pueblo en pueblo. Nos ayudó el gasolinazo (las marchas sociales por el aumento del precio del combustible): había protestas, retenes quemados y pasábamos. Ya en Chiapas, a las garitas de migración las rodeamos por montañas. En una nos caímos: había mucha pica-pica, todo el cuerpo nos picaba. Hallamos un río, botamos la ropa y nos bañamos. Saliendo de Hermosillo había una volanta de migración y a nuestro amigo lo bajaron. No dijimos nada porque si oían nuestro acento salvadoreño también nos bajaban.

Ya en el albergue de don Román, de inmediato los cuatro buscaron hacer el cruce por la orilla del mar. La Border Patrol los capturó a cien metros de la valla y los regresó al instante.

—Gacha, migración. Le dijimos "somos salvadoreños", vieron a los niños y nada.

Cuatro personas juntas en movimiento son una entidad densa y, por lo tanto, detectable. Al día siguiente, la mamá y su hijo hicieron el intento solos. Pasaron, pero a los cien metros fueron arrestados. Esta vez, sin embargo, el agente los derivó a un centro de atención en Florida, donde pidieron asilo político.

Bartolomé y su hija esperan pasar y llegar a ese estado, o ser arrestados y correr la misma suerte que su familia para reunirse los cuatro.

—¿No es mal momento cruzar ahora, con Trump?

—Nuestra fe está en Dios, no en Trump.

—¿Cómo te sientes?

—Yo soy algo macho, pero me quebranta ver a mi hija aquí —la observa— y el estado en que estamos. Es parte del camino: se lo platiqué y lo ha asimilado, pero le faltan su mamá y su hermanito. Está desesperada.

Maggie escucha.

—¿Qué extrañas más de tu mamá? —pregunto a la nena.

—Siempre ha olido a flores. Cuando dormíamos, siempre me abrazaba.

El muro que viene desde el mar se interrumpe en la colonia El Nido de las Águilas: el reino del clorhidrato de metanfetamina, o cristal, como se conoce a esa droga.

Quien avanza por la línea fronteriza desde el Pacífico tendrá siempre a su izquierda esa extensa franja de metal que separa ambos países pero que aquí termina no por falta de voluntad, sino por falta de soluciones técnicas: la escabrosa zona montañosa con peñascos, precipicios, violentas hondonadas fue infranqueable para los ingenieros del ejército estadounidense. Aquí, en el extremo norte de Tijuana, se interrumpe la valla que el presidente Bill Clinton consumó sin demasiado escándalo en 1994 mediante la Operación Guardián.

En este muro que concluye es posible poner un pie en Estados Unidos y otro en México, al mismo tiempo. Claro, si las cuatrimotos de la Border Patrol que este sábado surcan la línea del Otay County Open Space Preserve no detectan al intruso a través de los visores de sus agentes o descubren sus pasos con los sensores que han hundido bajo tierra desde hace meses. Creer que sin muro todo es más fácil ha sido para muchos una trampa: el fin de la valla está ultracustodiado. Con el tiempo, migrantes y polleros han aprendido y optan por buscar tramos de muro y saltarlos.

Quizás el rincón más desamparado de la ciudad, El Nido de las Águilas es un elevado paraje desde donde Tijuana se observa en toda su amplitud. Hoy se lo disputan con furia los grupos de la delincuencia.

Los pequeños cristales transparentes que aquí se distribuyen y que ingresan en el cuerpo por aspiración poseen la fórmula química contra el tormento de la pobreza extrema: activan la euforia y reducen el cansancio. El problema: las bandas quieren el monopolio. La consecuencia: homicidios un día y otro también.

A no más de una cuadra del fin del muro, entre casas de cartón, paredes hechas de alambre y costales, dentro de la Iglesia Adventista del Séptimo Día hay paz y frescura: tres jóvenes cristianas cantan afinadas con la mirada hacia ningún lado en un salón abarrotado de pobladores:

"Nunca esperes el momento de una grande acción, / ni que pueda lejos ir tu luz. / De la vida a los pequeños actos da atención, / brilla en el sitio donde estés."

Líder de ese templo, Gumersindo Hernández abandona un instante la populosa ceremonia y comparte el sentir de sus fieles.

—Lo hemos platicado: Trump no tiene temor a Dios ni amor a la humanidad. No comprende que los mexicanos somos seres humanos: él es El Enemigo —lamenta el anciano protestante.

Las elegantísimas chicas de vestido, moño y pelo lacio dejan de cantar y ceden la palabra a otra joven que toma La Biblia y se dirige al gentío: "Proverbios 22:6", pide y lee: "Dirige a tus hijos por el camino correcto, y cuando sean mayores, no lo abandonarán."

Pero no es fácil convencer a los niños del "camino correcto".

Metros arriba, Josué está vestido con un trajecito militar: cinco años de edad, sentado en la sombra de una azotehuela y su atención en el celular que su hermano mayor, Víctor Gómez, le prestó para que juegue.

—Mi hermanito se angustia —cuenta el joven de veintiún años—, no quiere ir a la escuela. Ya dice que él de grande quiere pasar gente (ser pollero). "Mejor ve a la escuela", le digo. Y me dice: "Ya no quiero".

Con el torso desnudo y a un metro del muro, Víctor prepara frijoles en su patio. Calienta el guiso sobre un amasijo de resortes de colchón que usa como parrilla, mientras las cuatrimotos de la Border Patrol con agentes de casco, lentes y uniformes verde olivo pasan a su lado acelerando furiosos y levantando tierra como héroes de Mad Max. Entre el mexicano y los policías solo median unas láminas de las que cuelgan oxidados anuncios del gobierno mexicano que así intentan persuadir de no dar el salto: PELIGRO, ANIMALES VENENOSOS. PROGRAMA NACIONAL DE PROTECCIÓN A MIGRANTES, con dibujos de alacranes, serpientes, insectos.

Poca cosa para vidas de penurias.

—¿De qué se angustia tu hermanito? —pregunto a Víctor.

—Aquí hay brincadero todas las noches. A los migrantes se les quiebran los dedos ahí —muestra unos picos sobre la lámina—, las muchachas se lastiman, los patrulleros los esposan y en la colonia hay mucha matazón: hace dos días mataron a uno.

Titulares como "ataque armado en la colonia Nido de las Águilas" se repiten sin pausa. "Ejecutado", "homicidio", "arma de fuego", son palabras que inspira en la prensa cada semana este lugar, y Angélica López, viuda y madre de familia, lo sabe. Este sábado descansa, pero hasta hace poco eso era imposible: la tienda donde despachaba, Abarrotes Verónica, era el multitudinario centro de reunión de polleros y migrantes que compraban víveres para la travesía hasta la población estadounidense de Jamul.

—Vea: hasta hace dos años muchísimos polleros y personas se iban por el cerro. Grupos de treinta, cincuenta.

Ya no. A las mujeres y hombres que debían superar la vigilancia de la Border Patrol se le apareció un nuevo enemigo, ahora de sangre mexicana: los "tumbadores" o "placas". Como en el Viejo

Oeste, grupos de cinco o seis delincuentes se esconden en oquedades de la roca o azoteas de la panorámica colonia San Patricio para detectar migrantes, bajar y asaltarlos.

—Tumbadores y policías se agarran a balazos en el cerro —dice Angélica, a quien el terror que los aspirantes a braceros sentían ante otros mexicanos le mató el negocio.

El año pasado, tocó a la puerta de su familia un grupo de la DEA (Drug Enforcement Administration), asegura.

—¿Cuántos?

—Un ejército —responde—. Los policías se metieron y revisaron toda la casa. Dijeron que buscaban a polleros y chinos. ¿Chinos? ¡Ah, cabrón! —exclama.

—¿Cómo llegó la policía de Estados Unidos hasta aquí?

—Venían con órdenes de policías mexicanos estatales. No hallaron nada.

Angélica sabe lo que es estar sola. Su marido cruzó la frontera, y la policía migratoria le dio un balazo en la mano. Volvió mutilado de Pensilvania a los tres años y al año murió. La joven crió sola a sus dos hijos.

—¿Cómo es ser mamá aquí?

—Está muy dura la delincuencia: son conocidos nuestros. Mejor saludarlos, mejor amigos que enemigos. Pero tampoco es hacer confianza: si estás platicando con ellos cuando no debes... imagínate. En la noche imposible andar, a cada rato matan gente: en el centro de Tijuana, la heroína, y aquí corre el cristal —precisa.

Esta mañana, en las calles de Nido de las Águilas como en todo Tijuana, el semanario *Zeta* sale de la imprenta y circula: “Fallida estrategia contra ejecuciones”, dice un titular. E informa: “Durante los veintiséis días de enero, solo en el tema de homicidios violentos se cometieron ciento ocho en todo el estado, setenta y seis asesinatos en Tijuana (...) las ejecuciones violentas crecieron en Baja California el setenta y dos por ciento”.

Pasos arriba, el tramo final de muro es puro silencio. Solo hay mensajes de migrantes escritos en la lámina antes del cruce y con destinatario incierto: “Arturo 31-3-97. Lupe García 9-11-96. Omar Rodríguez 5-94”. Y junto a esos nombres, una frase: “Nueva Tijuana”, una suerte de plegaria rajada sobre metal en una ciudad ensangrentada.

Pero la tierra del viejo muro no renace ni es nueva.

15

ECATEPEC: REPORTERO EN EL INFIERNO

La moto Honda Cargo CG125 surca veloz la Avenida Central bajo las nubes naranjas que succionan las últimas descargas de sol. Ahora, cuando junto al camino ya se dibujan los bloques sepias del Hospital General Las Américas, baja la velocidad. El pequeño vehículo cruza un canal sumergido en basura. Su luz frontal izquierda está rota y la derecha se sostiene con cachos de Diurex. Pero porque su dueño de casco blanco le tiene cariño, puso bajo la matrícula una placa que dice THE BEATLES, y sobre el tanque de gasolina una estampa de Héroes del Silencio: las bandas que Iván venera y que "coverea" en casa con la guitarra en sus escasos ratos libres.

Para este momento, las siete y media de la tarde, ya cayó la noche en Ecatepec, el municipio con más robos con violencia, homicidios y violaciones de la entidad más violenta del país, el Estado de México. En un callejón vecino al hospital, la luz delantera ilumina este martes la fachada de un local que sí puede celebrar el terror habitual: AGENCIA DE INHUMACIONES OJEDA. CREMACIONES, VELATORIOS, LIBERACIÓN DE CUERPOS ANTE EL MP. SERVICIO 24 HORAS. PRECIOS PARA PERSONAS DE BAJOS RECURSOS. SERVICIO A TODOS LOS PANTEONES DE LA CIUDAD DE MÉXICO Y EDOMEX. NO DUDE EN PEDIR SU PRESUPUESTO, PERMÍTANOS SERVIRLE, anuncia la entrada. El escaparate deja ver, uno sobre otro en torres hasta el techo, ataúdes radiantes, bien pintados, pulidos, barnizados, listos para sus nuevos propietarios.

La motocicleta se frena apenas adelante, en el acceso al Servicio de Urgencias del Estado de México, la gran central de ambulancias de la región.

El conductor abre una reja, serpentea para hallar un hueco libre entre los vehículos de emergencia, baja y se saca el casco. Es un bajito joven de *jeans* con boquetes en las rodillas, delgado, con una larga barbita rala.

—Hubieras venido el jueves —me dice en cuanto me ve, lamentando mi fortuna.

—¿Por?

Iván Montaño, el reportero y fotógrafo de nota roja más célebre de Ecatepec, relata qué pasó hace cinco días. El doble ti-ti de su Nextel que siempre le avisa sobre un suceso infeliz —ejecutados, atropellados, suicidados, decapitados, descuartizados— le envió un alerta a las tres de la tarde del 12 de febrero: en Jardines de Morelos había dos cinco bravo, es decir, dos baleados:

—En un vehículo —relata Iván—, dos mamás recogieron en la escuela a sus tres hijos, que se subieron atrás de una Dodge Journey. Cuando una de ellas arrancó, a las dos y media de la tarde, dos tipos por lado dispararon a quemarropa a las mamás frente a sus hijos. Las mataron. Acudió una de estas ambulancias —señala—, y un paramédico, 'El Güerito', confirmó su muerte. La Policía acordonó, llegó la Base de Operaciones Mixtas (Marina, Secretaría de la Defensa Nacional y Policía Estatal), identificaron a las mujeres, dieron parte de la causa de muerte: impactos en pecho, cráneo, tórax, abdomen. El Servicio Médico Forense (SEMEFO) y peritos de la Fiscalía de Homicidios de Ecatepec las destaparon. Quedaron con sus cuerpos encontrados.

—¿Cómo cubriste la nota?

—Llegué y luego luego tiré con la cámara: la camioneta estaba cruzada a mitad de calle. Había hermetismo. Los cuerpos estaban tapados. Dos pequeñitas tenían crisis nerviosas, una vomitaba. Los vecinos sacaron a los tres niños y los querían calmar. Alcancé a ver una niña en brazos de su abuelo, la alejaba.

Iván redondea el relato con un "imagínate, sus hijos vieron cómo las mataron" y cambia de tema para aligerar la noche. "¿Un refresquito?", me propone y cruzamos la calle. "Una Coca de seiscientos mililitros", pide al tendero, e Iván se echa un sorbo abundante, veloz y ansioso como si no hubiera bebido en días. Suelta un "ahhh" satisfecho, prende un cigarro Montana y encaja el envase en un bolsillo trasero de sus jeans, que de tanto recibir botellas se ha deformado hasta quedar en forma de cilindro.

Iván vuelve a la estación de ambulancias. En estos quirófanos que llama "mi segunda casa" y que reciben heridos día y noche, capta llamadas de sus fuentes, escribe en su *laptop* las notas para el periódico donde labora, *Extra! de Ecatepec*, chacotea y cruza datos con estos testigos privilegiados de la violencia, los paramédicos que lo adoptaron. Lo ven y le dicen "¿qué pasó, mi chavo?", seguido por el saludo de la mano extendida y el choque de puños.

El periodista de treinta y dos años espera en la noche de Ecatepec alguna tragedia: cámara sobre el pecho, refresco en la banqueta y cigarro en mano izquierda que aspira despacio, entrecerrando un ojo que no mira a ningún lado.

Pronto suena el ti-ti de su Nextel. Iván lo mira.

—Aguanta —me pide—. Deja veo si saltó algo.

Ecatepec no da tregua.

El destino fue rudo desde niño: la naturaleza le advirtió que el paso de los años no le ayudaría a ser más alto.

—Fui el chaparrito inocente con el que se pasaban de listos.

Urgía crecer o, más bien, madurar rápido para compensar al físico. No hubo tratamientos hormonales ni dietas proteínicas, ni ejercicios milagrosos para extender los huesos. Desde su casa, en Ecatepec, caminaba hasta el voceador del diario *El Gráfico*.

—A los dieciséis años yo era un señor: todos los días compraba ese periódico para leer noticias de impacto: si había una del asalto bancario con diez heridos, ahí iba.

Se curtió chapoteando los ojos en las líquidas letras rojas de los dramas del Valle de México: asesinatos por desamor, *vendettas* a balazos, delitos con muertes atroces. Pero engañó a su vocación. Estudió Ingeniería Industrial en UPIICSA y, al terminar clases, se volvía el empacador de los productos de aseo de la compañía Sancela, que un día del 2010 le hizo un favor: lo echó.

En el desempleo, un día se encontró a Millet, una amiga de la infancia que administraba el diario *Extra! de Ecatepec*.

—¿Necesitas trabajo? —preguntó.

Arrancó entonces un extenuante coqueteo en el que el diario lo tentó con propuestas siempre postergadas: un día le avisaron que era el nuevo supervisor de circulación, otro que sería fotógrafo e incluso recibió una cámara que la mañana siguiente le quitaron porque el área de Recursos Humanos, arrepentida, determinó que su ignorancia del periodismo lo descalificaba para el puesto.

—Ya estaba desesperado —dice Iván, que aguardó un año para que, al fin, le extendieran un contrato de cobrador, un cargo del abismo del organigrama que le daría 6 000 pesos al mes—. Me dije: "Ni pedo". —Aceptó.

Despertaba a las cuatro de la mañana, en su moto recibía los ejemplares, los repartía hasta media mañana a los vendedores, desayunaba, echaba un coyotito donde podía, y a las diez de la mañana comenzaba el circuito de cobro en los puntos de distribución.

La faena concluía a las tres de la tarde; el resto del día era la libertad. Su serena y estable rutina pudo transcurrir por años sin sobresaltos. Pero Iván se complicó la vida. En sus travesías por el municipio se topaba con accidentes que ningún medio cubría, salvo él. No estaba mal justificar el lema "la noticia en caliente" que identifica a su periódico.

—Y empezaron los choquecitos —dice—. En un pinche choque me paraba de chismoso y tomaba fotos con mi Nextel.

Lo siguiente era marcar a la redacción. Atendía el coeditor Luis Ángel Flores.

—Tengo unas fotos de un choque.

—Mándamelas con sus datos.

Al otro día aparecían publicadas con el crédito: "especial".

Paramédicos y policías comenzaron a identificar al chavo de la moto blanca que surgía de la nada y que con su teléfono levantaba imágenes de heridos y láminas retorcidas.

—Me acercaba y tiraba pum-pum. Como pensaban que era reportero y ya me ubicaban, me empezaron a decir: "Dame tu radio y te aviso cuando salte algo".

Las emergencias no tienen hora. Sus fuentes lo buscaban lo mismo a las seis de la tarde que en la madrugada, mientras dormía.

Sonaba la alerta y leía: "Tengo un choque con un güey grave". "Me levantaba, agarraba la moto y llegaba en putiza aunque fueran las dos de la mañana."

Y cuando el sol salía, a la chamba de cobrador.

—Hubo días en que me daban las tres de la mañana en la calle y a las cuatro me seguía a repartir.

Para entonces, la cámara del teléfono se quedaba corta. Iván se hizo de una Canon Rebel XT que supo usar con las lecciones que le dio su hermana Karina, fotógrafa de bodas, bautizos y quince años.

Por esos días, el reportero Hugo García lo invitó a desayunar. Se aprestaban al primer bocado cuando el teléfono del periodista sonó: en la colonia Luis Donaldo Colosio había un cuerpo en un auto.

—¿Me acompañas?

Iván, el cobrador, aceptó.

—Fuimos en chinga y ya estaba acordonada la zona. Era un policía de Coacalco con dos impactos en el cráneo y estaba recostado boca abajo en el asiento de atrás. Abrieron las puertas y alcancé a verle los pies.

—Era tu debut en lo más cruento de tu profesión: fotografiar asesinados. ¿Qué sentiste?

—Nervios. "Ya tengo enfrente a este, lo estoy viendo, saca la cámara." Tiraba sin saber qué era una foto, un objetivo. Me decía: "Tírale, tírale, lo que salga". Me temblaba la cámara y pensaba: "¡Chingada madre!".

—¿Aún te pasa algo parecido?

—A estas alturas un muerto es otro muerto.

La venta de ejemplares aumentaba si el tiraje del periódico se zonificaba acorde a las tragedias del día previo. Para saber cuánto periódico pedir y a dónde dirigirlo, antes de que se encendieran las prensas llamaba al editor.

—Le preguntaba: "¿Qué notas traes?", y me respondía: "Un ejecutado aquí, un choque allá, un güey se cayó y se dio en la madre en tal colonia".

El "problema" era que su doble actividad de cobrador y reportero lo instruyó en las artes de la tiranía.

—Empecé a reclamar al editor: "¿Qué pedo, tus reporteros qué hacen? No traemos el ejecutado de tal parte ni el choque en tal otra, tampoco esa explosión".

Dice Iván que un día rompió su record: envió tantas notas como dedos suman sus manos. Para el editor fue claro que el cobrador debía dejar de serlo.

—Oye, güey —me dijo—, vente de reportero. Y le dije: "Me latería, ¿cuánto me pagas?". Me respondió: "Lo que le pagamos a todos, 6 000 pesos".

Iván se negó.

VECINO VIGILANTE

—Me llevé la portada —me dice Iván mostrándome el *Extra! de Ecatepec.*

Leo la cabeza principal: "Matan a poli en venganza" y su bajada: "Un agente conflictivo fue asesinado de un plomazo al llegar de chambear". La foto que Iván tomó ayer muestra el cadáver del oficial Arturo Zúñiga sobre el pavimento de Santa María Tulpetlac. Ojos abiertos, sangre en el rostro, uniforme negro y chaleco antibalas que de nada le sirvió. Pero en el ejemplar de este lunes 23 de febrero lo más brutal es la nota secundaria: "Aplastan cabeza a ciclista". Un hombre yace en el piso con la cabeza machacada como una sandía, su masa encefálica esparcida y la boca en un rictus de espanto.

—Ha estado pesado, el jueves me eché 5 ejecutados —me cuenta.

Suena el ti-ti de su Nextel.

—Un ejecutado —me avisa y ordena seguirlo hasta el límite de Ecatepec y Neza. A los diez minutos, Iván desciende.

Un policía municipal con el rifle entre sus brazos lo ve de reojo pasar a su lado. El reportero saluda de mano y puño al famoso reportero Pizcachas, repite el gesto con siete colegas corpulentos entre los que se ve como un niño y agarra su Coca-Cola del bolsillo trasero para echarse un trago.

—Veamos cómo está la onda —murmura, y va hacia el listón amarillo con que la Policía acordonó.

Un Aveo con el frente destrozado está en la banqueta. Los paramédicos de la Cruz Roja que certificaron la muerte del conductor han puesto una sábana sobre el vidrio lateral para ocultar el cadáver de un joven de veinticuatro años con un balazo en la frente. La sangre escurre por la puerta en siete líneas delgadas y una gruesa que bajan hasta el asfalto en una especie de tintineo. Se forma un charco que pasa de ser un óvalo a una estrella por las aristas rojas que se van extendiendo. Junto al auto hay una camioneta de la Agencia Funeraria Padilla. Iván enciende un cigarro, lo pone entre el medio y el índice de su mano izquierda, la misma con la que sostiene su lente, al que hace girar.

Unos veinte policías hablan bajito y se mueven sigilosos. De los portones coloridos de la calle Mixcalco los vecinos se asoman curiosos y murmuran frases indescifrables.

—Se escucharon dos cohetes, salimos y lo vimos. La ambulancia tardó cinco minutos pero ya estaba muerto —dice un señor que da su testimonio.

—Ahí están los familiares —me toca el hombro Iván y señala a dos hombres.

—¿Cómo sabes?

Iván desliza su índice por el costado del ojo, como una lágrima que cae.

En el silencio de la calle solo se oye el frenético obturador de su cámara: clic-clic-clic.

Iván se da una pausa y va hacia sus amigos reporteros.

—Estoy organizando las chelas. El siete se va a armar —y luego atiende el teléfono—: ¿Qué transa, morenita? Ya sabes, Z1, muerto —le informa—. Ya estufas, ahorita te marco.

Un perito se acerca al auto con su enorme chamarra negra del Instituto de Servicios Periciales que en la espalda dice: “Estado de México, un gobierno que cumple”. Iván se desprende de sus cuates para observar al investigador que saca un pincel y lo pasa por la puerta en busca de huellas dactilares. El fotógrafo se arrodilla, busca un ángulo, se mueve a derecha e izquierda.

Una grúa del Corporativo Moctezuma llega y comienza a levantar el Aveo con todo y cadáver rumbo al Ministerio Público. Iván capta la sangre que se vuelca sobre el piso en el instante en que el auto es elevado. Los policías desacordonan y se van. Iván se despide y bebe Coca-Cola, listo también para partir. La grúa abandona la calle, que en un gran cartel sobre un muro alerta: VECINO VIGILANTE. SOMOS VECINOS ORGANIZADOS Y NO PERMITIMOS QUE VEHÍCULOS O PERSONAS DESCONOCIDAS PERMANEZCAN MÁS DE CINCO MINUTOS. 066. ALTO A LA DELINCUENCIA.

Seis días a la semana, sin horario. La jornada laboral de un reportero policial de Ecatepec permite, en horas libres, seguir siendo reportero policial. Entra a casa, conecta sus celulares, sale al patio a platicar con su novia Millet, toma un vaso de refresco, un pan "y luego me acuesto pensando 'me pueden llamar'. Digamos que duermo con el radio en la mano".

—¿No es terrible carecer de descanso pleno?

—Hay un sentimiento encontrado: quiero que no suceda nada y dormir, pero si oigo el ti-ti y es algo importante, no lo pienso. Sobre todo cuando hay un muertito. A veces estoy metiendo la moto, me pongo el pijama y suena la señal con un mensaje. Le digo a mi novia: "Ya llegué y ya me voy" —se carcajea—. Ella me contesta: "¿Ya te vas?". "Ya me voy."

—¿A qué te refieres con "algo importante"?

—Ya sé qué me mueve, qué me emociona. Si me avisas de un choque respondo: no. Pero si a las cuatro de la mañana me dicen "tengo un cinco bravo, un baleado", solo espero confirmación. Me entreduermo y cuando me llega la Clave 14 —murió— me voy.

—¿Y por qué eso te mueve?

—Fotografiar un ejecutado es emocionante. Si me dices "tienes por acá cinco atropellados y allá un descuartizado que está degollado", voy por el degollado. La adrenalina, el reto de que la Policía me bloquee y sacar la foto es más satisfactorio. Un ejecutado es un trofeo.

A nuestros lados, la calle Diagonal Santa Clara colorea la Cantina La Esperanza, el Bar La Clave Azul, antros y *table dance* donde los varones de Ecatepec se divierten.

—En esta misma calle llevo cubiertos y contabilizados once ejecutados —dice Iván. Cuatro de ellos son dos empleados, un travesti y una mujer asesinados hace unos meses dentro del bar Las Cariñosas.

Se hace tarde, el ti-ti del Nextel no paró de sonar en la mañana y es hora de comer. Aunque agotado, al ver una ambulancia a toda velocidad llama a una fuente.

—¿Pasó algo en la Guadalupe Victoria? Acaba de pasar en chinga la 20-07.

—Un enfermo —le dicen.

—Ah, pensé que era algo más lucas, ahí andamos péndulos (*sic*).

Al fin, nos metemos al restaurante California.

—Para mis notas busco encabezados originales —explica—. Una chava de Xalostoc le metió el cuerno al novio, el novio llegó a matarla, sale el primo y mata al novio. Le puse "Amarte duele". Y a la nota de un niñito con sobrepeso de Lomas de Atzolco que murió infartado sobre una máquina de baile le puse *Game Over* —se ríe, y pide el menú económico de carne enchilada y Coca-Cola. Cuando los platos están a punto de llegar, ti-ti, suena el Nextel.

—Hay dos cuerpos bajo el puente Lechería-Texcoco y México-Pachuca —le avisan.

—¿Qué hacemos? —le pregunto.

—Nos vamos —exclama Iván.

Se disculpa con la mesera y está en el puente diez minutos después.

Una ambulancia atiende a dos personas heridas en cara y piernas.

—Unos aspectitos —murmura, y asoma su cámara al vehículo para captar a las víctimas que jadean, toma fotos a una vieja camioneta Ford F 350 que custodian tres policías federales y luego salta una valla, camina sobre el campo y hace una toma panorámica.

—Asalto—, le informa a Iván el oficial Chilpa—. Le dispararon al que venía del copiloto en la pierna, la 9 milímetros entró y salió, y al otro le llenaron de cachazos la cabeza.

—¿El botín?

—Ciento cincuenta mil pesos.

Iván saluda al paramédico y apoya su cámara en el vidrio trasero de la ambulancia. Se acerca a Miguel García, víctima cuya playera está salpicada de sangre por los cachazos a su colega.

—Veníamos del Banamex de Plaza Ciudad Jardín, en Neza —le cuenta—. Sacamos 150 000 pesos para llevar a la empresa donde trabajamos, que transporta baterías. Pusimos el dinero en una mariconera, agarramos hacia Pachuca y aquí nos cerró el paso un Ibiza blanco. Bajaron cuatro encapuchados y dos se quedaron en el coche. Hicieron un disparo al aire, y otro a mi compañero. Cuando nos cerraron, mi compañero me dijo "¡aviéntales la camioneta!".

—¡Se las hubieras dejado ir! —le reclama el oficial. Iván los observa.

—Nooo, ¿qué tal si me va peor?, un pinche balazo.

—Pues si era la voluntad de Dios... —se encoge de hombros el policía.

—¿El nombre del baleado? —pregunta Iván.

—Oscar Miranda —responde el transportista.

—Es la banda que anda circulando por aquí —agrega el oficial—. ¡Pinches ratas!

Misión cumplida.

—A comer —festeja Iván—. La carne enchilada se enfría.

A la semana la oferta de sueldo subió. El chavo de veintisiete años que por un ingreso de supervivencia repartía diarios ya era un reportero con autoridad para discutir sus ganancias. Los primeros días trascurrieron con aislados accidentes vehiculares.

—¿Me cuentas la primera experiencia que como reportero te marcó? —pregunto, y suelta una mueca traviesa, como si dijera: ¿estás seguro? Curioso: su bautizo en el horror careció de balas, cuchillos, golpes o cinta canela.

—A las cinco de la mañana —narra— un chavo iba en chinga con su moto en la Vía López Portillo. Le sale un borrachito de la cantina, baja a la banqueta y ¡pras!, se lo lleva. Llegué a los cinco minutos y un policía me dijo: "Ahí tienes el muertito". Pensé: "Tendrá una herida en la cabeza, algo sencillo". Lo iluminé: desde que termina la pompi hasta los genitales estaba abierto como si jjjjjjjjj —hace un sonido gutural y simula como que desgarrara un objeto con un puñal—. Le pasó la llanta por arriba. Me impactó ver cómo terminó ese cuerpo, como partido por un hacha, destrozado.

—¿Y qué hiciste?

—Me dije: "Ya me dieron chance de estar aquí" y ch-ch-ch —simula que saca fotos—. Pero la imagen sigue en mi cabeza.

La condición humana en su faceta más vulnerable, animal y cruda lo ha licenciado para ver lo que sea. La simple inseguridad callejera se transformó a partir de 2013. Los cárteles de la droga se regodearon en Ecatepec, geografía ideal para vender, combatir, esconderse y transportar droga. Decapitados, mutilados, ejecutados, no discriminaron colonias. El municipio, de arriba a abajo, se llenó de muertos, y los hábitos de Iván cambiaron. En su soledad, cámara en mano, sentía esto: "En los primeros ejecutados y descuartizados que botaban me daba nervio, y siempre me preguntaba lo mismo: ¿quién me ve?".

—¿En territorio de quién estoy? —le pregunto.

—Exacto. Pero sobre todo: "¿Quién me ve?".

¿Por que Ecatepec se volvió el infierno? Iván lo tiene claro.

—El crimen organizado se extendió a la mayor parte del territorio, y las células buscaron puntos de venta y trasiego de droga. La violencia empezó por la pelea del territorio —aquí están Zetas y los cárteles de Sinaloa y del Golfo—. Michoacán colinda con el Edomex (y ante la presión militar y policial en aquel estado), el crimen buscó dónde llegar. Dijo: "Aquí no me resulta, me voy al Edomex, que es estratégico".

—¿Por qué estratégico?

—Ecatepec está cerca de la Ciudad de México, es el primer punto hacia el norte del país y por su nivel socioeconómico —no tan marginal— un gran sector medio puede comprar. En todo el municipio se vende droga. En Ecatepec nada de que: esta zona es residencial y no hay. El narcomenudeo de cocaína, sintéticos y mariguana es parejo.

Los muertos de Ecatepec se apoltronan en las páginas policiales. En el Canal de la Draga, el Gran Canal y el Río de los Remedios se volvieron comunes los amaneceres con mutilados en bolsas. Iván se iba familiarizando con las localidades epicentro de homicidios, sus grandes surtidoras de noticias: Jardines de Morelos, San Pedro Xalostoc, Santa Clara, Ciudad Azteca, Valle de Aragón, Luis Donaldo Colosio.

Si sufriera cada muerto, Iván no podría vivir. Pero hay de muertos a muertos. Ha visto cientos, pero dos lo perturban. Hace seis meses una mujer murió de un balazo en la Viveros Xalostoc. Los agresores intentaron quemarla prendiendo fuego a una montaña de basura arrojada en el sillón donde se encontraba. La humedad lo impidió. Iván vio a la joven semidesnuda, con la espalda tatuada con una Santa Muerte alada.

—No sé si la violaron o lastimaron sus partes. Pero la parte trasera del mallón estaba rota, como si la hubieran dañado con un cuchillo.

—¿Por qué te conmovió?

—En Ecatepec no se respeta raza, condición social, género. Aquí van con todo.

Y a todos les toca. En San Andrés de la Cañada una abuelita salió de la mano de su nieto a comprar un CD para el abuelo, que cumplía años. El pequeño lloraba porque quería un regalo. De pronto se oyó una detonación y el niño de tres años cayó al suelo. La abuelita pensó que era un berrinche y bajó la mirada. Pero no, el chiquito tenía sangre en la cabeza.

—Alguien disparó al aire, quizá jugando —dice Iván— y la bala le cayó de arriba.

La ambulancia lo llevó a la Clínica 76 de Xalostoc.

—Ayudé al paramédico a bajar el tanque de oxígeno y dejarlo en la sala de *shock*, donde metieron al niño.

Sin capacidad técnica para retirar la bala, los médicos pidieron un helicóptero a la Unidad de Rescate Aéreo Relámpagos para llevarlo al Hospital de Especialidades de Toluca.

—Sacamos al niño al helipuerto y nos fuimos a Toluca. A los dos días falleció.

TE PEGAN

El Sistema Nacional de Seguridad Pública establece que el Estado de México está en todo lo alto en las entidades más violentas del país si se concentra la incidencia de homicidios, secuestro y extorsión.

La descomunal violencia del municipio habitado por 1.6 millones de personas forzó al Gobierno Federal a crear la Base Mixta de Operaciones. Del mega bastión son parte el Ejército Mexicano, la Secretaría de Seguridad Ciudadana (SSC), la Dirección de Seguridad Pública y Seguridad Vial de Ecatepec y la Procuraduría General de Justicia del Estado de México (PGJEM). Los cuerpos armados de todos los órdenes de gobiernos operan desde ahí.

—¿Sirvió?

—Al crimen organizado la presencia militar le impone, no es cualquier cosa: pisan su territorio y sienten la presión —dice

Iván—. Pero eso provoca la "operación hormiga": se van a otros lados. Se fueron al pueblo de (Santa María) Tulpetlac, a Xalostoc y a Valle de Aragón. Si no es que se fueron a la Ciudad de México, porque ya es muy frecuente ver casos (de violencia de los cárteles) en los límites con Neza.

—¿Como manejas los narcomensajes?

—Una regla mía y del periódico es omitir nombres (de presuntos delincuentes). No puedes apuntar a nadie con tu dedo, a ti no te consta. Fuera de eso publico todo. Y las narcomantas salen tal cual, como la que encontré ayer: "A todas las autoridades, militares, policías y pueblo en general —recita de memoria—, la guerra no es contra ustedes. Vamos contra rateros, violadores, extorsionadores y gente que se hace pasar por La Empresa. Atentamente, El Cártel de Sinaloa y Gente Nueva".

Iván ha creado un manual de operaciones.

1. Llego, me bajo como cualquiera y aseguro la moto.
2. Si hay un borlote de gente me acerco luego-luego y curioseo.
3. Me doy mis mañas para lograr mi ángulo de tiro: aquí enfrente me ve la familia, de este lado la Policía: subo a techos de casas, me acuesto en la vialidad, me meto bajo la camioneta, me escondo entre la gente como si estuviera hablando por celular aunque en realidad estoy sacando fotos.
4. Para captar detalles como impactos de bala o rostros, la distancia máxima que debe separarme del objetivo son setenta metros. Si es mayor a eso, mi lente 28-300 milímetros no me dará definición.
5. En el momento posterior al homicidio, jamás interrogo a los deudos: no debo faltar el respeto al duelo, arriesgo mi integridad y en el *shock* uno no sabe cómo reaccionarán.

—¿Cómo actúan contigo los policías?

—Me bloquean y más tratándose de un asesinato. Para ellos está penado que les saques un muertito. Y si hay comandantes se pone grueso: no quieren que se manche su sector. Ahí es cuando te pegan, manotean, amenazan con detenerte, quieren quitarte la cámara. Hace un año cubría una doble ejecución en Xalostoc y el comandante y su gente me bloqueaban: "¡No saques fotos, vete!"

y me metieron delante patrullas. Debí acostarme bajo un coche para tomar a una mujer y un hombre.

Al rato, Iván volvió a tener de frente al policía.

—Me empujó, me tapó el lente, retrocedí y le tiré fotos al rostro. Volvió a ordenarme: "¡Que no saques fotos!", y le contesté: "Si te da coraje que te saquemos a tus muertitos, ponte a hacer tu trabajo".

—¿Cómo es tu foto ideal?

—Hay medios que prefieren sugerir que hay un muerto: si hay uno en una camioneta, les basta la foto de la camioneta. Yo saco el muerto. Una buena foto mía muestra al muertito descubierto, y el cuerpo indica si fue ejecución, asalto, robo. Venden las fotos crudas. La nota roja es sangre, la cruel realidad.

Y jamás toma apuntes para redactar sus notas.

—Todo se guarda aquí —señala su cabeza—: Direcciones, placas, carros, *modus operandi*, casquillos.

Con Ecatepec a oscuras, Iván oyó sirenas una madrugada de mayo de 2013. Salió a la calle y vio pasar a los bomberos. "Ah, chingá —me dije—, a lo mejor se está quemando una casa." Pero al amanecer recibió una llamada:

—Explotó una pipa, hay muchos muertos, está muy cabrón —le dijo su fuente.

Encendió su moto. Halló la Vía Morelos atestada. Buscó escapar por la México-Pachuca. Cerrada. Ascendió la Sierra de Guadalupe, bajó por sus callejuelas y arribó a la manzana de la tragedia en Xalostoc: se abrió ante él una gran mancha plomiza con casas vueltas añicos y autos deformados, árboles hechos carbón, escombros con cadáveres y familias agonizantes.

—Vi la magnitud, un chingo de servicios de emergencia y dije: "Qué pedo".

Los militares detectaron al reportero y le soltaron un: "¡No hay paso!".

—Me metí entre calles y llegué a la casa sobre la que cayó la salchicha de Termogas.

Con los rescatistas alzando escombros, Iván tomaba sus primeras fotos.

—No sabía desde dónde sacar, no sabía dónde estaba lo mas fuerte.

Un policía se acercó: "En la cocina de esa casa con la pared deshecha hay una familia muerta". Sacó el telefoto y a veinte metros de distancia captó, apilados en una barra, al papá, la mamá, un hijo de quince años y una niña de ocho.

—Todos muertos —dice Iván.

Apretó el obturador y nació la foto de la desgarradora intimidad de una familia que murió unida, el último instante cotidiano de cuatro vidas. La imagen se reprodujo en varios medios del extranjero.

—Aún siento la pinche adrenalina de estar en ese momento ahí —dice—. Yo, frente a los cuerpos.

No son ni las nueve de la mañana y el ti-ti del Nextel ya suena en este martes de febrero: "Ejecutada en la colonia Hank González. Calle Prolongación Zocoaltitla", lee Iván.

Entonces supera un imponente laberinto de callejones sin pavimentar, canales contaminados, tianguis, esquinas con pilas de cascajo y basura y llega. Medio centenar de personas, entre fisgones y policías, se agolpan alrededor de un destartalado camión de basura. Hace una hora, Gonzalo, recolector de desperdicios, abrió el vehículo para trabajar y halló el cadáver de una joven recostada en el asiento.

—Estaba con la pantaleta en las rodillas, desnuda con las piernas abiertas; sobre la cara, un antifaz. Imagino que la violaron y ahorcaron. Era de la colonia y se llamaba Rosita —dice Pedro, dueño del camión, a *Extra! de Ecatepec*.

A diez metros, un tamalero pasa con su triciclo: "Ricos, deliciosos, tamales oaxaqueños". Una vecina riega las flores de su entrada frente a la cabina con el cadáver.

Iván tira con su cámara lo que puede porque el cuerpo de la chica de veinte años no es visible. Una señora se le acerca.

—¿Usted ve eso y no tiene sentimientos?

—Te vas haciendo frío, si te conmueves con cada cosa no sale tu chamba —responde sereno. La mujer asiente y le dice:

—¿Cuánto me pagaría por reportaje?

—Yo hago reportajes, no los pago.

—Es que aquí hay muchos reportajes por hacer.

¿Muchos?

Isabel, la vecina, se suelta:

—A un chamaco lo mataron hace poco subiendo la Presa Buenavista. A una chava la mataron afuera del Cobaem. En esta misma calle, pero en la esquina, mataron a pedradas a uno de los chalanes del camión de basura.

Iván la escucha y agrega:

—Y le faltó la muchacha que hace como tres meses violaron y mataron en La Nopalera.

—Ah, sí —dice ella, mira el camión que se va rodeando de peritos de la Fiscalía de Homicidios y aventura su hipótesis—: Si tenía un antifaz es que dentro del camión quería pasar su noche de lujuria.

—Fue sometida en el acto —interviene un joven que pasa por ahí y agrega—: Lo sé porque soy psicólogo.

La madre de Rosita ha llegado. Morena, pequeña, con apariencia de trabajadora humilde, la mujer de unos cuarenta y cinco años mira el camión donde yace el cuerpo y habla con agentes del Ministerio Público vestidos de civil. No llora ni gesticula. Solo sostiene una sábana blanca que trajo para cubrir a su hija.

—Es el segundo hijo muerto de la señora —añade la vecina Isabel—. En 2013 le mataron a un hijo en una balacera.

La hermana de la joven asesinada, una chica de unos veinticinco años, mira su propio reflejo en el vidrio lateral de un auto y se arregla la cola de caballo. ¿Cómo no lloran?, se preguntan varios viendo a la chica y su madre, que hablan entre ellas. El psicólogo interviene:

—Están en negación.

Iván sostiene la cámara en su pecho en espera de algo. Arriban la patrulla 4028 de Seguridad Ciudadana de Ecatepec, la camioneta 09 del Servicio Médico Forense que toca el claxon para que los curiosos le abran paso, y unas diez autoridades que se preparan a abrir la puerta del camión para retirar el cadáver.

Un duelo sagrado llena de silencio esta esquina de Ecatepec, pero una señora lo rompe:

—Usted debería estar en su casa y no de morbosa —le dice a una anciana. Pero la quejosa tampoco distrae la mirada.

Un oficial se aproxima a la multitud y crea una valla de diez policías con armas largas para evitar el ingreso de la gente que se protege de sol a la sombra de una casa improvisada como Santuario de la Fe, cuya fachada indica: SI SUFRE DE ENFERMEDADES, VICIOS, PLEITOS DE FAMILIA, HIJOS (*SIC*), BEBIDAS, VENGA AL MARTES DE LIBERACIÓN.

"Eviten el morbo. Tú, hijo, salte de aquí", le dice el oficial a un viejo indigente que le revira indignado: "¡No soy tu hijo!". Los vecinos se ríen. Iván bebe Coca-Cola y moviéndose como boxeador logra una buena toma. Pero en cuanto el obturador de la cámara suena y el hermano de Rosita oye todo, grita:

—¡No saquen fotos, carnal!

Una camilla azul viaja hacia la puerta del camión junto a la sábana blanca. Iván quiere una imagen del cuerpo: sube y baja el lente, se rasca la oreja, toma refresco, fuma. No logrará su objetivo: la familia ha tapado con grandes tablas de madera el único hueco libre. La puerta del camión tiene un grafiti: "Cerdos". Un agente la abre y ya desciende quien en vida fue Rosa Isela Ramos, Rosita. Su hermana se quiebra, arrodillada. Ante la vista de cientos de vecinos mudos, llora desconsolada, jadea desesperada en brazos de su hermano, que ruega a gritos:

—Fotos no, fotos no.

Arranca el vehículo forense con la joven, se van los policías, los vecinos se meten en sus casas y los reporteros policiales se van. Iván no. Se trepa al camión cubierto con los sellos de la Fiscalía de Homicidios y tira unas fotos más. La cabina es una inmundicia. El tapizado está desecho, hay basura en el piso, y las moscas revolotean sobre secreciones corporales cubiertas de moscas en el asiento donde Rosita murió, justo frente a un muñequito de la Virgen de Guadalupe apoyado en el tablero.

Ya solo se oyen ladridos de perros.

Iván guarda el lente en su estuche y se aleja caminando con sus desgastadas botas de cuero. Detrás viene recorriendo la colonia el camioncito de un circo. El anunciador saca un megáfono:

—Aquí solo 20 pesos, allá en la taquilla precios normales. No digas que no lo dijimos, no digas que no lo escuchaste. Apúrale, 20 pesos niños y adultos para la máxima atracción de temporada. Circo Frozen en vivo, increíble, gran función, siete y media de la noche. Los esperamos en el campo de futbol de El Gallito.

El anunciador ahora guarda silencio. De inmediato, en la calle donde murió Rosita, el camión del circo esparce el tema musical de Frozen.

> ¿Y si hacemos un muñeco?
> Ven vamos a jugar
> Ya no te puedo ver jamás, hermana, sal,
> [parece que no estás...
> Solíamos ser amigas y ya no más.

Cae la tarde e Iván descansa en una banqueta de la central de ambulancias, su remanso cuando el crimen se toma un recreo. Toma Coca-Cola con una mano rodeada por una pulsera metálica con dos palabras, "crecer, trascender", y fuma. A su lado hay un altar a san Judas, Patrono de los casos difíciles.

—¿Se investigan todas las muertes atroces que ves?

—En Ecatepec casi siempre las diligencias se hacen a medias. Todo es "levanten el cuerpo". Una investigación debe tener fotografías de criminalística, análisis de dirección de balas, declaraciones de testigos. La realidad aquí es: "Trépalo (el cadáver) y vámonos".

—¿No importa un "muertito" más o no existe capacidad humana para investigar tantos casos como los que hay en Ecatepec?

—No hay voluntad, personal suficiente tienen. Y algo ocurre últimamente: en lugar de que vayan los del SEMEFO, van las agencias funerarias.

—¿Vía exprés?

—Ajá: "Vete a levantarlo (el cadáver)". Ya nada más van el agente del Ministerio Público a certificar, el fotógrafo, el de la funeraria y el chofer de la carroza.

—¿Los deudos creen que hay investigación y todo se archiva desde el primer día?

—Exactamente. Incluso la familias me dan campo de investigación como periodista. Me buscan y me dicen: "Estos güeyes (las autoridades) se hacen bien pendejos. Sabemos quién fue el homicida y no hay ni madres (de investigación)".

—¿Das seguimiento a casos?

—Solo si lo amerita y la nota no me pone en riesgo, por más buena que sea. No puedo sustituir a la autoridad, pero doy réplicas.

A veces la Policía me dice: "Fue un asalto con un solo impacto", y la familia me aclara: "No fue un asalto. Un güey de 'la maña' nos lo mató. Y no traía un impacto, sino cinco". Lo publico para esclarecer.

Un hueco de sus *jeans* deja a la vista una gran cicatriz roja en su rodilla derecha.

—Un día, a las ocho de la mañana, me avisaron de siete muertitos: uno en Vía Morelos, tres en Sauces y tres en Ciudad Cuauhtémoc. Salí de casa en chinga pero en Insurgentes había aceite. Frené y ¡pum!, suelo. Putazote.

Iván se salvó, pero impuso límites a su Honda, su "vochito correlón", como lo llama: ciento veinte kilómetros por hora.

—Mi papá respeta mi profesión y le gusta: "Enséñame las fotos" —me dice—. Pero mi mamá se preocupa, la pone muy mal que viaje en moto con estrés.

—Es que es riesgoso. ¿Ves este oficio como proyecto de vida?

—Gracias a Dios se me han dado las cosas, tengo mucho trabajo y me siento orgulloso. Se me abrieron las puertas y lo aproveché. En esto quiero terminar.

—Qué paradoja —le digo—: Si un día este es un lugar de paz, dejarás de tener trabajo.

"Ti-ti", suena el Nextel. Iván mira la pantalla. Algo saltó.

Falta mucho para que a Ecatepec llegue la paz.

16

LA PRIMERA ROSA DE HACIENDA

La flor de poliéster rojo brilla esta mañana: las cincuenta lámparas que iluminan la gran oficina la bañan con su estridente luz blanca. Todas las ventanas de este cuarto piso del Edificio Polivalente han sido cerradas, como si el sol, el perfume de las plantas y la brisa que corre metros abajo, en el Jardín Botánico de Palacio Nacional, fueran una amenaza para los cerca de cien burócratas que trabajan aquí, en la Secretaría de Hacienda y Crédito Público (SHCP). Se inclinan silenciosos sobre sus escritorios en un ambiente climatizado. Hoy martes, Elvira Nolasco Reséndiz, Subdirectora de Administración de Participaciones, dijo "buenos días" a su secretaria Lourdes, se sentó y apoyó sus manos de mujer de setenta y un años sobre el teclado. Cuando dirigió la mirada a la computadora, involuntariamente vio también, con el rabillo del ojo, a esa solitaria rosa de tallo plástico que hace tiempo acomodó a su lado, en un jarroncito, para adornar un anaquel atiborrado de manuales mercantiles, minutarios de afectaciones, agendas de amparo, compendios fiscales, un borrego de la abundancia y un platito ornamental donde el Papa Juan Pablo II sonríe.

Hace sesenta y cinco minutos, José Melquíades Sebastián Gutiérrez Martínez, jubilado por la Contaduría de la Federación, se detuvo frente al número 5 de la calle Moneda, a metros del Zócalo. Su esposa Elvira le dio un beso, bajó del auto y caminó diez pasos. En el instante en que atravesó la puerta de Palacio Nacional dio inicio su día laboral doce mil quinientos —poco más o menos—, en cuya mañana nos recibe.

—¡No sabía que venían!—dice sorprendida la señora de impecable traje sastre y largos aretes de cuentas de colores.

—Pero si la cita era hoy...

—No tiene importancia: yo me baño todos los días —se ríe coqueta viendo a la cámara de fotos, se sienta y apoya las manos sobre una carpeta negra de piel.

—¿Cuándo empezó a trabajar en esta Secretaría?

—Oficialmente, el 1 abril de 1961.

—En ese entonces era presidente...

—López Mateos. Soy la empleada con más antigüedad de esta Secretaría.

—Ya va por cincuenta y dos años de servicio.

—Y le digo algo más.

—Dígame.

—Este ha sido el único trabajo de mi vida.

"El único trabajo de mi vida", pienso, y desvío la mirada hacia mi izquierda. Junto a un amplio calendario negro, Elvira ha colgado un cuadrito violeta de barro donde hay pintados árboles, flores y una pradera sobre la que surge una leyenda: THINGS HAPPEN FOR A REASON. JUST BELIEVE.

Elvira vio que su compañera Graciela arrancaba angustiada del carro de su máquina de escribir una y otra y otra hoja que iban a dar al cesto de la basura.

—¿Qué tienes?—le preguntó en un salón de clases ese otoño de 1960.

—Tengo que hacer una carta de recomendación. No me sale.

En aquel edificio de Avenida Pino Suárez, Elvira acomodó una nueva hoja carta y se sentó a teclear. En un minuto dejó listo el documento para su amiga.

Poco antes de que esa tarde acabaran las clases en la Escuela de Capacitación para Empleados Administrativos, Graciela se acercó agradecida a Elvira.

—Estoy entrando a trabajar en Hacienda. Si quieres le pido al Jefe de Departamento una tarjetita y te la doy.

Una tarjetita: con un pedazo de cartulina blanca firmada por un funcionario y la palabra "recomendación" escrita a mano, a sus dieciocho años Elvira podría competir por un empleo por primera vez en su vida. Voluntariosa, disciplinada, pese a no tener concluida la Secundaria, la joven tenía nociones de Derecho Civil Mercantil, calculaba impuestos, conocía al dedillo la Cédula Cuarta para Obreros y la Quinta para Profesionistas, sabía taquigrafía y había sido la mejor de su generación en mecanografía.

Por eso, días más tarde, caminó equipada con una mochila de confianza hasta Palacio Nacional, mostró a los guardias la tarjeta, atravesó el Patio Mariano, pasó junto al Benito Juárez monumental sobre el pedestal de mármol, subió tres pisos y tocó en el Departamento de Personal. No hubo preámbulo: "Pase al examen de mecanografía", le pidieron. La chica respondió con un "claro" relajado, propio del que se sabe ganador antes de arrancar la competencia. Entonces sí, cuando empezó a teclear, su destreza, increíblemente, desfalleció.

—Los dedos se me iban debajo de las teclas de la Remington y por los nervios terminé reprobando —recuerda. La señorita que supervisaba a las aspirantes la miró fijo.

—Muy groserita me dijo: "Practique más y regrese". Y yo pensé: "¿Practicar? ¡Soy primer lugar en Mecanografía!". Era viernes; el lunes me presente al examen y lo pasé.

La estudiante se hizo acreedora de una nueva tarjeta que la autorizaba a someterse a un segundo examen en la Academia de Capacitación de la SHCP: la evaluaron sobre capitales de los estados y el uso gramatical de la "s", "c", "xc" y "z". Y algo más: debía ser hábil para sumar, restar, dividir, multiplicar, ejecutar las reglas de tres simple y compuesta.

—Pero en esos ayeres lo fabuloso era acomodar los ceros. ¡Ceros, ceros, tantos ceros! Las ecuaciones eran a *manín*, a mano. Nada de esto, ¿eh? —exclama palmeando su PC y abriendo al máximo sus ojos chiquitos como botones para que yo dimensione la hazaña de aprobar ese examen.

Contenta, acudió a la que —le prometieron tras superar la prueba— sería su área laboral: el Departamento de Impuestos a los Transportes, Energía Eléctrica y Teléfonos. "Lo sentimos —le notificaron un día de octubre de 1960—: Pero aquí las plazas están congeladas."

"¿Sí me calentaste el café o quedó frío?"

Lourdes, la secretaria —saco rosa y copete abombado—, quién sabe cómo hace para en veinte segundos traer a su jefa una taza humeante. Suena el teléfono. "Participaciones a sus órdenes, ¿buenos días?", atiende Elvira con su voz suave. Escucha diez segundos y se arranca con un tono amable pero pragmático, cálido pero presuroso. Más vale que su interlocutor sea breve: "¿Qué pasó, Gerardo? Ah, están en muy buen tiempo. No, Gerardo, mejor a la contadora Marcela Andrade, titular de la Unidad. ¿OK? Sí, ellos me lo pasan. Hasta luego, Gerardo. *Bye*". La Subdirectora de Administración de Participaciones cuelga, mira la pantalla y arrima sus manos a las teclas a la vieja usanza: ocho dedos en fila horizontal justo a la mitad del tablero, para que estiramientos y encogimientos mínimos, precisos y económicos acaten las órdenes cerebrales.

—¿Cuál es su función en la SHCP? Explíquemelo como para que cualquiera lo entienda...

Elvira guarda silencio y sonríe enigmática: no sé si me quiere decir "¿está usted seguro?" o solo la entusiasma desmenuzar las fibras de su pasión.

—Tengo a mi cargo varias actividades —comienza—: Lo más fuerte se me viene cuando afectamos participaciones por adeudos al ISSSTE, IMSS y FOVISSSTE por cuotas de seguridad social que de acuerdo al Código Fiscal de la Federación son Créditos Fiscales, pero tenemos créditos anteriores al 31 de diciembre de 1995 registrados en la SHCP y estos se están haciendo efectivos a través de FONAPO y BANOBRAS. FONAPO es un organismo que depende de SEDESOL y es para que las entidades den viviendas, pero tienen un plazo, y cuando se atrasan hacen efectiva la garantía, que son las participaciones; lo más fuerte son esos días, que en este caso fue la semana pasada y además tengo a mi cargo la revisión y la autorización de las cuentas por liquidar certificados de todos los fondos que tiene la Ley de Coordinación. Este sistema, que se llama SIAP, Sistema Integral de Administración Financiera Federal que tiene la Tesorería de la Federación y que tengo instalado, me pasa las cuentas con un nuevo sistema que puso Deuda Pública que se llama SICOP y ese viene siendo un filtro que pasa al SIAP y ya cargado por mis muchachos, lo reviso con unas relaciones que hace la Dirección de Liquidación. Mi garantía es la firma del Director, la reviso, tengo las claves, si es efectivo, si es compensada, yo reviso que estén bien las cantidades autorizo y posteriormente se lleva una relación a Tesorería y con esa base, las directas se van por el sistema SPEI que ha sido anunciado en medios y se paga por Banco de México; cuando es compensada que es una clave mas pequeñita es porque ahí tienen que hacer algunas deducciones de créditos como en este caso los adeudos con IMSS e ISSSTE —concluye ya sin aliento.

Clarísimo. Respiro hondo, como si de mí dependiera el aire que aún queda en los pulmones de la funcionaria. En los dos minutos cincuenta y nueve segundos que duró su respuesta ha relatado su rutina con una emoción inocente, ansiosa, exaltada, con una alegría infantil o, como dijo alguien que pidió el anonimato: "Lo que para cualquiera es una actividad de hueva infinita, para ella es una aventura estilo Indiana Jones en busca del cáliz sagrado".

—¿Qué hace con quien no cumple en la oficina?

—Les leo la cartilla. Una vez una secretaria equis (digo equis para no decir una majadería) me avisó que dejaba la Secretaría porque le pagaban poco. Le dije, "¿Te vas? Dios te bendiga. Pero no patees el pesebre: gracias a la Secretaría tus hijos tuvieron guardería, primaria y tienes una casa del ISSSTE". Hay que ver lo que nos ha dado la SHCP; no lo que queremos y no nos ha dado.

FALDAS TABLEADAS

Aunque en octubre las plazas estaban congeladas, Elvira persistió. Volvió a ir al Departamento de Impuestos a los Transportes, Energía Eléctrica y Teléfonos en noviembre y le dijeron "no hay plazas". Acudió otra vez en diciembre, enero, febrero y la negativa se repitió. Su lucha por entrar al servicio público vio en marzo un filito de luz. Al fin oyó: "Dése una vuelta el mes que viene. Quizá se abran plazas". El lunes 3 de abril de 1961, Elvira, a sus diecinueve años, ya asumía su cargo: Oficial Administrativo D con funciones de mecanógrafa, bajo las órdenes del Jefe de Sección, "el licenciado 'Gonzalitos', una excelente persona". Pero desde su primer día en funciones, Elvira tenía claro su objetivo, que mantuvo en sigilo.

—En honor a la verdad, entré a trabajar a Hacienda ilusionada de que, con esa experiencia, pronto me llamarían de un banco. En los bancos la salida era a la una y media de la tarde, y saliendo a esa hora yo podría estudiar.

Trabajó estoica días, semanas, quincenas, sin recibir pago. Fue en junio cuando recibió dos meses retroactivos de sueldo. Le dieron cerca de 440 pesos, la mayor cifra que había visto en su vida. Los billetes pasaron por sus manos con su agradable aspereza.

—Sentía que era una lanísima —dice la mujer que veloz abordó el camión que la dejó en la calle Sur 106.

Desde ahí caminó tres cuadras a su casa. La colonia Gabriel Ramos Millán, en Iztacalco, era una zona apenas poblada con llanos donde los capitalinos del Oriente tiraban basura o jugaban futbol. Al llegar, la esperaba la señora Buenaventura Reséndiz, madre de dieciséis hijos, entre ellos Elvira, la número 14.

—En la casa de usted dije a mi mamita: "Aquí está el dinero, ¿qué hacemos?". Me respondió: "Mitad para ti y mitad para mí. Con tu mitad haz lo que quieras; ya sabrás qué compras, qué comes, cómo viajas. De esta otra lana no tocas nada".

La joven voló al Mercado de Mixcalco y se compró blusas blancas, medias y faldas tableadas de lana "verdes, azules, alegres, nada de negro: en esa época existía la idea de que con negro las morenas nos veíamos peor", puntualiza la mujer que este mediodía de mayo, cincuenta y dos años después, en el mismo edificio donde arrancó su vida laboral está vestida... de negro. Guapa, elegantísima.

En el periodo en que Elvira ha trabajado en la SHCP, México ha tenido diez presidentes. A la servidora pública le han tocado ocho sexenios del PRI y dos del PAN; cuarenta años de priismo, doce de panismo.

—¿Cómo ve el regreso del PRI?

—Ha tenido cosas buenísimas que valorar: creó las instituciones, la educación gratuita. Al presidencialismo muchos lo satanizan, pero es bueno: (los mexicanos) estamos acostumbrados a que nos digan dónde acudir, qué hacer. Por ejemplo, Carlos Salinas fue un presidente muy preparado que abrió la economía al exterior y gracias a eso tenemos tecnología. Muchos lo critican por el TLC. Podemos criticar pero para juzgar hay que estar en ese puesto.

—¿Ha visto corrupción?

—Gracias a Dios en esta área no hay. Existen treinta y dos ojos, los comités de vigilancia de cada entidad. Pueden hacerse mil maravillas en trámites, pero con dinero es otra cosa.

—¿Y cómo ve a Peña Nieto? —pregunto.

En este instante, el hombre que a mi lado ha supervisado la entrevista, Jorge Juárez, subdirector en el área de Comunicación Social de la SHCP, se remueve en su asiento, musita algo y alza incómodo la mano como pidiendo la palabra. Pero antes Elvira me mira fijo y me cuestiona: "Quiero entender su pregunta".

—Cómo vive que se diga que Peña no lee, por ejemplo.

El funcionario de Comunicación Social ya no se contiene.

—Perdón, una interrupción —me dice—: Estamos desviando la entrevista. Era semblanza, esto es político.

Cuando sus manos morenas —con dedos gruesos y batalladores pero diestros y acrobáticos— la consolidaban como mecanógrafa, apareció otro talento.

—Por mis inquietudes empecé a hacer trámites.

Hacer trámites: aquello de lo que el mundo huye despavorido, significaba para Elvira un pastel delicioso cuya cereza era la redacción de oficios. Con justicia, fue entonces nombrada Tramitadora. De excelente ortografía, sintaxis y agilidad para escribir, recitaba de memoria el organigrama de la SHCP, usaba el lenguaje idóneo para cada solicitud, atendía y orientaba a contribuyentes de toda la República, era protocolaria y a la vez punzante en sus peticiones y aplicaba las palabras justas para tratar a cada funcionario según su jerarquía. Ante ese crisol de virtudes vino otro ascenso. En 1965 recibió el puesto de Dictaminadora de Actas de Visita y fue ubicada en un escritorio muy cercano al del Jefe de Sección, Alberto Candiani: "Elvira, hágame esta liquidación; Elvira, calcúleme este recargo con el Código Fiscal de 1938; Elvira, no se olvide del Ámbito Temporal de Validez; Elvira, ayúdeme con el acuerdo del Subsecretario". Con ese Elvira, Elvira, Elvira, aquel hombre la revolucionó.

—Todo era hágame esto y aquello. Él me enseñó y yo fui asimilando dispuesta a trabajar —dice la funcionaria.

Pero había otra novedad en aquel cargo que era mil cargos a la vez. Por primera vez desde su ingreso a la SHCP estaba siendo instalada en un escritorio junto a una ventana. En su nueva oficina, sobre avenida Fray Servando, trabajaría con aire puro y cobijo solar.

—Tenía vista a un parque y una iglesia: era un lugar privilegiado —dice la dama que hoy, aunque curtida en el encierro, orea cuerpo y alma durante la comida.

A las dos de la tarde toma su bolsa, cruza el Zócalo y avanza tres cuadras.

—Siempre como en Donceles 85 —aclara.

—¿Una cantinita?

—¡No! ¿Cómo cree que una cantinita?

En el local 4 de esa dirección funciona la fonda Campilokos. Elvira llega y la cocinera María Luisa Arteaga le sirve el menú del día.

—La señora guisa riquísimo: me encantan sus lentejas, sus habas, sus bisteces encebollados.

—¿Y come sola?

—Sola. En este cargo tengo que presionar: más vale no crear lazos. Me llevo bien con mi secretaria y con las siete personas a mi cargo, pero hay respeto.

—¿Me está diciendo que usted es una jefa de mano dura?

—Varía. Hay personas que se paralizan si las regaño, entonces debo decirles —hace un tono aterciopelado—: "Ayúdame, échame la mano, si no me apoyas no sale". Pero a otras sí tengo que decirles: "¡Ya, ya, ya!"

Malabarista de la burocracia, Elvira hacía de todo bien y rápido, y mantenía el orden de las cosas en instantes en que los pendientes amenazaban desplomarse. El Jefe de Departamento Gonzalo Vázquez, temible funcionario de la SHCP, advirtió que esa chica esbelta, trigueña y alegre le sería útil. Y sin pedir permiso la volvió su taquígrafa. Él dictaba y ella apuntaba presurosa para luego redactar acuerdos u oficios. Aunque desganada, se fue apropiando del lenguaje del servicio público —árido pero indispensable para sobrevivir— con términos como: mencionado, multicitado, expresado, antes indicado. Hasta que un día, harta, se le plantó al Jefe de Departamento.

—Yo solo le ayudo a mi jefe —le lanzó.

Vázquez le contestó como dando un martillazo:

—Sea responsable.

No hubo escapatoria.

—Era machista, pero agarraba parejo —explica Elvira—. El licenciado nos decía: "Yo soy Alí Baba y ustedes los cuarenta inútiles". Yo aceptaba todos los regaños, siempre paradita, porque nunca me ofreció una silla.

Aunque en la transición de los 60 y 70 el clima político recibía el influjo de la libertad sexual y el socialismo (que igualaba a la mujer y el hombre), una frase, recuerda Elvira, dominaba ese imperio de testosterona llamado SHCP: "La mujer tiene el pelo largo y las ideas cortas".

Después de años trabajando juntos, el licenciado Vázquez anunció que se jubilaba. Elvira, que había resistido ganándose con su esfuerzo el respeto de su superior, le organizó un desayuno colectivo. Al concluir, el funcionario escribió a cada empleado varios pensamientos en papelitos. Cuando ella tomó el suyo, leyó: "Elvira, la segunda mujer inteligente que me ha deparado la vida".

OLÍA A JABÓN

Habían caído tantos billetes en sus manos que Elvira no sabía qué hacer. El día que cobró su primer sueldo como Subjefa del Departamento de Transportes, Energía Eléctrica y Teléfonos había quintuplicado sus ingresos. Llevó cerca de 2 000 pesos a su casa, donde aún vivían cinco hermanos, a tres de los cuales (Andrés, Petra y Luis) al paso de los años fue metiendo a trabajar a la SHCP.

El resto de la quincena se la quedó. Pero no había nacido para acumular fortuna y empezó a gastar. Cansada de viajar en "delfines" —los autobuses urbanos de entonces— se prometió: "Me compro un coche". Eligió un radiante "vocho" rojo y se dispuso a aprender a manejar. La mujer que superaba las pruebas tramitológicas más complejas, de las que dependía parte de la estabilidad monetaria del país, se aterrorizó ante el volante.

—Manejar era muy presionante: dar vuelta a la derecha, ver a la izquierda, checar el retrovisor y tener que meter el *clutch* para que entre la velocidad, y que aguas, ¡no confundas al freno!

Manejó dos días y decidió vender el auto recién estrenado.

Por eso, hoy, cuando se dispone a ir a trabajar o regresar, tiene dos opciones. Usa la línea Azul del Metro y conecta con el Metrobús, o se vale del tiempo libre de Sebastián, su marido, dueño de un taller mecánico casero.

¿Quién es ese hombre que, de buena gana, recoge en Palacio Nacional a su esposa a las diez de la noche si es necesario?

Todo se remonta a cuando México ganó una servidora pública excepcional y perdió a una atleta de época. El Deportivo Plan Sexenal se asombraba con la saeta morena que, en cada edición de los Juegos Burocráticos, rompía las marcas de cien metros libres y doscientos cincuenta metros con obstáculos. Apiló medallas de oro hasta que la corrupción la retiró: ciertas instituciones, con tal de presumir victorias, incluían en sus equipos a jóvenes deportistas de muy alto nivel competitivo que no eran empleadas federales, como obligaba el reglamento.

—Dije: esto es cachirul y no le entro —lamenta Elvira.

Pero la alianza deporte-burocracia ya le había regalado algo esencial. Durante las competencias la buscaba un lanzador de bala de la propia SHCP. No la impactó tanto su guapura como su pulcritud. Sebastián, quién sabe por qué misterios metabólicos, siempre olía a jabón, a limpio.

—Y también me fascinó que si le preguntaba por estrellas, me hablaba de estrellas. Sabía de piedras preciosas, de animales, de historia, de religión. Hablábamos y me daba cátedra.

Se casaron en 1973. Poco después nacieron su hija Venturina, hoy empleada de Telmex, y Sebastián, ingeniero de la NASA radicado en California.

Por aquellos días, sonó en su oficina el teléfono. Elvira atendió: un directivo del Banco Internacional la llamaba para ofrecerle un cargo. El largo sueño desde que había entrado al servicio público en 1961, ser contratada por un banco para tener horarios cómodos y estudiar, podía finalmente concretarse.

—Lo pensé mucho y dije: "¿Dejar la Secretaría? ¿Dejar Palacio Nacional? ¿Dejar a los contribuyentes? ¿Dejar el deportivo?" Estaba encariñada con la Secretaría y dije: "Aquí me quedo".

Como los futbolistas que llegan a la madurez, Elvira tiene que escuchar a cada rato la misma pregunta: "¿Cuándo te jubilas para disfrutar la vida?". "Es que la estoy disfrutando", responde, y pocos le creen. Pero la pregunta ha mutado. Antes de 1973 le decían, "cuando te cases verás que el trabajo es esclavizante". No fue cierto. Se casó y quiso seguir trabajando. Luego vino el "cuando tengas hijos vas a querer estar en tu casa". No fue cierto. Tuvo dos hijos y quiso seguir trabajando. A inicios de los 90 le decían: "Cuando llegues a los treinta años de servicio las horas se te harán eternas". No fue cierto. Se acordó que estaba cumpliendo esa antigüedad cuando le avisaron que el secretario Pedro Aspe le entregaría una medalla.

En las elecciones del 2000, quizá intuyendo que se acercaba su adiós, Elvira votó por el PRI. Pero ganó Vicente Fox, cuyo gobierno mostró el filo de la guadaña: la Secretaría, en manos de Francisco Gil, anunció un programa de retiro voluntario (aunque no tan voluntario): José Grajales, jefe directo de Elvira, le notificó que tenía que entregar su carta de renuncia.

Desconsolada escribió ese documento.

—Cuando lo firmé las piernas se me congelaron.

En el momento de presentarlo hizo esta oración: "Señorcito, ¿quieres que deje la Secretaría? La dejo y me pongo a trabajar por ti en la Escuela de Pastoral. Me pongo en tus manos."

El milagro obró y su renuncia no fue aceptada.

Desde que fue contratada por la SHCP pasaron diecisiete secretarios de Hacienda.

—¿Con cuántos de ellos pudo hablar, tener algún contacto?

—Con ninguno, salvo José Antonio Meade. En 2011, el día que me entregaron una medallita por los cincuenta años de servicio, estaba sentado a mi izquierda y me preguntó: "¿Disculpe, quién era el secretario de Hacienda cuando usted entró?".

El día que Elvira entró en la Secretaría, la tecnología institucional la conformaban las Olivetti, Remington y Smith Corona, máquinas de escribir cuyo disco duro eran los papeles carbón. Desde señoritas secretarias hasta señores secretarios debían organizar la información en miles y miles de actas y tarjetas sin respaldo que se iban acumulando en cajones de oficinas, pasillos, salones, bodegas.

Toda la memoria hacendaria del país estaba ahí, a merced del fuego, una mano atracadora, una confusión, un olvido, una venganza o ni siquiera eso: una travesura. Pero ella era la dueña de las llaves.

—Me decían san Pedro —cuenta Elvira— porque todo el tiempo cerraba *lockers* para que no robaran documentos o hicieran mal uso.

Todo cambió con el Centro de Procesamiento Regional Metropolitano, donde ya nombrada Subjefa de Departamento atestiguó un salto cuántico, una especie de *Viaje a las estrellas*. Las llamadas "computadoras de doble captura", enormes máquinas que parecían sinfonolas y que usaban aparatosas cintas magnéticas, llegaron días antes de que el presidente José López Portillo encabezara un gran evento inaugural, del que Elvira guarda recuerdos vivos.

—El Presidente era muy alto y fornidito. No se veía igual que en la televisión.

Desde el albor de los años 80, para el trabajo de escritorio los empleados contaban con Multiplan, una hoja de cálculo primitiva de Microsoft, y para escribir, con el procesador WordStar. Con el paulatino avance tecnológico, Elvira no solo pudo manejar gigantescos volúmenes de información de manera extraordinariamente veloz, sino gozaba de más tiempo libre. Con un horario de siete a diez de la noche hizo la secundaria en la ESENI, después concluyó la Preparatoria Abierta y una tarde del 2002 oyó en la radio que el Ceneval ofrecía acreditar la Preparatoria. Después de capacitarse seis meses en asuntos que iban desde trigonometría e historia universal hasta refranes y boxeadores mexicanos, presentó el examen. La última prueba consistía en elaborar un ensayo a partir de una entrevista ficticia a Thomas Alva Edison, donde el inventor estadounidense lamentaba no haber creado algo para que el hombre dejara de trabajar. Ella escribió en el ensayo: "El trabajo hace que uno se sienta útil y sea útil a los demás. El trabajo no es una carga".

Pero en el tiempo que ha dedicado a recomponer una vida sin estudios no todos la han impulsado. Hace unos años, cuando ya superaba los sesenta años de edad, empezó a notar que a su jefe le molestaba verla apurarse para concluir su jornada y llegar a tiempo a clases. Una tarde se aproximó a su empleada, le dijo "no te vas hasta resolver esto" y pegó la media vuelta.

—Me dio tanto coraje —rememora— que cuando le entregué el trabajo le pedí llorando: “No me vuelvas a decir que no me retire hasta que no entregue el trabajo. No necesitas hacerlo porque yo lo hago. ¿Quieres que deje de estudiar? Me jubilo y estudio por mi parte”.

—He aprendido —dice Elvira— a ser una mujer franca y claridosa.

Su pequeña oficina, atrapada en un pasillo de Palacio Nacional entre decenas de otros escritorios, es una especie de refugio desbordante de señales de vida. A la hostilidad de los enormes archivadores acumulados sobre una pared ella la aligera con tres grandes macetas llenas de helechos que desde un estante desparraman su verdor explosivo. A la quietud de las noches de trabajo las musicaliza con el Mariachi Vargas de Tecalitlán, Consuelo Velásquez, Marimba Cuquita, Carlos Argentino o la Orquesta Aragón.

—Los pongo bajito cuando ya todos se fueron —me confiesa mostrándome sus CD’s.

Al paisaje de cajas repletas de *folders*, carpetas y expedientes con títulos como “Ingresos CAPAM”, “Soporte de la Recaudación de Agua” o “Recibos Municipio de Calpulalpan”, lo colorea con una mariposa de papel colgada con una chinche y una jarrita llena de espigas de trigo guindas. Y a su propia vida —que hace medio siglo era la de una mujer con apenas primaria terminada— Elvira le regaló otra dimensión al titularse cinco años atrás de Licenciada en Derecho por el Colegio Holandés.

Me asomo a la computadora de la funcionaria y alcanzo a ver una tabla de Excel atiborrada de cifras. “Son los Repecos”, me informa, y cuando me repito mentalmente la palabra “repecos” imagino pequeños seres imaginarios de algún mundo fantástico. Pero no. Esto es Hacienda: así se llama un régimen para personas físicas de baja capacidad económica.

—¿Cómo ha sido trabajar aquí tantos y tantos años?

—A mí siempre me ha gustado —dice con el gesto iluminado.

—¿Hasta cuándo seguirá en la Secretaría?

—Poco: hay que dejarle hueco a la juventud. Estoy en la mejor disposición de capacitar a una persona en todo lo que he aprendido. No quiero que digan: "Elvira dejó aquí su vida, que aquí se quede".

—¿Qué hará el día que no esté aquí?

—Tomar una Maestría en Derecho y visitar Italia. Cuando fui, hace casi cuarenta años, arrojé una moneda a la Fuente de Trevi y mi deseo fue regresar.

—¿Se ha imaginado saliendo por la puerta de Palacio Nacional por última vez?

Elvira rompe en llanto.

—No lo quiero pensar —me contesta.

Poco a poco se recompone y seca sus lágrimas.

—Perdón —dice riendo—. Qué cursi soy, ¿no?

17

EL MAESTRO DE PEPE "EL TORO"

Del filo de la puerta de un cuartito iluminado por un foco desnudo salen sonidos tenues: algo como un cajón que se cierra, un zapato que se arrastra, un peine que se apoya en un buró. Adentro, con los toques finales a su arreglo personal, un hombre inaugura en Coyoacán un día más de sus casi noventa y cuatro años de vida.

Las patas de la andadera se elevan un par de centímetros, dan hacia el exterior un lentísimo primer tranco, y el segundo llega después de varios segundos y mucho trabajo. Don Jesús Cedillo Belmont estruja al aparato con sus benditas manos de nudillos macizos que lo salvan de la postración desde que medio siglo atrás un auto lo atropelló, su tibia izquierda se hizo trizas y ocupó su lugar una prótesis que aún lo atormenta de dolor. Cada paso es una hazaña pero él sigue avanzando, paciente y tenaz.

Suéter negro, calzado negro, pantalón negro. Jesús ya no es el carpintero que por usar siempre camisas coloradas se adjudicó un apodo eterno. "¡Colorado, salúdame!", le exigía María Félix en días de *La diosa arrodillada*, "Colorado, ¿bruño este madero?", podían preguntarle sus compañeros cuando construía la vecindad que devastaría el fuego en *Ustedes los ricos*. "Colorado, ¿este tablón es de proa?", quizá le decían al hombre de setenta y cuatro años mientras serruchaba las piezas colosales del Titanic donde DiCaprio y Kate Winslet se besarían.

De grueso pelo canoso, espeso como el de un adolescente, Jesús levanta por primera vez la mirada.

—¿Ya vieron las fotos? —exclama y agarra de una mesa de su jardín una vieja imagen en la que un vaquero de sombrero y botas mira desafiante a la cámara—. Es John Wayne —dice señalando unas letras junto al retrato: la dedicatoria que ese actor dedicó al

Colorado, el carpintero de 3 *Godfathers*, la cinta que en 1948 rodaron juntos en Durango.

Los pesados trancos de la andadera continúan y a don Jesús todavía le faltan dos metros para su destino: el enramado de un níspero bajo el que pretende sentarse a posar. Dos metros parecen una locura y el fotógrafo se apiada.

—Ya quédese ahí, don Jesús.

Pero, encarrerado, él se niega a renunciar a su meta.

—No. Más atrás, voy más atrás —avisa el carpintero y lucha: la andadera sigue.

Auxiliado por su nieta Katy, una guapa joven de ojos grises, el hombre llega a su destino y se sienta. Sus pulmones exhalan aliviados: ha concluido la travesía.

—¡Qué guapo eres, Jesús! —grita ella para que su abuelo, afectado por serios problemas auditivos, alcance a escucharla.

El hombre sonríe, mira a la cámara pero no dice nada sobre el piropo y le cambia bruscamente el tema.

—¿Te conté cómo conocí a Pedro Infante?

Esta mañana, Jesús hablará de lo que realmente importa.

Cliserio Cedillo vio que su chamaco se enfilaba derechito a la pobreza: después de terminar la Primaria había optado por ser albañil, un oficio que servía para sobrevivir. Y sentir compasión por el mayor de sus dos hijos era cosa demasiado triste. Por eso le dijo a Jesús que lo acompañara, y juntos caminaron por las fangosas calles de San Diego Churubusco hasta llegar a la Iglesia de San Mateo. Y aunque se podría pensar que iban a pedir ahí un milagro en forma de billetes, pues ese apóstol es patrono de los banqueros, el padre y su hijo de dieciséis años ni se acercaron al atrio. Se metieron en el local vecino al templo, una carpintería. Cliserio debió persuadir con las palabras justas a don Enrique, el dueño, que de inmediato aceptó como su aprendiz a Jesús, adolescente diestro en ladrillo, yeso, piedra, cal, cemento. Don Enrique era famoso en el sur de la Ciudad de México por la sutileza de su labor: sus manos eran artistas, meticulosas, precisas, aunque no estaban dispuestas a dar a su discípulo más que un peso a la semana. Poco, pero suficiente para Jesús. "Aquí el trabajo es fino", era la máxima de don

Enrique, y el alumno no se rezagó: en meses aprendió lo mismo a hacer mesas, sillas o armarios que las cajas que van a los extremos del fuelle de los acordeones. Con los años sus aptitudes de carpintero derivaban en la de ebanista: Jesús empezó a crear las hojas de maderas preciosas labradas con florituras que cubren el tosco armazón de los muebles. Los cinceles de aleta, dentados y acanalados iban supliendo a los feroces serruchos. Más que carpintero, "el maestro Enrique era un matemático", precisa don Jesús. Y ese ímpetu con que por cuatro años le enseñó el valor de las ecuaciones en el papel, el respeto por los decimales, el buen uso de reglas y compases antes de tocar la madera, sirvió para que "el esposo de una tía mía hermana de mi mamá del que no recuerdo el nombre", le avisara: "Jesús, mañana ya no vas a trabajar ahí". Y le dije, "bueno".

Algún día de inicios de los 40, el pariente fue a buscar a su sobrino a la entonces apacible Calzada de Tlalpan y a poco de andar, llegaron a los Estudios CLASA. Cómodos, con tecnología de vanguardia, radiantes, habían auspiciado hacía poco el suceso fílmico mundial de Fernando de Fuentes: ¡*Vámonos con Pancho Villa*!

Estados Unidos y Europa suspendían su industria cinematográfica a causa de la metralla de la Segunda Guerra Mundial, mientras que el gobierno de Manuel Ávila Camacho ocupaba ese vacío con inyecciones monetarias a un cine mexicano sano y opulento. Es decir, la industria podía darse el lujo de contratar carpinteros de primer nivel. Jesús fue presentado con las unidades de rodaje y emocionado, intentó aplicar la filosofía de su tallercito: sacaba las reglas, hacía cálculos geométricos, medía a detalle los cortes, se esmeraba para que las maderas no tuvieran rebabas. Solo así, pensaba, los rieles en los que el camarógrafo filma en suaves traslados lineales —los *dolly*— ayudarían a que la cámara se deslizara tersa como un pincel sobre un lienzo. ¿Alguien lo aplaudió? Nadie. Los jefes y sus unidades, que anualmente debían trabajar hasta en cuatro películas, reclamaron al chico de diecinueve años: ¡Más velocidad! El carpintero vestido de rojo se desconcertó.

—¿Cómo le hacía? —recuerda—. ¡Yo venía de un taller donde se hacían las cosas bien!

Pero aquí no había tiempo para sofisticaciones.

Jesús pasó de construir estructuras para la cámara a crear los *sets* donde actuaban las figuras mexicanas y algunas que desde Hollywood visitaban México. Los Estudios Tepeyac, que habían logrado piratear a CLASA al carpintero estrella, le pidieron coordinar en 1947 la creación de los escenarios de la película *Nosotros los pobres*. Viajó una semana antes del rodaje a la esquina de Montes de Oca y Pachuca, en la colonia Condesa, para durante varios días dar forma a calles y casas de un barrio popular en un arduo trabajo colectivo. Ahí, Pepe "el Toro", un carpintero como él, haría arder de deseo a mujeres hermosas al tiempo que cuidaría como un padre a su sobrina Chachita.

—Un día, a la hora de la comida, iba a yo con dos compañeros y vi apoyado en la pared a un tipo que no conocía. Estaba solito con el atuendo de carpintero, todo chamagoso, y me dije: "Pobrecito".

Jesús se acercó.

—"¿No gustas venir a comer con nosotros a la fondita de la esquina?", le pregunté. Se me quedó viendo —hace un largo silencio e imita los ojos extrañados que le hizo aquel carpintero— y me dijo: "Sí, cómo no". Se paró y caminamos juntos.

Como no había lugares, Jesús y sus dos colegas se sentaron en una mesa y "el carpintero chamagoso", en otra.

—Y entonces fui con la señora de la fonda y le dije: "Sírvale a este señor lo que pida y me lo apunta a mí".

Los tres carpinteros empezaron a jugar cartas y se desentendieron del cuarto.

Al rato, de vuelta en los Estudios Tepeyac, el director Ismael Rodríguez llamó al ensayo. En una calle llena de peladitos, teporochos, lavanderas y ambulantes, aquel carpintero que Jesús había invitado a comer frotaba un cepillo sobre un largo madero y cantaba: "Qué retechula es la mujer / cuando nos quiere de verdad, / ¡pero caray! / a la hora de pelear que la aguante su mamáaaa". Sí, Jesús estaba mirando bien: era Pedro Infante.

—Al rato me acerqué —relata Jesús— y le dije: "Discúlpame, no me di cuenta quién eras". Y me respondió: "Gente como tú hay muy poca: no sabías quién era y me invitaste a comer". Desde ese momento, Pedro y yo nos hicimos amigos.

El carpintero de ficción aprovechó el lazo con el de verdad: le pidió clases exprés para ser más convincente en escena. Y Jesús le planteó un reto: fabricar la carátula de un reloj de pared. Bajo su instrucción, Pedro serruchó, cepilló, lijó y lo dejó listo.

El día que el director Ismael Rodríguez cerró la claqueta de *Nosotros los pobres* y gritó "luz, cámara, acción", Pedro Infante —de overol, lápiz sobre la oreja y playera ceñida— sabía lo que era trabajar la madera.

Desde la primer escena, Pepe "el Toro" no fue un improvisado.

ME DA HARTO SENTIMIENTO

En *Ustedes los ricos*, la siguiente película de la saga, Pepe "el Toro" refundó su vida en el amor familiar para superar la muerte de su madre y su hermana. Con su mujer y su hijo, el Torito vivía en la vecindad de tablones que el Colorado construyó por los rumbos de La Villa sobre un campo de milpas.

Pero el director Ismael Rodríguez avisó al Colorado que a su preciosa instalación la arrasaría la misma desgracia del protagonista: el fuego. Las llamas abarcarían todo el predio, se colarían a los cuartos, serpentearían hasta la sala, aterrorizarían al barrio con su marcha incontenible.

—Le contesté: "Señor, yo le echo gasolina a la puerta y la prendo. Si adentro pone sus tripiés y sus cámaras recuerde que el fuego es tremendo: agarra fuerza y adiós".

Hacia el final de la película, de regreso del entierro del Camello, su gran amigo, Pepe "el Toro" se dirigía a casa en un camión público junto a su mujer, la Chorreada, cuando se oyó una explosión.

—Y entonces que le prendo fuego al *set* —recuerda.

La vecindad de la pareja y el Torito ya comenzaba a arder. Chachita, su hija adoptiva, era sacada malherida por las llamas frente a Pepe, quien en ese instante se preguntó: "¿Y el Torito?". Desesperado, entró en la construcción en llamas. Los vecinos detenían a su esposa, que se quebraba en gritos: "¡Sálvalooo!". Entre las llamas, tras un ir y venir desorientado y doloroso en su hogar irreconocible que se desplomaba, Pepe al fin halló a su hijo y le puso encima un sarape. Corrió hacia el exterior con el niño en brazos. Al encontrar afuera a su mujer se lo mostró. Ante el cadáver del pequeño, ella soltó un lamento desgarrador. Poco antes del velorio, Pepe "el Toro" abrazó el cuerpo quemado y se hundió en un llanto apagado que se volvió un largo alarido: el mismo que se clavó en el pecho del público mexicano; para la eternidad, la escena pintó la miseria, que en los pobres acaba en la muerte.

Entre sollozos, el personaje de Pedro Infante apretó al niño contra su pecho, vio cara a cara a su hijo sin vida.

—La secuencia con el niño salió tan real —cuenta Jesús— que al ver a Pedro toda la producción lloró.

Al rato, el Colorado se acercó al actor.

—¿Cómo hiciste para llorar tan feo? —le preguntó. Pedro no se guardó el secreto.

—Me dijo: "En Sinaloa, de niño iba a sacar agua de un pozo. La sacaba, la echaba, la sacaba, la echaba, hasta llenar un tambo. Éramos pobres. Recordar eso me duele mucho, cada vez que me acuerdo me da harto sentimiento".

—Mira —me dice Jesús durante la entrevista y me entrega un delicado bolso de cuero con decenas de tiritas ornamentales engarzadas con esmero.

—¿Qué es? —le pregunto.

—En *Un hombre llamado viernes* (*Man Friday*), le hice a Peter O'Toole una bolsita apache con cuero perforado y una colita de conejo.

—Realmente no es apache —lo corrige su nieta— es una réplica.

Jesús mira con gravedad a Katy, una de sus once nietos (tiene además doce bisnietos).

—Es réplica, pero bien hecha —revira el Colorado.

Hace cerca de setenta y cinco años, este mismo hombre conoció al ir a comprar pan a Elvira, una guapa migrante michoacana. Otro día le declaró su amor. ¿Boda en puerta? Ni por error. Aquí la explicación: Rafael, padre de su novia y campesino michoacano, salió de su rancho a pie un día de fines de los años 20. Elvira, su hija de ocho años, se quedó en casa a cuidar a los animales. Su papá volvería en la noche. El hombre inició su caminata y cerca del pueblo de Nueva Italia fue detenido por un retén de cristeros (la milicia defensora de la Iglesia Católica contra la que luchaba el gobierno de Plutarco Elías Calles). Si quería seguir su marcha tenía que decirles la clave.

—¿Quién vive? —le preguntaron.

—Cristo Rey —respondió.

Esa no era la clave: Rafael fue asesinado ahí.

A la mañana siguiente alguien fue a buscar a la niña y le contó la desgracia. Desde entonces, a Elvira la Iglesia Católica no le cuadraba, y menos que un cura fuera quien la casara. Eso no les impidió formar familia: tuvieron cinco hijos, que asistieron a la postergada boda de sus padres cuando ella y Jesús sumaban ya cuarenta años de novios.

Mucho antes de eso, sin embargo, en la época en que esos hijos eran pequeños, el hambre calaba. Elvira obtenía unos pesos con los vestidos por encargo que hacía con su máquina de coser Singer, pero si Jesús Cedillo Belmont pretendía mantener todas esas bocas, debía talachar más: además de ser carpintero cinematográfico creó artesanías (apaches y no apaches), lámparas, muebles y el mundo inagotable de objetos urgentes que el cine requiere. Y alguna vez se le dio por crear "efectos especiales": en *Nosotros los pobres*, Pepe "el Toro" debe aplastar el ojo del culpable de que injustamente se encuentre en prisión —su enemigo, Ledo "el Tuerto"— con una silla dentro de una crujía de la Cárcel de Lecumberri.

El director, Ismael Rodríguez, no podía superar el reto técnico.

Jesús ideó sobre la pata de madera de balsa un botón que, como una bazuca, expulsaba desde un extremo un gran ostión. En la secuencia, el marisco iba a dar a la cuenca ocular del enemigo de Pepe y simulaba un ojo estallado. La dramática escena es, en el Cine de Oro, una cumbre dramática que sin la pincelada *gore* de don Jesús no existiría.

Una tarde en que deambulaba en el barrio de Tizapán, abatido por la escasez de trabajo que lo aquejaba hacia 1957, Jesús divisó un hombre musculoso y de bigotito que caminaba solo.

—Vi quién era y le grité: "¡Pedrooo!".

—¡Qué pasó, Colorado!

—¿Ya no vas a trabajar con nosotros en los estudios Tepeyac?

—No, me fui a CLASA.

—¿Y ahora de qué?

—Charros, ya sabes. ¿Y tú cómo estás?

—Más o menos. Sin chamba.

—No te apures, tengo algo para ti. Mañana a las nueve mi hermano te busca en tu casa.

Trato hecho. Se despidieron, pero Jesús volteó.

—¿Oye, Pedro, y adónde vas a ir si ni sabes dónde vivo?

—¿Ah, no? —se acercó, sacó del bolsillo una agenda, ubicó una hoja y leyó—: Nombre: Jesús Cedillo Belmont, "el Colorado". Cumpleaños: 2 de junio de 1921. Domicilio: Calzada de Tlalpan 1835.

—¿Y cómo se enteró Pedro de todo eso? —le pregunto a Jesús.

—Pedro sabía todos los datos de la gente que le importaba.

El carpintero, cuando fue tentado por Hollywood para emigrar, respondió que no (en Coyoacán, la tierra de su vida, estaban sus mujer y sus hijos). De todos modos, él se codeaba con estrellas planetarias. Podía ser Ava Gardner en *The Night of the Iguana*, Yvonne De Carlo en *Tomahawk* o Kirk Douglas en *The Big Sky*.

Al vaquero John Wayne, de tanto convivir en rodajes, empezó a llamarlo "Juanito". Juanito esto, Juanito lo otro. "Colorado, ¿por qué decirme Juanito?", le preguntó el actor de 1.93 metros de altura. "Por chaparrito", le dijo el Colorado.

—¿Y se acuerda de María Félix? —le pregunto a Jesús.

—Maria, uh, qué gran actriz. Caminaba yo en unos jardines y estaba tan bonita que la miraba con insistencia. Se dio cuenta y me dijo: "Oye, Colorado, ven acá". Yo pensé: "Uuuuy". —Jesús hace un largo silencio y tuerce el gesto como si sintiera el temor al regaño de la diva.

—Total, que caminé hacia ella y ya a su lado me dijo: "¡Salúdame!" —y frunce el ceño imitando a la actriz.

Lo siguiente fue un beso resonado en la mejilla.

—Esa era María —explica.

Pero la gloria de los 40 y 50 se volvió desgracia en los 60.

Después de jugar un partido de beisbol con su equipo, Caddies Country Club, aceptó el *ride* de un compañero que a medio camino se detuvo: "Cómprate una botella en esa vinatería", le dijo a

Jesús, que aceptó ("¿para qué me bajé?", aún lamenta) y avanzó sobre la calle.

—Yo iba confiado, pero un coche se pasó el alto y me embistió. El golpazo fue tremendo.

El compañero del equipo huyó, apanicado quizá de que Jesús hubiera muerto. El carpintero quedó inconsciente en el piso, justo a un costado del Cine Colonial, donde en 1948 se estrenó *Nosotros los pobres*.

Despertó horas más tarde en una Cruz Roja, luego de que su familia, desesperada, lo buscara en varios hospitales. El diagnóstico: fracturas múltiples en piernas y pérdida de tibia. Una prótesis ocupó el lugar del hueso.

Jesús, adolorido, habla y se toca la pierna durante toda la entrevista, como si hubiera salido de la Cruz Roja ayer. Hasta su retiro en 1997 con la construcción del Titanic, Jesús debió ejercer la carpintería —ese "deporte" de alto rendimiento que requiere huesos y músculos fuertes— con una pierna sin autonomía y a la que para subir, bajar o girar tiene que mover con sus propias manos.

AHÍ NOS VEMOS EL LUNES

Como Pedro le había prometido aquella vez en Tizapán, José Delfino Infante, su hermano mayor, tocó a la puerta de la casa de Jesús en Calzada de Tlalpan. En auto subieron hasta la casa de Pedro. El actor había rodado hacía un tiempo *Los tres García* en Cuajimalpa: el olor a hierba y el abrupto bosque de ese lugar lo habían cautivado y decidió vivir ahí, en una casona entre la desolación silvestre. Si no había tenido vergüenza de ser carpintero, tampoco la sentiría como albañil: "En la prolongada construcción de la mansión, Pedro encontró una distracción —narra la *Enciclopedia de los Municipios y Delegaciones de México*—: Acarrear arena de las minas cercanas ante los ojos incrédulos de los trabajadores; a la hora de la comida, aportaba varios kilos de carnitas. Cuando estuvo instalada la peluquería, se ofreció a cortar el pelo gratis a los niños del rumbo y en la capilla se oficiaba misa para los vecinos".

La casa de Pedro tomaba forma con estos espacios: gimnasio, boliche, piscina, billar, baño de vapor, peluquería, salón de fiestas, bar, capilla y un simulador de vuelos porque era piloto titulado. Sobrado de presupuesto y terreno, Pedro no podía olvidar lo esencial: un cine con cincuenta butacas con todo y taquilla falsa. Y como para eso se necesitaba madera, instaló una carpintería.

Desde que cruzó la puerta de la residencia de la carretera a Toluca, Jesús fue responsable de que esa sala fuera un primor. Cada mañana, José Delfino Infante recogía a Jesús en su casa de Coyoacán y a la tarde lo devolvía.

En la entrada del pequeño cine colgaba el retrato de una mujer.

Hacía poco más de seis años un avión DC-3 se había estrellado en Pico del Fraile, una zona montañosa de Puebla. En el avión viajaba Blanca Estela Pavón, la mujer que había actuado como la Chorreada, la esposa de Pedro en la mega exitosa trilogía de Pepe "el Toro". Como homenaje, en el acceso a la sala Pedro había puesto la imagen de la hermosa Blanca.

Tras varios días de jornadas arduas, la "esposa" de Pedro (¿Irma Dorantes?), le dijo a Jesús: "Aquí tienes tu pago", relata. El carpintero abrió la palma de su mano, donde cayó su redonda remuneración.

—La señora me dio un peso. Uno.

Poco después Pedro vio a Jesús dentro de la carpintería. Trabajaba serio, con el rostro atenazado de la desilusión.

—Me dijo: "Colorado, ¿por qué estas tan serio?". "Tu señora me pagó muy poquito." "No te preocupes", me contestó y se metió a hacer ejercicio.

Al salir del gimnasio, Pedro se dio un baño y volvió con Jesús.

—Me dijo: "Ahí nos vemos el lunes, Colorado", y me entregó un papelito.

En el momento que lo abrió y descubrió el contenido ("había 5 000 pesos"), Pedro Infante ya salía de su casa. Su destino era el aeropuerto capitalino, donde en su propio avión, el bombardero Consolidated B-24 Liberator, volaría a Mérida, su otra ciudad.

—Aquel viernes —reafirma Jesús— fue la última vez que lo vi.

Era el 12 de abril de 1957.

Tres días más tarde, el actor despegó del aeropuerto de Mérida para volver a la Ciudad de México. El aparato tomó altura y a los veinte metros, hacia las 7:30 horas, en la esquina de 54 Sur y 87, se desplomó.

Ya sin Elvira, de la que enviudó en 2012, Jesús ha perdido, a sus noventa y tres años, la energía con la que hasta hacía poco enseñaba a nietos y bisnietos a jugar póker y dominó, salía a pasear o arreglaba su casa de Coyoacán para que estuviera al día ("yo mismo puse en las puertas estos marcos antitemblores", me informa satisfecho). Pero su mente está clara y lo ayuda a fugarse con toda el alma en las películas en las que participó y que colecciona. Una tarde puede ser *¿Qué te ha dado esa mujer?*, con Pedrito y el enemigo del actor en la vida real, Luis Aguilar, aunque también es capaz de aventarse otras más recientes de las que fue parte: *Dunas* —de David Lynch y protagonizada por Sting— o *Rambo II*, filmada en la Laguna de Coyuca.

La entrevista concluye y pide a su nieta Katy que ponga el DVD de *Nosotros los pobres*.

—Ven, tómate un café —me pide. Apoya los brazos en la mesa de su comedor, al que llegan dos tazas de café negro y una rebanada de pastel de chocolate con betún brillante. El carpintero lo mira pero no lo toca.

Jesús alza la vista: en la pantalla ya aparece Pepe "el Toro": serrucha, cepilla, canta, seduce mujeres, abraza a Chachita, celebra la vida. El carpintero se lo queda viendo atento, serio, pero Pepe "el Toro" cuenta un chiste y lo hace sonreír.

—Mira a Pedro —me pide—, qué gran actor.

—¿Verlo le da tristeza?

—Quién sabe —contesta y se queda callado.

Ya no le pregunto nada más, pero él vuelve a alzar la voz:

—Me hace falta mi amigo Pedro —dice Jesús—. Ay, mi gran amigo.*

* Jesús Cedillo falleció el 2 de noviembre de 2016 a los noventa y cinco años.

18

ROGELIO, EL BUSCADOR DE BELLEZA

Fuerte, certero, valiente: el pequeño delantero del San Cosme Mazatecochco ya les había perforado el arco demasiadas veces. Un domingo, otro y otro, se había burlado de ellos con las gambetas de su virtuoso cuerpo menudito y un pie salvajemente goleador. En conclusión: el prestigio labrado por años en los campos futboleros de Tlaxcala correría riesgos si el muchacho no era suyo de una vez por todas. Y entonces, habituados a ganar (siempre), a tenerlo todo (siempre), buscaron reclutar al enemigo: el entrenador del Tenancingo se acercó y le dijo algo tan simple como "vente a jugar con nosotros". Rogelio,* de solo quince años, aceptó. El día en que dijo "sí, señor" sabía que lo menos importante de su cambio de equipo era mejorar su reputación de *crack*, meter más goles, recibir más porras, sentir los abrazos de sus compañeros. Darle el sí al Club Tenancingo era, ni más ni menos, olvidarse por un rato de las penurias de una familia que se rebuscaba la vida con un padre saxofonista de una banda popular y una madre ama de casa. Con su "sí, señor" podría ver de cerca la riqueza y la lista de placeres que ella engendra.

—Desde entonces me compraron zapatos y todo lo que quería —dice Rogelio.

Y si vuelve la mente a esos días de hace veinte años, Rogelio revive el momento que definió cómo quería su vida: el entrenador llegando a un partido en un hermoso Chevrolet Cavalier Coupé Z24 1995. No obstante, esa pieza de diseño, velocidad y lujo que pertenecía al jefe del plantel era solo una pepita dorada en el océa-

* Los nombres reales de los protagonistas fueron cambiados a petición de ellos.

no de oro que envolvía al equipo de Los Caifanes, como la gente llamaba a la célebre banda de padrotes tlaxcaltecas.

—Admiraba su desmadre, su vicio, sus carros bonitos, sus mujeres. Yo era un chamaco y ya decía: "Yo de grande quiero ser padrote".

Rogelio cumplió su sueño, pero su sueño era y es un delito. Hoy, a sus treinta y cinco años, vestido en su uniforme beige, entra en una sala de juntas del reclusorio donde fue condenado por trata de menores a quince años de cárcel, se sienta y saluda tímidamente. Sus ojos se posan con una paz mística sobre todo lo que miran.

Rogelio ha salido de su celda en una prisión de la Ciudad de México, le han dado un rato libre para la entrevista. Musculoso, perfumado, afeitado, tendrá un capítulo propio si un día se escribe la historia de la delincuencia en Tijuana: durante una década, con mujeres que enamoraba en pueblos de todo el país, contribuyó a convertir esa ciudad fronteriza en, quizás, el más grande prostíbulo de Latinoamérica.

—¿Cuántas mujeres trabajaron para ti? —le pregunto.

Rogelio no responde.

—Dame un número.

No abre la boca.

—¿Doscientas, trescientas?

Asiente sin gesticular.

—¿Cómo lo hiciste?

—Una mujer enamorada hace todo por ti.

Mujeres a montones. Delicadas, voluptuosas, altas, bajitas, morenas o de piel clara. En los partidos, en fiestas, en calles y plazas de Almecatla, Papalotla, Xicohtzinco y cualquier pueblo del sur, Rogelio veía a los padrotes rodeados de chicas que los llenaban de placeres físicos y monetarios. Y por si fuera poco, las mujeres a las que esclavizaban con sus propios cuerpos y los de otros, los amaban. A Rogelio lo deslumbraba ese mundo de excesos que emergía en una región miserable. Encandilado, preguntó: ¿cómo le hacen? Un compañero de equipo le explicó:

—Enamoras a una chava en tres días, la llevas a tu casa y la instruyes. Debe estar en el sexoservicio al mes. Ni un día más.

Rogelio —jura— intentó andar por el camino recto. Con apoyo de su hermana compró diez aparatos textiles y creó una "minimaquiladora" de ropa. Y para que nadie dude, me precisa unos tecnicismos:

—Eran máquinas de costura *Overlock*.

—¿Y?

—Ganaba bien, pero caí en el desmadre: desde los diecisiete iba a los bares y mi mamá me sacaba de las greñas a punta de cachetadas: "¡Hijo de tu tal por cual!".

Apenas superada la mayoría de edad, el plantel 9 del CECyTE, donde estudiaba producción de prendas de vestir, le dijo adiós.

—Me corrieron de esa prepa y de otra y otra —se ríe—. Mis padres ya no aguantaron: "¡No vamos a mantener holgazanes!". Ya no me querían en la casa.

Por esos días le llegó la imagen de una ciudad con rascacielos que iluminaban un río celeste: Minneapolis, hogar de sus tíos. "Me voy", avisó. "Ve y échale ganas", le dijeron, y Rogelio contraatacó: "Me voy, pero muchos años".

En Agua Prieta, localidad sonorense vecina de Arizona, un coyote le halló un cruce libre que le abrió paso a Estados Unidos. Y entonces inició una travesía descomunal: desde la frontera sur de ese país se trasladó dos mil quinientos kilómetros hasta Minnesota, estado del extremo norte que lo recibió con techo, empleo y respaldo: una fábrica de cereales le dio trabajo y su tío le prestó un denso fajo de billetes de 100 dólares para que arrancara su nueva era.

Pero a los tres meses, en San Cosme, su padre alzó el teléfono.

—Me regreso —le avisó Rogelio.

—¿Por qué decidiste volver? —le pregunto.

—Esa no era vida: de la casa al trabajo, del trabajo a la casa. Me dije: "Aquí no voy a hacer nada de lo que mi ambición quiere".

—¿Qué ambición?

—Lujos.

De regreso en Tlaxcala buscó a Los Caifanes, que para ese entonces habían extendido sus redes a Nueva York. "Quiero ser padrote", le dijo al jefe, que le respondió, según el propio Rogelio: "Si vas a ser padrote, hazlo con categoría, hazlo bien, no seas del montón porque el día que te agarren no sabes cuántos años te van a regalar por eso".

—¿A qué se refería con "eso"?

—No darles drogas, no golpearlas, no encerrarlas, no dejarlas sin comer, no quitarles a sus hijos —precisa el reo.

Es decir, debía esclavizar por las buenas.

—¿Les hiciste caso?

—Los veía a los padrotes como ahhh... —hace cara de "eran geniales"—. Ahora están retirados, pero eran conocidos y tenían un montón de dinero.

A Rogelio le había llegado la hora de entrar en su nueva cancha.

—En el ambiente del padrote hay un vocabulario: "Irse a mover". Lo primero que me enseñaron es irme a mover, que es conseguir chicas. Buscas un estereotipo: bonita y voluptuosa.

Una vez detectada, el que se sale a mover no tiene opción.

—Le invitas algo y eres caballeroso.

Irse a mover implica gastos: gasolina, comidas, hospedaje. Rogelio optó por la vía barata: le pidió prestado a un cuñado su Tsuru, metió unos pesos en su bolsillo y un sábado de noviembre del año 2000 viajó veinte kilómetros hacia el sur.

—Me fui solo, solo, solo —repite, como para que yo valore su espíritu temerario.

Rogelio estacionó y llegó al Paseo Bravo, un histórico parque de la ciudad de Puebla en el que, había escuchado, los tratantes seducen chicas jóvenes. A las dos de la tarde comenzó a caminar.

—Veía una, otra, otra, con ese temor de ¿le hablo?, ¿me acerco? Dieron las tres, las cuatro, las cinco de la tarde.

—Nada me agradaba.

A las seis un grupo versátil empezó a amenizar. Con la música de fondo vio a una alta morena de pelo rizado junto a una amiga.

—Pensé: "De aquí soy".

No iba a ser fácil.

—Un montón de padrotes les estaban hable y hable. Me dije: "Si a esos padrotes ya hechos no les hacen caso, menos a mí. Pero se me ocurre algo".

Un niño que vendía dulces estaba su lado.

—"Ven", le dije, te voy a dar una moneda si vas con esas chavitas y les ofreces algo. En ese momento me voy a acercar para decirles: yo las invito.

Con ese "yo las invito", el futuro jefe de la trata en Tijuana ya araba su historia.

—Su prima se rió, pero Nina (la morena de rizos) estaba muy seria.

—¿Cómo lo resolviste?

—La prima me agarró el hilito. Le dije "¿No son de aquí, verdad?". Me contó que trabajaban en Puebla, en un restaurante, pero que eran veracruzanas. Como les hacía bromas y se reían, me atreví a decirles: "Yo tampoco soy de aquí, soy de Tlaxcala, y ahorita es la feria. Las invito a cenar".

Nina se quedó en silencio, la prima respondió: "Vamos".

En medio de las dos, Rogelio fue abandonando el Paseo Bravo.

—Todavía me acuerdo de que los otros padrotes se me quedaron viendo como diciendo ¿este qué?, ¿qué les dijo?, ¿qué les dio?

En una hora ya estaban comiendo en la feria de Tlaxcala, con el primo de Rogelio ocupado en la joven que a él no le interesaba.

—Bailamos, tomamos, comimos y esa misma noche la hice mi novia. Un padrote enamora así (chasquea), no pierde tiempo. La conocí un sábado, el miércoles la saqué de casa de su tía y me la robé.

Pero en Tlaxcala, para ser padrote hay que tener autorización de los padrotes. Cuidan el negocio. Dos tratantes llegaron a casa de Rogelio en un Jetta. Sonó el timbre, pasaron y pidieron hablar sin la presencia de Nina.

—¿Qué quieres, ser padrote?

Enseguida le recetaron un manual.

—Me dijeron: "Hay que hablar con sus papás para aparentar que quieres darle una vida bien, hacerla feliz y casarte. Siempre preguntan cuándo es la boda; no hay que dar fecha, luego meten presión. Se dice: en lo que juntemos un dinerito. Queda bien con sus papás ahora que vayas a pedir su mano".

—No tengo dinero para viajar —les aclaró.

La sorpresa fue doble.

—Todo va por nuestra cuenta, vamos contigo, vamos a ser tus tíos.

Los papás de Nina los recibieron en el pueblo de Trapiche del Rosario a ella, a Rogelio y a sus "tíos", un domingo. Los tlaxcaltecas regalaron a la familia de la novia un arcón con "vino, fruta y dinero" (*sic*). Se sentaron en círculo, Nina alzó la voz: "Papá, este es el muchacho del que te hablé: estoy viviendo con él".

—¿Cómo actuaste? —pregunto a Rogelio.

—Comprometido, sincero, honesto: una farsa.

Con los lenones, Rogelio volvió a Tlaxcala. Ante el éxito, necesitaba un auto propio. Con apoyo compró un Mitsubishi Eclipse Spyder convertible. Y rojo, como para que no hubiera modo de que no lo voltearan a ver a él y a su "compadre", su primer compañero de andanzas. Ir de a dos le convenía.

—Tú agarras una, tu compañero a su amiga.

Y entonces sí, con dieciocho años, "carro y verbo", comenzó su vida motorizada.

Viajaron a Veracruz, Tabasco, Campeche, Michoacán. Conquistaban a las mujeres y las llevaba a San Cosme. La chica recién "robada" arribaba a casa de Rogelio, donde su familia cómplice simulaba para ella un entorno "cálido". Otras mujeres que Rogelio atraía eran organizadas por la red de lenones, que las hacían vivir en domicilios separados. De este modo, una ignoraba la existencia de la otra y, por lo tanto, no había reclamos, celos ni riesgo de ruptura. Iniciada la convivencia, Rogelio repetía el catálogo con que las sujetaba amorosamente: prometía matrimonio, bienestar económico, casa propia e, incluso, la posibilidad de estudiar. Entonces surgía un problema. ¿Qué se necesitaba para que ellas tuvieran todo eso? Dinero. Y como trabajo no había, las chicas tenían que ayudarlo a alcanzar la plenitud con el único recurso para el que no se necesitaban estudios ni adiestramiento: su cuerpo. Siempre "por un tiempo breve", siempre "en lo que juntamos el dinero", Rogelio les pedía mantener relaciones sexuales con otros. ¿Que no querían? "Si me amas, lo vas a hacer", era su sentencia definitiva.

Sus mujeres se multiplicaban, y los padrotes estaban felices con su discípulo de diecinueve años. "En Tijuana tenemos casas para ti y para ellas", le avisaron, y él se animó. Desde 2000, Rogelio hizo una vida itinerante con tres puntos clave: el sur de Tlaxcala, tierra de su familia y de los tratantes que lo apadrinaban; el barrio defeño de La Merced, donde iniciaba a las mujeres en la prostitución, y Tijuana, su destino idílico, el imperio de su fortuna, al que llegó a vivir en una de las zonas más ostentosas: Playas de Tijuana.

Al borde del Océano Pacífico, entre callejuelas con residencias, Rogelio fue recibido en ese barrio de lenones que regurgita lujo. Abría los ojos a cualquier hora, tomaba su auto y en tres minutos llegaba al epicentro de la "zona de tolerancia": el norte de la ciudad. Sobre la calle Coahuila y las que la circundan —a solo doscientos metros del International Park de San Diego, donde los estadounidenses viven entre verdes colinas, campos de golf y hermosos chalets— surge el tormento. Cuadras y cuadras con bares de luces neón, hoteles fúnebres y prostíbulos mal disimulados. Afuera, mujeres con minifaldas que apenas cubren lo más alto de sus muslos esperan sobre la pared que algún turista sexual gringo o un mexicano pague 300 pesos por quince minutos de sexo. Las "paraditas", como se les llama a las jóvenes, sostienen hasta cincuenta relaciones cada día.

—¿Qué te pedían los padrotes que te recibieron?

—Nada: "Haz las cosas bien, sé el mejor, no seas como los miles de padrotes de Tenancingo". Trataban bien a la mujer: me dieron esa escuela. Los primeros tratantes, Los Caifanes, eran de una estirpe especial. Las leyes contra la trata se revolucionaron porque muchos operaron con violencia.

Pero el buen trato versión Rogelio no era tan equitativo.

—Trescientos pesos una relación —me cuenta.

—¿Y cómo se distribuía?

—Todo para mí.

—¿Todo?

—Todo. Bueno, les daba de comer a las chavas, las vestía, salíamos al cine, pero todo el dinero lo mueve el padrote. Todo yo.

—¿Cuántas mujeres trabajaron para ti? —pregunto a Rogelio, que solo asiente cuando me aventuro a decirle: "¿Doscientas, trescientas?".

—¿Cómo lo hiciste?

—Una mujer enamorada hace todo por ti.

—¿Cuánto ganabas?

Guarda silencio diez segundos.

—Una chica me daba diario 3 000 dólares.

En las calles Primera, Revolución y otras, los prostíbulos con menores de edad, niñas y niños, presentan cortinas estampadas con caricaturas, visibles desde el exterior. La persona que busca un menor ingresa a la casa cuyas ventanas muestran esa señal infantil.

Los clientes estadounidenses son recogidos por los propietarios y llevados a sus establecimientos.

—¿Qué trámite hace un padrote para que su chica dé sexoservicio en Tijuana?

—La llevas al municipio, por 800 pesos les hacen estudios de sangre y con su "tarjeta de salida" trabajan libremente, así sean menores. Supernegociazo para el municipio, todo por debajo del agua.

En el norte de Tijuana son esclavizadas tres mil mujeres, veinte por ciento de las cuales son menores de edad, según estimaciones de la Comisión Unidos contra la Trata.

Y la mayoría de ellas, narra Rogelio, son prostituidas en los hoteles Cascadas y Hong Kong, así como los bares Adelitas, Las Chavelas y La Valentina. Las mujeres también son centroamericanas y europeas del este.

—¿Ustedes conocían a los dueños?

—Hay una sarta de prestanombres y chingaderas ahí dentro que, para dar con los verdaderos dueños, ¡nooo! —se ríe.

—¿Y en el municipio hay corrupción?

—Mi compadre tenía una menor, dieciséis años. La sacaron (de la calle) por no tener tarjeta. Pagó 3 000 dólares y se la dieron. Tú dirás.

VUELVE A TRABAJAR

Sus mujeres trabajaban de ocho de la mañana a ocho de la tarde, Rogelio pasaba a supervisar con su auto tres veces al día y volvía a casa. "El poder ya me volvía loco: carros, casas, viajes, joyas, bailes." Y en la calle su esfuerzo era mínimo. Sus ojos eran los de la madrota, una mujer contratada por los lenones de Tijuana que le notificaba "irregularidades" ("que comadreaban demasiado, por ejemplo, algo que les tenía prohibidísimo").

—Nunca tuve que ponerles una mano, nunca a güevo. Lo hacían bien por su voluntad.

Pero hubo excepciones. Un día, Alejandra, una sexoservidora, le avisó: "Ponte verga, mi amor, un güey fue por Carolina". Rogelio le marcó: "Estoy trabajando" —le mintió ella—, pero él alcanzó a oír algo como viento entrando por la ventanilla de un auto. Discutieron y Carolina colgó.

—Mandé a buscarla con las otras chavas: "Pónganse vergas".

Rogelio la encontró.

—En mi departamento le dije: "Hija de tu madre, a mí no me vas a... para pronto: Cuando quiera te desaparezco". Como me amenazó con un cuchillo yo le aventé una mesita desmontable. Y que le pega y se le hace todo esto —desliza su índice en la frente como un hilo de sangre.

Carolina se desmayó y comenzó a convulsionarse.

—Me dije: "¿Qué hice? ¡Me pasé de verga!".

Rogelio sintió que Carolina tenía pulso; la mujer empezó a reaccionar.

—Camino al hospital le dije: "Si te preguntan qué pasó, te caíste de las escaleras. Si no lo haces, en tu pinche madre te doy a ti y tu familia".

Carolina le contestó: "Sí, no te preocupes". En Urgencias ella no mencionó el golpe. Al salir del hospital llamó a Rogelio para que la buscara. Él le pidió que regresara en taxi.

—Al día siguiente —afirma— le pedí que volviera a trabajar.

En Playas de Tijuana los padrotes vivían sin riesgos. Jugaban futbol, andaban en carros ostentosos, gozaban fiestas delirantes, movían chicas de arriba a abajo e incluso vivían en poligamia.

—¿En tu departamento con cuántas chicas?

—Siempre con dos o tres, desgraciadamente: (vivir con varias mujeres) no le conviene al padrote. De Veracruz, Tabasco y Guadalajara.

—¿Estaban enamoradas de ti?

—Creo que sí.

—¿Y ellas cómo vivían esa intimidad?

Rogelio calla veinte segundos.

—Yo no tenía escrúpulos ni conciencia, ni sentimientos. Las veía como objetos, pasaba por encima de ellas. Tenía maldad y astucia.

—¿Pero aceptaban esa vida?

—Muy difícil que ellas lo entendieran; pero yo estaba con ellas para darles cariño. Les decía: "Vamos de compras", "no trabajes unos días".

—¿Por qué las mujeres que explotabas no se te escapaban?

—Estaban en un círculo vicioso muy cabrón: dependían de mí, del padrote.

—¿Y si una te decía “yo me voy”?

—Te repito: estaban enamoradas. Difícilmente se pueden salir. Las amenazas: “Si te vas, te lleva a ti y a tu familia tu pinche madre”.

—¿Alguna vez intentó escapar alguna?

—Varias veces, tienes que estar ahí para no dejarlas.

—Cuéntame un caso.

Rogelio resopla y guarda segundos de silencio:

—Ya no tiene, ya no, cómo te explico, ya no. Son etapas violentas.

No necesitaba más dinero, pero quería más. En septiembre de 2008, cuando la fortuna acumulada en ocho años superaba el sueño más absurdo, volvió a Tlaxcala desde Tijuana. Y, como era su hábito cada vez que volvía a casa, decidió “irse a mover” para llevar mujeres al norte del país. Enfiló hacia Veracruz y fue a dar a la plaza del pueblo de Acayucan.

—Vi una chava muy desarrollada haciendo la tarea con una amiga.

—Disculpa, ¿no sabes dónde puedo divertirme? —le preguntó a Mariela, una joven de diecisiete años.

Unas evasivas más tarde, la estrategia fue frontal. Se presentó como vendedor de ropa (“siempre iba con ese paro”), poblano (no quería que su origen tlaxcalteca despertara sospechas), “ansioso de conocer gente nueva” y de paso en Acayucan “por compras”. “Le solté ese choro de primera y le dije: ‘Si gustas te invito un refresco’.”

Aunque el refresco no se concretó, Mariela mantuvo comunicación telefónica. Ella se fue enamorando. A fines de año, el robo estaba cerca de consumarse: Rogelio se presentó con su “padre” ante la mamá de Mariela para pedir la mano. Aunque recelosa, la señora aceptó.

—Lo más fácil es quitarle una chica a sus padres. Te la dan sin problema. De todas las que me robé, el cien por cien de los padres no sabían ni dónde vivía yo.

—¿Por qué las dejaban ir?

—Por ignorancia, porque cuadras bien una mentira, y por pobreza.

—¿Pobreza? ¿Mandabas dinero a las familias?

—Siempre: 2 000, 5 000 pesos. Estos señores —sus maestros padrotes— me enseñaron: "Queda bien con la familia porque cuando tengas problemas con la chica, la familia te va a ayudar a ti". Cuando tenía problemas con Mariela le hablaba a su mamá. Luego ella le decía a su hija: "No seas así con Rogelio" —explica.

Mariela vivió en San Cosme con su nueva "familia", que le hizo sentir que era la novia de Rogelio. El trato fue muy cariñoso.

En marzo de 2009, Mariela, estudiante de preparatoria con aspiraciones de abogada y buen nivel socioeconómico, comenzó a prostituirse en La Merced bajo las órdenes de quien asumía como su novio. La justificación de Rogelio: es mientras juntamos para casarnos.

—Le pedí su apoyo y accedió. Todo bien. Pensé: "Que trabaje en México unos días y me la llevo a Tijuana".

El primer viernes juntos Mariela estaba destrozada tras una semana con un promedio de cincuenta relaciones sexuales al día. Se reunieron en la noche en el Hotel Universo, donde era explotada, y ella le entregó los más de 6 000 pesos recibidos.

—Mariela me pidió —recuerda Rogelio—: "Quédate en el cuarto conmigo".

—¿Aceptaste?

—Nunca, te lo juro, me había quedado en un hotel donde se ejercía la prostitución, porque sabía que en un operativo iba a salir bailando. Si las chicas me decían "quédate conmigo", me negaba. Pero a Mariela le dije: "Bueno".

—¿Por? ¿Te habías enamorado?

—Sí.

A la medianoche del viernes 13 de marzo de 2009, las puertas del Hotel Universo se cimbraron: "¡Policía Judicial!". Como pudo, Rogelio le pidió a Mariela que negara ante el Ministerio Público que estaba prostituyéndose. Rogelio fue detenido y arraigado treinta días junto a otros diez padrotes, y ella debió declarar ante el Ministerio Público. En ese periodo Mariela negó que él fuera su tratante. Pero uno de esos días en que lo defendió a ultranza, la joven espió en la Procuraduría General de Justicia del DF un expediente con la declaración de una hermana de Rogelio: este, indicaban los dichos de la familiar del lenón, había contratado a Mariela para tener sexo una noche; la chica era una prostituta. Atónita ante lo que sintió como una traición de una familia que le hizo creer que la quería, Mariela decidió decir la verdad: ante la Procuradería General de Justicia declaró contra Rogelio.

—Dijo lo que tenía que decir —admite él—, lo dijo: "Es un padrote".

—¿Estás aquí por la denuncia de una sola mujer? —le pregunto.

—Nadie más.

El amor lo condenó.

En prisión, Rogelio lee la Biblia y cumple en un gimnasio una rutina sin piedad. Sus hombros y brazos hacen presión contra la tela beige.

Su primera condena fue de quince años, pero por una apelación bajó a nueve. El delito: trata de una menor de edad.

Pese al odio hacia su verdugo, Mariela aceptó un encuentro con Rogelio como parte del sistema de justicia restaurativa del Gobierno de la Ciudad de México, que busca cerrar el círculo entre agresor y agredido.

La joven entró en una sala.

—Y ese instante fue como si llegaran todas las chicas que yo exploté —dice Rogelio.

Ella le preguntó por qué le hizo eso:

—Le respondí: "Por ambición, por no tener escrúpulos, por no valorar la vida de la mujer. No tengo perdón".

Dos años antes de ser detenido, Rogelio tuvo un hijo con Nina, la primera mujer a la que esclavizó y quien entregó el pequeño a sus abuelos. Hasta hace poco, ellos le explicaron que por trabajo su padre no tenía tiempo para verlo. Pero meses atrás, el niño de ocho años leyó en internet el nombre de su papá y supo que era un delincuente.

—Le expliqué por teléfono: "Me porté mal, hice cosas mal, mentí. ¿Ya sabes dónde estoy, hijo?" "Sí, en la cárcel", respondió. "¿Y qué piensas?" "En su momento hablaremos". Mi hijo solo me dijo eso.

Rogelio quiere seguir con su relato, pero es hora de volver a la celda.

—Ahora entiendo cuánto daño se causó... causé —corrige.

Rogelio habla a toda prisa de su vergüenza por lo que fue, como si los cientos de mujeres que esclavizó se le agolparan en la mente, fueran una tortura y no hubiera consuelo si alguien no le dice "estás perdonado". En segundos, escoltado por un guardia, entrará a su celda queriendo que le crean su arrepentimiento. Él no sabe si le creen.

En dos años eso no importará: será un hombre libre.

19

MARIELA, LA VÍCTIMA ENAMORADA

Mariela y Ana* salieron de la preparatoria una tarde en que el sol de Acayucan aturdía al pueblo. Caminaron al centro, sosegaron los treinta grados con un helado Holanda y se sentaron en la escalinata del kiosco. Abrieron su cuaderno e hicieron unos apuntes. "Lo vi de lejos acercándose", recuerda Mariela. Bajó la mirada y en segundos la volvió a levantar: el joven ya estaba frente a ambas.

—Hola. ¿Conoces un lugar para divertirse? —le preguntó solo a ella, una hermosa adolescente de piel apiñonada.

—¿Divertirte cómo?

—Una discoteca, algo así.

—No, sinceramente.

—¿Por?

—No salgo.

—¿Aceptan que les invite un refresco?

Hoy Mariela sonríe mucho, como si de ese modo liberara la angustia que aún le traen esos días. Mira con sus grandes ojos café hacia el parque Luis G. Urbina, el lugar donde cuenta su historia, y tonifica sus frases moviendo mucho las manos.

—Nos invitó y le contestamos: "No, estamos haciendo un trabajo".

El joven se presentó ese día de 2008 como Rogelio, les contó que era un textilero poblano que aquella semana hacía negocios en ese punto de Veracruz. Se mantuvo de pie frente a ellas pese a su indiferencia. Incómodas, se levantaron. "Y ahí va él, atrás de nosotros, haciendo plática." Las estudiantes de 17 años volvieron a la

* Los nombres reales de los protagonistas fueron cambiados a petición de ellos.

heladería, donde hacia las cinco de la tarde vieron a otros compañeros. "Le dije a un amigo: 'Hazte pasar por mi novio'." Rogelio seguía firme en la entrada.

—Ahí está mi novio, no puedo aceptarte nada —le explicó.

—Dame tu número, no es tu novio.

Playera ceñida que estrujaba su torso de gimnasio, rayos rubios en la negra melena, Rogelio, de veintiocho años, sonrió ante la mentira.

—Y entonces acepté darle mi número de teléfono —dice Mariela—. Primer error.

El joven partió de Acayucan y a la semana mandó un mensaje de texto. "Hola, ¿qué haciendo?" Mariela desconoció el número. "¿Quién eres?" "El chico que conociste en el parque", respondió y le pidió permiso para marcarle. Desde entonces las llamadas no pararon.

—Me hablaba cada día saliendo de la escuela.

Así, se enteró que de niña Mariela fue entregada por su madre a su abuela, la mujer que la crió. Esta murió y la mamá recuperó la custodia.

—Me volví rebelde con ella y empezaron los pleitos. Yo le contaba a Rogelio que mi mamá me hizo esto o lo otro.

—¿Qué decía él?

—Siempre tenía un consejo.

Por tres meses el contacto se limitó al celular.

—Se portó siempre lindo, atento.

La propuesta del primer encuentro llegó cerca de Navidad. "El 6 de enero cumplo años —le contó él—. Me gustaría que vengas a mi fiesta y conozcas a mis papás. Mi mejor regalo serías tú."

La madre de Mariela se negó y la adolescente llamó a Rogelio para contarle. Le contestó: inténtalo otra vez. La segunda petición bastó, pero la mamá le pidió viajar con su amiga Ana. Rogelio se opuso: "Va a ser un estorbo".

—Yo me extrañé —dice Mariela—: ¿Estorbo para qué? Era un foco rojo, pero mentí y me fui sola. Solo le pedí que fuera por mí a Acayucan.

Mariela hizo una maleta para tres días y caminó a la plaza. A las ocho de la tarde Rogelio apareció. "Mi coche está por allá, es rojo." Metros adelante, amagó abrir un viejo "vocho" de ese color. "Mentira", rió, y abrió el auto de atrás: un Mitsubishi Eclipse Spyder convertible.

—Lo vi y, guau, me impactó —admite ella.

En el viaje, Mariela le contó de un novio con el que hacía poco había terminado, oyeron música, pararon para comprar piña picada.

—¿Ya te gustaba? —pregunto a la joven que hoy tiene veinticuatro años.

—Me empezaba a involucrar. Me encantaba por atento y caballeroso.

A las tres de la tarde, tras casi siete horas de viaje, llegaron a una zona urbanizada que no parecía una ciudad importante.

—Rogelio dijo: "Esto es Puebla". Habíamos llegado ahí, supuestamente.

—¿Supuestamente?

—Mucha gente ya sabe de dónde son los tratantes.

El joven omitió que el destino era Tlaxcala, en concreto el pueblo de San Cosme Mazatecochco —en náhuatl "en el escondite"—, vecino de Tenancingo, cuna de tratantes en México y Estados Unidos.

El auto frenó al pie de una casa de tres pisos con cuarto para juegos.

—Superlujosa —recuerda—. Cuando la vi dije: "Son de dinero".

Rogelio le presentó a su familia.

—Su mamá, muy atenta. Sus papás siempre me llamaban "hija". Su hermana superamable, y sus sobrinos lindos me llamaban "tía". Me sentía muy bien: nunca había tenido una familia así y yo la veía como ¡guau!, quiero una familia donde hay amor.

Por la noche Rogelio le avisó: "Vas a dormir conmigo".

—Le dije: "No duermo con un hombre sin estar casada".

De madrugada, un golpeteo sobre la madera la despertó.

—Estuvo toque y toque para que lo dejara entrar, pero no lo hice: no quería deshonrar a mi familia. No podía dormir del miedo.

A la mañana desayunó con la familia. La mamá se dirigió a su hijo: "Qué mal que tu mujer no durmiera contigo". "Le dije: 'Señora, no soy su mujer'."

El resto del día Rogelio no quiso dirigirle la palabra a Mariela.

—Como estaba enojado yo me preguntaba: "¿Cómo lo contento?". Empecé a asumir que yo había hecho mal.

No obstante, en un mercado recibió una propuesta: "Si le avisas a tu mamá que te quedas a vivir conmigo, ahorita mismo te compro toda la ropa que quieras".

—¿Dudaste?

—Como que sí quería, pero no acepté. Le dije: "Hagamos las cosas bien".

Ante la negativa, ningún regalo.

Al tercer día, Rogelio debía llevar en su auto a Mariela de regreso a Veracruz.

—Pero el señor, enojado, me llevó a la terminal y me mandó en camión (se ríe). Mi corazón de pasita decía: "Ay, se volvió a enojar".

En cuanto Mariela pisó Veracruz, su celular sonó: "Me quiero casar contigo", le dijo Rogelio.

—Me bajó la luna y las estrellas: "Eres superlinda, quiero compartir mi vida contigo y shalalá". Volvió mi nube de ilusiones.

Ahora sí, Rogelio respetaría las formas.

—Me dijo: "Avísales a tus papás para hacer todo formal".

Aunque agobiada porque dejaría la escuela, su madre aceptó. Si era su felicidad, la apoyaría.

El siguiente fin de semana, el papá de Rogelio llegó a casa de la familia de Mariela a pedir la mano.

—Muy noche, Rogelio me dijo: "Recoge tus cosas y vámonos".

Pero la madre de Mariela volvió a negarse.

Rogelio apartó a su prometida: "¿Me hiciste venir hasta acá a perder mi tiempo?". El papá del joven intervino: "Señores, las intenciones de mi hijo son buenas". La mamá no cedió: "Solo de blanco sale de esta casa".

Aunque Rogelio y su padre se fueron del pueblo solos, pronto llamaron a Mariela para que volviera a Puebla a organizar la boda. Su madre aceptó.

La recogió en Acayucan y en San Cosme puso las reglas: 1) "Me quitó mi celular y dijo: 'Para que tus amigos no te molesten y hacer una vida sin celos'". 2) "Me prohibió agarrar su celular". 3) "Me aclaró que haría labores de mujer: limpiar la casa y la ropa". 4) Tendrían intimidad: "Debes darme tu prueba de amor". 5) Si no era con él, tenía prohibido salir de casa.

Esa noche durmieron en la misma cama.

—Como me costó mucho se enojó y dijo: "El hombre al que su esposa no le responde busca afuera".

Cada tres días Rogelio se iba de casa y por la noche no volvía a dormir. Como maquilador de ropa, le explicaba, salía de Puebla a vender.

—Yo le decía: "Llévame contigo, te ayudo"; él me respondía: "Tú quédate aquí". Ya sentía que algo me ocultaba: hacía llamadas telefónicas a escondidas y de nuestra boda, ni una palabra; quería preguntarle, pero tenía temor.

—¿Con qué recursos vivían?

—Ese era un tema. Un día me preguntó: "¿Me ayudas a trabajar para juntar dinero, comprar nuestra casa y no vivir aquí con mis papás?". Le dije: "Nunca he trabajado, si quieres busco en una farmacia", es lo primero que se me ocurrió. Contestó: "¿Y si pruebas en un *table dance*?". Le dije: "¡Cómo crees! ¿Te gustaría que otros hombres me tocaran?". Respondió: "Solo van a tocarte, no van a hacerte nada". No quería, e insistió: "¿Por qué, gorda? Tu cuerpo te haría ganar buen dinerito".

Del asunto ya no se habló. Al volver de casa de su hermano una de esas tardes, Rogelio le confió una charla que acababa de tener con su cuñada Jazmín: "Ella gana mucho dinero trabajando de 'acompañante' en el DF —le explicó— y nos puede ayudar a hacer lo mismo".

—¿Qué le respondiste? —pregunto.

—"¡Qué padre ganar bien por acompañar a alguien!" Nunca me explicó de qué se trataba. Cuando le dije: "Va, acepto", ordenó a su papá llevarme a Puebla a tramitar mi credencial del IFE. —Mariela tenía en ese momento diecisiete años—. Le pregunté: "¿Para qué? No tengo edad". Contestó: "Para que viajemos". Viajar era mi sueño y se agarró de ahí.

Un Registro Civil les vendió un acta de nacimiento alterada con la que después recibieron la credencial para votar.

MÉTETE A BAÑAR

Abordaron el Eclipse rumbo a la Ciudad de México junto a Jazmín y su esposo, el hermano de Rogelio.

—Yo, supercontenta, con la ilusión de conocer la ciudad.

A las diez y media de la noche llegaron a la colonia Guerrero, entraron en la calle Magnolia y estacionaron en el Hotel Las Américas. Rogelio pagó, entró en un cuarto con su hermano, y le dijo a ella: "Ve a la habitación con Jazmín, te va a decir qué hacer".

Ahí no hubo preámbulos:

—Su primera pregunta fue: "¿Sabes poner un condón?". Yo le dije: "¡No. Yo voy a trabajar de acompañante!". Ella se soltó a reír y me dijo: "Ay, Mariela" —imita el gesto de 'no seas ingenua'—.

"¿Rogelio no te dijo qué hacer?", la cuestionó Jazmín. "No." "Te vas a acostar con hombres".

—Salí superenojada —relata— y le dije a Rogelio: "No pienso hacerlo".

Él agarró a Mariela, la volvió a llevar con Jazmín y le aclaró: "Si me amas, lo vas a hacer". Por primera vez Mariela sabía que el hombre que asumía como su pareja la obligaría a prostituirse.

—¿Qué pasó dentro de ti? —pregunto a Mariela.

—Dios, ¿qué hago aquí, adónde fui a parar? Estaba en *shock*, con miedo y ni siquiera podía pedir un teléfono para llamar a mi mamá.

Jazmín sacó el condón y simuló ponerlo en un pene erecto. Mariela la recuerda serena, como dando clase a una alumna que aprende por propia voluntad. "Hazlo así", explicó pausada, le mostró cómo maquillarse, le dio varios vestidos y pasó a lo administrativo: a cada cliente cobraría 145 pesos. Mariela retendría cien, el resto era para el hotel. "Cada vez que pagues en la recepción te darán un condón y lubricante."

Mariela volvió con Rogelio.

—Le supliqué: "Trabajo de lo que sea, pero de esto no, por favor. Me costó mucho estar contigo, imagínate con un montón".

Él ya no discutió. Solo aclaró: "Es en lo que juntamos el dinero. Y ya duérmete, mañana te vas a levantar muy temprano".

Al amanecer, Mariela oyó entre sueños: "Métete a bañar, se hace tarde".

—Obedecí. Metí la ropa y los tacones en una maletita y nos fuimos.

Del Metro Guerrero transbordaron en Balderas y bajaron en La Merced.

De la mano del hombre que seis meses antes era un desconocido que deambulaba por la plaza de su pueblo, Mariela, aún menor de edad, se confundía entre las multitudes que serpenteaban entre los changarros del Centro Histórico.

De pronto, Rogelio se detuvo. "Te vas con Jazmín. Hazle caso en todo y nada de rezongar. Pórtate bien; si no, pobre de ti: te voy a estar vigilando".

—Le dije: "Sí, está bien".

—¿Para ese momento habías asumido tu realidad?

—Desde que me dijo: "Si me amas lo vas a hacer".

HOTEL UNIVERSO. TV COLOR, indica un pequeño rótulo en el edificio de cuatro pisos con *vitroblocks* que ocultan la vista del interior desde que esta esquina de La Merced fue, por décadas, un caldero de la trata. A la fachada, marcada con el permiso LICENCIA CUAMO N.º 1291, la han cubierto el grafiti, ofertas de empleo, anuncios de bailes sobrepuestos. Cables pelones emergen del interior y saltan a la calle. La marquesina abandonada dejó hace seis años de aportar la luz ámbar que iluminaba a las jóvenes víctimas. "No hay paso", exclama emparejando la puerta un policía preventivo que cuida la edificación de ladrillo rojo. Desde que la Procuraduría General de Justicia lo ocupó, aquí no entra ni sale nadie: ni menores ni mayores de edad, ni tratantes, ni empleados. Pero no hace falta alejarse cinco pasos para ver lo mismo que había aquí dentro hasta que fue expropiado. Al edificio aún lo rodean unas veinte mujeres que rentan su cuerpo en otros hoteles de la zona. Muslos desnudos, escotes extremos, maquillaje chillante, tacones. Una relación sexual: alrededor de 200 pesos. Apenas algo más de lo que cobró Mariela desde el lunes 9 de marzo de 2009. Aquel día, Jazmín y Mariela frenaron en el número 303 de Anillo de Circunvalación.

—Me informó: "Aquí vamos a trabajar". Cuando vi que era un hotel, me dije: "¡Dios, perdóname!".

Pasaron con el gerente, a quien Jazmín le notificó que iba a trabajar ahí y le dio unos documentos. Cuando el hombre los tomó, Mariela entendió la razón de la credencial para votar. El gerente se protegía: para el gobierno, ella era mayor de dieciocho años.

Pasaron a una habitación de la planta baja.

—Me empezó a maquillar para que aparentara más edad: "Ponte la blusa y la falda así, párate así, sé amable y ven con el que acepte tu tarifa".

Cada relación duraba diez minutos; quince como límite.

Esperó apoyada en la malla verde que separa la vereda de la calle. El primer cliente preguntó: "¿Cuánto?".

—Me puse a llorar frente a él. El tipo se asustó, se dio la vuelta y se fue. Yo, porque no sabía cómo era todo eso, me fui llorando tras él.

Mariela sintió las miradas atónitas de las otras jóvenes; Jazmín la alcanzó: "¿Adónde vas?". "Me dijiste que me tenía que ir con él", dijo Mariela. "No —le aclaró Jazmín—. Lo asustaste por estar llorando. Cálmate y párate bien."

—Yo seguí llorando bajito —reconoce Mariela—. Como no podía hablar por el dolor tan grande, porque se me cerraba la garganta, con los primeros clientes ella hizo el trato: fue la madrota de un robot.

Desde las horas iniciales no hubo pausa para Mariela, preciosa adolescente de rasgos redondos, menuda y de figura armónica:

—Señoras y muchachas entraban poco al hotel. Yo entraba entraba, entraba, entraba.

—¿Y las primeras experiencias?

—Me desvestía para dejar que hicieran conmigo lo que quisieran. Y yo, llorando. Se iban y me preguntaba: "¿Por qué si me ven así no me ayudan?". Reclamaba a Dios: "Si para esto me hiciste, hubiera muerto cuando nací".

Hacia las cinco de la tarde sintió que su cuerpo era un despojo.

—Ya no podía, estaba superadolorida.

Jazmín llamó a Rogelio: "¿Cómo ves que Mariela ya se quiere ir?".

El tlaxcalteca ordenó que se esforzara un par de horas más.

La joven volvió a la calle y tuvo relaciones hasta entrada la noche.

—¿Con cuántos hombres estuviste en tu primer día? —pregunto.

—Unos cincuenta tipos.

Mariela se reunió con Rogelio. "¿Cómo te fue?", preguntó. "Bien, creo", le dijo entregándole un fajo.

—Contó 5 000 pesos. Lo vi feliz y me dijo: "Si sigues así, vamos a juntar el dinero superrápido".

—¿A ti cuánto te dio?

—Me quedé con cien.

—Rumbo al hotel me abrazó y me dijo: "Te felicito, mi amor. Vi cómo lo hacías y lo hiciste súper bién". Yo empecé a llorar y le dije: "Me duele, estoy lastimada". Y me dijo: "No te preocupes, mi amor, te vas a acostumbrar". Dijo eso y se me partió el corazón, sentí que me iba a morir.

La frase de un minuto antes, "así vamos a juntar el dinero superrápido", era falsa.

En el cuarto, Rogelio le pidió bañarse "para que yo le cumpliera como mujer, ahora a él". Destruida, obedeció.

—No le gustó cómo lo hice. Se enojó y me dijo: "Duérmete, mañana te levantas temprano".

Mariela continuó con las jornadas del martes y miércoles, sin variaciones de horario: cerca de catorce horas de servicio y cincuenta clientes al día. A ese ritmo, Rogelio registraría una ganancia mensual de cerca de 150 000 pesos solo con ella.

El jueves la rutina se sacudió. Un cliente quiso penetrar a Mariela vía anal. "Por atrás no", le advirtió ella; él no soportó el rechazo.

—Se puso como loco: me agarró a la fuerza, como si quisiera violarme. Me defendí como pude y al final se fue, pero me dejó marcada —señala su cuello.

En la noche, Mariela se bañó y se apoyó en el colchón.

—Esperé a Rogelio para cumplirle como mujer, y al besarlo me acostó de una cachetada. Le expliqué que un tipo se sobrepasó. Rogelio me insultó.

—¿Cuáles fueron sus palabras? —pregunto.

—"Eres una puta y te gusta: estabas tan excitada que dejaste que te marcara."

—¿Ahí cambió tu sentimiento por él?

—Desde que me dijo "ya te vas a acostumbrar" lo empecé a odiar.

VIERNES 13

Con el odio llegó un sueño: la fuga: "¿Y si le digo a Jazmín que voy a comprar comida?", pensó poco antes de que "un joven con gafete de Televisa, muy guapo", le dijera antes de salir de la recámara: "Qué bonita, deberías tener otra vida". "Le respondí: 'No a todas les va bien en este mundo'." "Abajo está mi moto, te ayudo a escapar." No se arriesgó. Con el edificio vigilado y Jazmín del otro lado de la puerta, "si ella daba el pitazo nos mataban a los dos".

Al día siguiente a Rogelio le llegó su viernes trece: 13 de marzo de 2009. Mariela dormía junto a él. A medianoche, a su sueño lo deshicieron golpes, gritos. Despertó a Rogelio, que se puso de pie y abrió la puerta. Vio policías y cerró.

—Hay operativo —le avisó—. Si te preguntan qué haces aquí les dices: "Estoy hospedada, vine de compras al DF". No digas que estás acompañada.

El edificio ya era un estruendo: unos cien policías se escabullían en cada rincón, hambrientos de delincuentes. Sonó la puerta, Rogelio se escondió.

—¿Puede bajar? —pidieron los policías a Mariela—. Lleve sus documentos.

Abajo la interrogaron:

—¿Qué hace en el hotel?

—Vine a comprar unas cosas y me quedé hospedada.

—¿Está sola?

—Sí.

—¿Su edad?

—Diecinueve.

—¿Su IFE?

—Está en recepción.

—¿Por qué la tienen ahí?

"Me preguntaron eso y ya no supe qué decir".

—¿Si te pedimos acompañarnos a la Procuraduría General de Justicia lo harías?

De negarse, pensarían mal. "Acepté y les pedí buscar una chamarra en mi cuarto." Al subir se dio cuenta de que había olvidado la llave dentro. Tuvo que tocar. Un policía la observó:

—¿No que estaba sola?

Rogelio abrió; los agentes se quedaron afuera. Mariela cerró la puerta.

—Los policías me pidieron ir con ellos —le dijo Mariela.

De inmediato, Rogelio buscó el fajo de billetes que ella había ganado y que lo podía incriminar.

—Llévatelo, no me pueden agarrar con tanto dinero —le dijo, y le pasó un abrigo suyo para que se protegiera de la noche invernal.

En medio de una turba de patrullas con sirenas encendidas sobre Anillo de Circunvalación, Mariela abordaba un camión con cuarenta y cinco mujeres que se dirigía a la Procuraduría General de Justicia. "Reían como si nada; una de ellas me vio llorar: 'Eres mayor de edad?'. 'Sí', le dije, y me respondió: 'Entonces tranquila, no tienes por qué tener miedo'."

En las oficinas de la colonia Doctores le tomaron declaración. A la andanada de preguntas Mariela mintió sin excepción: declaró que estaba en la Ciudad de México de compras, que era mayor de edad, de Puebla y vivía en casa de Rogelio. Las contradicciones vinieron desde que le pidieron su domicilio exacto y dio el de Acayucan.

—Si sigues mintiendo no te podemos ayudar. A ti te explotaban sexualmente —le dijo la agente del Ministerio Público.

—Rogelio es incapaz, me ama.

—Ay, mi niña, no te ama, es un padrote.

—No sé qué es un padrote.

—Alguien que se dedica a la trata de personas.

—No sé qué es trata de personas.

Mariela metió las manos a los bolsillos del abrigo que Rogelio le prestó y descubrió que ahí dentro él había dejado su celular. Empezó a revisar los mensajes SMS. "Leí el mensaje de una mujer. Decía: 'Hola, mi amor'. Él le respondía con cosas perversas que no te voy a decir y le avisaba: te estoy viendo desde arriba." Es decir, desde un piso superior Rogelio vigilaba a las cinco mujeres que (supo después Mariela) trabajaban ahí para él.

A su lado, Jazmín, que también declaraba, aceptó ser sexoservidora. Tras unas horas fue liberada junto a otras mayores de edad.

Once presuntos tratantes entraron esposados a las oficinas de la Procuraduría General de Justicia acusados de trata de personas, delincuencia organizada y lenocinio. Hacía unas horas, mediante la averiguación 143/09, un juez penal había dictado órdenes de aprehensión contra los más poderosos lenones de La Merced.

Rogelio pasó junto a Mariela y le susurró:

—No digas nada, cállate.

La agente del Ministerio Público lo vio.

—Tienes prohibido siquiera mirarlo —avisó a Mariela y la metió en un consultorio para que una médico y una psicóloga determinaran si era menor de edad.

Mariela pasó el fin de semana en el Ministerio Público con otras cuatro menores.

La noche del domingo la psicóloga la encaró:

—Si eres mayor de edad, te puedes ir.

"Me quebré: llorando le dije que no tenía a dónde, que mi novio estaba ahí y que mi cuñada se había ido."

El Ministerio Público contactó a "Camino a Casa", fundación del abogado Germán Villar, para que diera techo, alimento y apoyo psicológico a Mariela y él se volviera su defensor. En su primer encuentro, le explicó a ella que había sido víctima de una familia tratante y que podría vivir en esa institución que hoy protege a cerca de treinta menores víctimas del mismo delito.

"Yo me aislaba, lloraba, no comía."

En paralelo, la Procuradería General de Justicia llamó a familiares de Rogelio para que vinieran desde Tlaxcala a declarar sobre las actividades de su pariente.

Mariela solo salía del refugio de Tlalpan para declarar en la averiguación previa de la Procuraduría. Durante semanas se resistió a inculpar a Rogelio, pero un día el azar la salvó.

"Vi en la Procuraduría General de Justicia que el expediente contra él estaba en un escritorio. Aproveché un rato en que la agente del Ministerio Público se fue y me porté mal: lo abrí."

Mariela leyó algo de lo declarado por la hermana de Rogelio: negaba que fuera un tratante. Su intención en la capital, alegaba, era "divertirse y cumplir sus necesidades".

"Y declaró —añade Mariela— que yo era una de las putas que él cargaba."

Mariela cerró el documento.

—Mi corazón se partió, pero Dios me dejó ver eso. ¿Así que soy la puta? Me dije: "Ahora sí declaro contra él, cuento la verdad".

—¿Qué declaraste?

—Me sinceré: dije que era de Veracruz, di datos de mi familia, aclaré que nunca viví en Puebla y que era menor. Detalle a detalle.

Un año después Mariela se careó con Rogelio en un juzgado

del Reclusorio Sur. En el juzgado quedaron cara a cara, él tras la reja de prácticas.

—Me amenazó, me hacía así en su cuello —como si la degollara.

Para su defensa, Rogelio llevó como testigos a familiares que declararon contra Mariela y a los que ella, asegura, nunca conoció.

—Agarré valor. Les dije a los testigos: "¿Cuánto les pagó para que mientan? En mi vida los he visto".

—¿Qué respondían?

—Inventaban cosas como: "Recuerda, Mariela, en una fiesta bailamos, convivimos". Hablaban contra mí y se me iba el aire.

El proceso en contra de Rogelio avanzaba. Su familia viajó a Acayucan para hablar con la mamá de Mariela.

—Me acusaron: "Su hija es mala persona, pudo más su interés monetario. Fue al DF para ser puta y está detenida".

Sin que Mariela supiera, la mamá fue traída a la Ciudad de México por la familia de Rogelio e ingresó en el juzgado.

—La vi y pensé: "Lo único que quiero es volver a Veracruz con ella".

Pero vino el golpe de realidad.

—Empezó a gritarme frente a la agente del Ministerio Público y el fiscal.

—¿Cuáles fueron sus palabras exactas?

—"No es cierto, levanta la denuncia contra Rogelio, es inocente". Mi mamá me destrozó.

Hace poco más de cuatro años el Tribunal Superior de Justicia de la Ciudad de México sentenció a Rogelio a quince años de cárcel. Una apelación bajó la pena a nueve años, de los cuales ya ha cumplido seis. El hombre, de treinta y cinco años, admite que de 2000 a 2009 sometió a decenas de mujeres en la Ciudad de México y que fue uno de los capos de trata de personas en la ciudad de Tijuana, adonde pretendía llevar a la joven veracruzana. Pero solo una chica lo reconoció, Mariela, víctima del delito de trata de menores por quien Rogelio estará preso hasta 2018, siempre y cuando la nueva apelación que gestiona no reduzca su castigo.

Mariela dice haber perdonado a su madre, se quedó a vivir en la capital del país y hoy estudia Derecho en la Universidad Intercontinental. Pasaron cuatro años sin que quisiera tener novio desde que fue obligada a prostituirse.

—Me sentía mal moralmente: pensaba que si le contaba lo que viví me iba a dejar.

Y entonces apareció un sinaloense de veintiún años, "bonito, chinito y bromista", sonríe Mariela. El día que cumplieron dos años juntos sintió que era hora de hacerse fuerte y abrir su pasado.

—No cualquier hombre lo acepta. Él pudo.

La fundación Camino a Casa perdió hace un año a Germán Villar, defensor de Mariela. Antes de que el abogado muriera, ella recibió una solicitud: aceptar el perdón de Rogelio.

Una mañana, el tratante entró en una sala de la prisión.

—Sentí miedo, dolor, como si me arrancaran el corazón —narra Mariela—. Lo vi a los ojos y me dijo: "Perdóname". Le contesté: "Me destruiste y ahora apelas tu sentencia. Si estás arrepentido y quieres reparar esto, paga".

Al despedirse, Rogelio le extendió la mano.

—¿Se la diste?

—No lo recuerdo.

Mariela bajó por las escalinatas del reclusorio.

—Justo en ese instante me sentí libre, aliviada.

—¿Y ahora qué esperas de la justicia?

—Solo pido que Rogelio pague y que cuando salga no haga algo contra mí. Es lo único que espero en Dios.

Para la composición de este texto
se han utilizado tipos de la familia Sabon,
a cuerpo 11 sobre 13,854. Diseñada por Jan Tschichold
en 1967, esta fuente se caracteriza por su magnífica legibilidad
y sus formas muy clásicas, pues Tschichold se inspiró
para sus diseños en la tipografía creada
por Claude Garamond
en el siglo XVI.

Este libro fue impreso y encuadernado para
Lince en octubre de 2018 en México.

· ALIOS · VIDI ·
· VENTOS · ALIASQVE ·
· PROCELLAS ·